"乡村振兴实践研究"丛书

国家出版基金项目
NATIONAL PUBLICATION FOUNDATION

乡村产业振兴
实践研究

朱冬亮　王美英　谢　莹　著

海峡出版发行集团｜鹭江出版社
THE STRAITS PUBLISHING & DISTRIBUTING GROUP

2021年·厦门

总序

　　当中国特色社会主义建设进入新时代，乡村发展也进入一个前所未有的社会转型和嬗变期。当下中国乡村正在经历的社会变迁是一次注定要载入中华民族史册的伟大变革。快速推进的工业化和城镇化使得传统的乡村社会结构被不断解构且重新建构，几乎每一个农民家庭都被裹挟到这场巨大的社会变革中。他们试图改变祖祖辈辈延续下来的耕田种地的生活方式，以及由此被赋予的命运和价值。当下的中国乡村正面临亘古未有的巨大挑战和发展机遇。

　　曾经延续千年的乡土社会是"熟人"的社会，是集血缘和地缘为一体的小社区圈子，是农民世世代代"生于斯、长于斯、安于斯"的地方。那时候的乡村社会结构相对稳定，乡村社会舆论压力较大，农民的经济和社会分化很小，农民从事的职业相对单一，农民家庭几代同堂……面朝黄土背朝天，耕田种地，邻里同乐，守望相助，鸡犬之声相闻，这是一个传统的乡土村落的生活场景，同时蕴含着传统、古朴、保守乃至贫穷落后的社会价值认知。

　　历经改革开放40多年的发展和变迁，曾经相对同质的中国乡土社会结构出现了前所未有的改变。从传统的乡土社会价值来看，乡村社会结构在不断裂变，传统农业生产方式在不断衰变，传统农民的生活方式也在不断改变。如今的乡土社会，农民或已进城转变为半市民或者市民，或是作为农民工周期性地流动于城市和乡村之间，或在现代化的浪潮中搁浅，成为村庄的守护者和留守人。有些村落已经消失或正在消失，有些村庄"空心化"现象不断扩大，有些农民已经终结劳作或正在终结劳作，有些土地已经荒芜或者正在荒芜，有些村庄满地垃圾甚至污水横流。农村社会的社区舆论不再形成压力，农民的经济和社会分层日趋明显，传统的乡土文化及价值体系也趋于式微……很多人用传统的眼光看农村，哀叹现在中国乡村所发生和经历的一切预示着曾经美好古朴的乡村正在迷失乃至消失，担心未来无处寄托乡愁。不仅如此，我们研究团队在近年来的实地调查中发现，现在的中国乡村正呈现出越来越明显的三"最"现象。第一"最"，在现在的乡村中，往往是最贫穷的农民家庭成员在家种地，且以种粮为主要生计。换言之，如果能想方设法提高种粮农民家庭的收入，也许恰恰可以达到"精准扶贫"的效果。第二"最"，在现在的农民家庭中，往往是兄弟姐妹中最"没有出息"的留在家乡，陪伴和照顾年迈的父母，给予亲情上的关怀，而外出的其他兄弟姐妹更多是在经济上尽孝。第三"最"，在现在的乡村中，往往是最贫穷的农民家庭的子女依然在村里、乡镇的学校上学。条件稍好的农村家庭都想方设法把子女送到县城甚至更大的城市就学，因为相对而言，乡村就学环境不如县城，更不如大城市……这是当前中国乡村社会发展中呈现出的一幅令人担忧的图景。

换一个角度来看，当前我国乡村的生产力和生产关系在现代化发展规律的作用下，在不断地进行调整。从中，我们欣喜地发现，古老的中国乡村大地，其现代性萌芽在不断成长和壮大。虽然大量乡村青壮年人口外流导致劳动力短缺，却从真正意义上催生了农业生产要素的现代化重组。农业生产的机械化开始逐步替代传统的小农经济生产经营和土地耕作模式，从而促进传统的劳动密集型农业生产方式的转型。加速出现的土地经营权流转倒逼乡村土地产权制度实施新一轮改革，农业生产的组织方式和经营方式也因之向专业化、集约化、产业化迈进。与这个伟大变革进程相伴随的是城乡融合和城乡一体化发展趋势正在逐步形成。加速推进的城乡社会流动为城市的工商资本和人力资源等发展要素回流乡村创造了条件。无论是伴随着返乡创业人员回归的商业资本，还是看准乡村发展机遇而下乡的城市工商资本，都把乡村作为未来投资发展的热土。智慧农业、互联网农业等新型农业生产方式和经营理念对传统的小农生产方式构成了巨大的冲击。各类新型农业经营主体因此蓬勃发展，传统第一产业与第二、三产业融合发展的趋势进一步显现。乡村的人、地、物等生产要素不断重组和优化，促使乡村的组织和治理机制不断进行变革和创新。这是当下中国乡村社会呈现出的另一幅令人振奋的现代化发展前景。

基于对当前中国乡村发展面临的挑战和机遇的准确把握，党的十九大高瞻远瞩，适时提出了乡村振兴战略。2018 年的中央一号文件更是对 2050 年前的乡村振兴进行了令人期待的宏观规划与设计。2021 年 6 月 1 日，国家《乡村振兴促进法》正式颁布实施，使得乡村振兴有法可依。事实上，进入 21 世纪后，我国的农业治理体系已经逐步从以往的"汲取型"治理体制向"反哺型"治理体制转型。2006 年之后推进的"社会主义新农村"建设和 2013 年推进的"美丽乡村"建设都为今天的乡村振兴战略实施做了很好的铺垫。在过去的五年中，我们的研究团队到全国 22 个省（市、自治区）、105 个县（市、区）的 308 个村庄进行了田野调查，并对其中的很多村庄进行连续多年的跟踪调查，由此获得了大量的一手研究资料。在乡村振兴如火如荼地推进的今天，我们研究团队把近五年调查获取的田野资料进行整理归纳和分析，形成这套

"乡村振兴实践研究"丛书。这既是对我们团队以往的研究成果进行一个阶段性的总结，也是为乡村振兴的后续研究提供一个前瞻性的思考。

乡村振兴战略实施需立足于实现乡村全面振兴的目标。本丛书由五部研究专著构成，分别从产业振兴、人才振兴、文化振兴、生态振兴、组织振兴等五个角度，全方位呈现我国乡村振兴战略实施的"进行时"，重点描述和分析近年来被调查地区和村庄如何谋划和推进乡村振兴实践。在此基础上，我们对乡村振兴战略实践进行了更多学理性的思考，为如何更好地推进乡村振兴战略实施提出我们的观点和建议，供社会各界参考借鉴。

在乡村"五大振兴"战略实施过程中，产业振兴是首要目标。没有产业振兴，其他振兴都无从谈起。只有把乡村经济发展起来，建立现代农业产业经济体系，才能为乡村人才振兴、文化振兴、生态振兴和组织振兴提供强大的经济和物质支撑。本丛书之一《乡村产业振兴实践研究》立足当前农村产业发展的实际情况，重点从如何延长农业产业链、如何提升农业价值链、如何完善农业利益分配链的角度探讨乡村产业振兴的主要实现路径。我们以福建将乐县努力实施的"龙头企业＋种植基地＋农户"有机稻产业化种植，贵州龙里县大力推进的主导扶贫产业——刺梨产业链发展，山东莱阳市重点发展的传统名产业——梨产业不断做大做强及濯村的"美丽乡村"建设实践，广西罗城县重点发展的油茶扶贫产业，龙胜县的龙脊梯田田园旅游综合体开发等十多个典型个案为分析样本，从不同的角度全方位展现和分析乡村产业振兴的实践模式和实践机制。

人才是乡村振兴中的重要依靠力量。在当前乡村青壮年大量外流、乡村留守群体普遍老龄化的情况下，如何吸引更多的复合型人才，尤其是青年人才到乡村奉献自己的聪明才智，为乡村振兴事业注入新鲜的血液，事关乡村振兴的成败。在乡村建设中，我们需要吸引各类人才包括新型职业农民、各类新型农业经营主体、乡土文化传承人、现代乡村治理人才等投身乡村发展建设，打造和培养一支真正"懂农业、爱农村、爱农民"且"善经营"的"三农"工作队伍。本丛书之一《乡村人才振兴实践研究》，在对当前我国乡村人力资源供给现状进行全面分析并指出乡村人才所面临的严峻形势的基础上，以福建厦门市海沧区实施"美丽乡村共同缔造"项目时涌现的典型乡村主导人物、四川成都崇州市探索现代林业经营制度——"林业共营制"中涌现的先进典型林业职业经理人、浙江绍兴上虞区重点推介的乡贤治理机制等多个典型案例中呈现的乡村人才与乡村建设共同成长的经历为研究对象，探讨实现乡村人才振兴的机制和体制。

文化是一个民族的信仰和灵魂，乡村文化是中华传统文化的主要母体和载体。在当前乡村人口大量外流的情况下，乡村文化的式微乃至断层成为令人担忧的现象。因此，实现乡村文化振兴可以为乡村振兴提供重要的精神支撑，为寄托"乡愁"提供不可或缺的精神内容。本丛书之一《乡村文化振兴实践研究》把乡村文化建设的实践机制分为政府主导型、社会主导型和市场主导型三种形式，并分别以福建古田县的陈靖姑民间信俗文化、圆瑛文化、金翼文化，福建龙岩市永定区的土楼文化，浙江绍兴市上虞区的乡贤治理文化和乡村文化礼堂建设，福建屏南县的古村落文化保护传承和转型以及福建厦门市的乡村现代文化建构等案例为分析对象，探讨乡村文化振兴的模式和路径。从中可以看出，乡村文化建设和文化振兴在整个乡村振兴中有着极其特殊的地位和作用。

"绿水青山就是金山银山"。"两山"理论的核心表述深刻地揭示了乡村生态建设在乡村振兴战略实施过程中的重要地位和作用。

和城市相比，乡村首先给人的印象是它有着古朴、原生态的田野风光。实现乡村生态振兴，不仅是为了打造美丽乡村、改造农村的人居环境，更重要的是实现人与自然的和谐发展。本丛书之一《乡村生态振兴实践研究》以本研究团队近年来在福建、浙江、贵州等地开展实地调查获取的一手田野资料为主，同时利用其他宏观层面的统计数据，多角度提出乡村生态建设中面临的问题，并在此基础上探讨和分析各地如何因地制宜地推进乡村环境整治、打造美丽乡村，同时力图把生态效益转化为经济效益，进而实现经济建设与生态建设共建共赢的目标。

乡村振兴战略的实施，离不开组织保障。只有不断提升乡村组织建设水平，才能为乡村振兴提供坚实的基础，才能把建设乡村的人力、物力和财力资源集中整合起来，把振兴乡村的人心凝聚起来。当前，很多乡村存在基层组织软弱涣散、组织凝聚力不强等现象，极少数地方甚至出现了乡村黑恶势力。因此，提升乡村治理水平，并最终建立政府、市场和社会共同参与，"自治、法治、德治"相结合的共建、共治、共享的乡村社会治理体系，是乡村组织振兴首先要实现的目标。本丛书之一《乡村组织振兴实践研究》以本研究团队近年来在福建、浙江、贵州、湖北、北京等地的实地调查的一手资料为基础，探讨乡村组织振兴如何促进村"两委"组织和各类民间经济组织、社会组织、文化组织更好地发挥各自的作用，最终形成"党建引领、多元共治"的共建、共治、共享的现代乡村治理体系。

中国现代化建设的短板主要在乡村，乡村振兴战略的实施为乡村描绘了令人期待的现代化发展前景，是广大农民共享改革开放成果、实现"中国梦"的最终体现。乡村振兴战略实施工程是我国现代化新的"两步走"战略的重要组成部分。到2050年，乡村全面振兴的目标能否如期实现，有赖于中央和各级地方政府、广

大农村以及社会各界人士的共同努力。本丛书的出版也算是我们
学术研究人在乡村振兴战略实施过程中所贡献的一份微薄力量。
我们期待丛书的出版面世能够吸引更多的人关注乡村、关注农民、
关注乡村振兴现代化建设事业。

朱冬亮

2021 年 6 月 4 日于厦门大学囊莹楼

目录

前　言

近代以来，中国乡村发生的巨变一直在延续。随着封建制度的解体以及城市工业文明的发展，传统的自给自足的小农经济逐步转型。一个多世纪以来，中国农民的境况发生了质的飞越，农民的收入和经济生活水平获得前所未有的提升。然而，在新的时代，对于村庄社区本身而言，似乎正面临着另一场严峻的挑战。乡土社会中传统因素与现代力量相互碰撞，工业化和现代化使得传统的乡土社会发生了前所未有的改变。特别是改革开放40年来，由于大量乡村青壮年劳动力外流到城镇寻求非农就业机会，很多乡村的青壮年劳动力几乎流失殆尽，这种状况极大地改变了乡村的人地关系，也改变了乡村的生产力和生产关系。

当下的乡村面临的情形是：传统的自给自足的小农经济生计模式已经基本解体，一些农户正在逐渐成为一个个市场经济生产单位。他们以追求农业生产的经济理性——获取经营利润为目标，而不是像过去以维持"道义"或者生存理性为首要目标①。更多的农户作为农业的基本生产单位因为其家庭主要青壮年劳动力外流而基本丧失了经济生产功能。大量劳动力的外流也导致乡村土地利用效率大幅度下降甚至引发大量耕地抛荒。由于种粮比较效益持续降低，以传统小农式耕作土地的价值（发展小农式粮食种植业）不断降低，农业生产"非粮化"甚至"非农化"趋势日益凸显。留守在乡村的大多是老年人或者妇女，他们因为年老体衰或者体力不足等原

---

① 如我们课题组在近年来调查中发现，越是经济相对发达的乡村，农户一般都不再养殖猪、牛等大型家畜，农民家庭储备的粮食比20世纪80年代下降了一半甚至2/3，不少家庭已经不再储备粮食，而是到市场去购买。

因，对自家的耕地开始采取"虐待"式利用，而外来的工商资本在下乡流转经营乡村土地时，则可能采取"掠夺"式加以过度利用，这些都直接威胁餐桌食品的安全。大量乡村人口外流，村落的"空心化"、农业从业人口的老龄化等导致乡村失去"人气"，特别是由于最有消费力的青壮年劳动力外出，导致乡村消费市场衰败，村庄社区的公共交通、社区服务在不断萎缩，村落正逐渐成为一个不再适合居住的地方。所有这一切，似乎都在昭示这样一个事实——传统村落正在面临终结的命运。

当前，中国常住乡村人口约为 6 亿人，其中还不包括 2.2 亿人户分离的住城工作者。据统计，2017 年我国总人口为 14 亿左右，农业人口的比重始终居高不下。"十三五"规划提出我国到 2020 年常住人口城镇化率要达到 60%，① 到 2030 年进一步提升到 70%，中国实现基本现代化之后农村人口依然达到 4.5 亿。据韩俊估算，2007 年我国务农劳动力为 1.5 亿~1.8 亿人之间，而外出务工的农民从 2000 年的 16.04% 上升到 2009 年的 31%。② 以此推算，我国实际在乡村务农的"在场农民"大约在 1 亿~1.2 亿人，这其中有相当部分还是 60 岁以上的老年人。乡村人力资源的不足，折射出乡村发展的问题是劳动力有效供给明显不足。现在的乡村劳动力在数量上不断减少，在质量上也不断下降。因此，如何使得日益走向衰败的乡村重新焕发新活力，如何使农民群体在乡村能够更好地安居乐业，乡村产业振兴势在必行且迫在眉睫。

实施乡村振兴战略是避免"村落的终结"与"农民的终结"的当代实践方式。2017 年召开的党的十九大适应当前乡村发展面临的新困境和新形势，适时提出乡村振兴战略。具体又进一步分为乡村产业振兴、人才振兴、文化振兴、生态振兴和组织振兴等五大振兴战略。在这五大振兴实施过程中，首先最重要的是如何实现乡村产业振兴。产业振兴是乡村经济发展的动力和源泉。只有实现乡村产业振兴，才能吸引更多的人才到乡村创新创业，才能为乡村文化振兴、生态振兴和组织振兴提供稳定的经济保障。由

---

① 陈锡文：《实施乡村振兴战略，推进农业农村现代化》，爱思想网，2018 年 1 月 3 日，http：//www.aisixiang.com/data/107617.html，2019 年 6 月 10 日查阅。

② 国务院发展研究中心农村经济研究部课题组：《中国特色农业现代化道路研究》，中国发展出版社，2012 年，第 68 页。

此可见，产业振兴是乡村全面振兴的基础和前提。推动传统农业向现代农业转型，促进乡村土地利用的规模化、集约化、信息化水平的提高，都有赖于乡村产业振兴目标实现。

近年来我国农业产值占比逐渐下降，1953 年我国农业产值占比为45％[①]，1978 年为 27.9％，到 2017 年仅为 7.9％[②]，2018 年进一步下降到7.2％[③]。农业在国民经济中的比重已不足 10％，农业的整体份额不断下降，折射了国民经济的产业结构的业态不均。国际发展经验显示，农业发展具有阶段性特征。一旦农业创造剩余进入"自衡"发展，此时农业产业结构即由传统向现代转型，为农业现代化提供基础。但是我国在这个节点上显然并非一帆风顺。虽然传统农业逐渐成为落后的产业，但是向现代农业转型却相对举步维艰。由于大量农业劳动人口外流、农业投入资源不足、农业新技术水平推广和革新力度不足，现代农业发展面临诸多瓶颈。

作为农业生产的关键要素的土地，更是面对诸多挑战。正如我们在正文中将要呈现出来的：一方面，"三权分置"的乡村土地制度设计与安排在实践上依然落后于我国现代农业发展的客观新形势，自然也无法顺应农业发展新局面。对于分别拥有土地所有权、承包权和经营权的村集体、农户和土地经营者而言，他们三者都不能完整地拥有土地的产权，在实践中乡村土地的产权及由此带来的收益权被分割为三个部分，"三权分置"可能演变为"三权分立"。这种土地制度安排不仅无法完整显现土地的资产化价值，而且对现代农业投入形成明显的抑制作用。归根到底，现行的乡村土地制度安排导致从事农业的比较收益持续下降。这点可以从根源上解释我国乡村农业产业尤其是传统农业和小农经济生产模式何以持续衰退。另一方面，我国土地资源禀赋也在持续下降，传统农业产业持续衰退。全国耕地总面积 1996 年为 1.3 亿公顷，到 2008 年减少为 1.22 亿公顷。2015 年我

①周志祥、曾寅初：《农村产业经济》，中国人民大学出版社，1995 年，第 21 页。
②中华人民共和国农业农村部：《中国农业农村发展报告·2018》，中国农业出版社，2019 年，第 218 页。
③国家统计局：《2018 年国民经济和社会发展统计公报》，2019 年 2 月 28 日，http://www.stats.gov.cn/tjsj/zxfb/201902/t20190228_1651265.html，2019 年 7 月 2 日查阅。

国耕地总面积为 1.24 亿公顷。[①] 不仅如此，土地的利用率在不断下降，以四川省农业厅公布的信息显示，截至 2013 年底，该省流转用于种植粮食作物的耕地面积为 443.3 万亩，占流转总面积的 32.6%，耕地流转后的种粮率正逐年下降，全省 2010、2011 和 2012 年的比例分别为 41.2%、39.0% 和 35.7%，[②] 这点从一个侧面反映农业生产"非粮化"现象日益明显，但也说明农业生产结构在不断进行调整。结合上面的数据可以看出，在整体上耕地面积呈现缓慢下滑的趋势，土地非农化"非粮化"的倾向明显，"粮地不粮用"成为国家粮食战略安全保障的重大隐患。

凡此种种，说明当前我国农业发展面临着多层次的核心矛盾：在农业生产要素和资源约束边际增加的背景下，土地、劳动力、技术等有效供给不足，导致乡村农业产业的资源约束性压力增加。其导致的后果是在城镇化推进过程中，对农业生产资源的压力明显增大（耕地面积持续下滑、农业的劳动力大幅减少），农业生产结构失衡和生产效率不足。在一个人口总量达到 14 亿人的发展中大国，农业产业始终在我国国民经济中具有基础性地位，以往农业一直在"哺育"城市工业。这种情况虽然在 2005 年前后国家取消农业税费后发生了改变，但是农业生产的脆弱地位却更加凸显出来。可以确证的是，在乡村产业振兴实施过程中，农业现代化需要通过提高农业经营效益，形成更具有优势的价值功能，优化农业的生产要素和技术要素的配置才有可能实现。

对于农民而言，农业产业尤其是传统小农经济的式微使得他们的生存和发展难以得到有效保证，导致他们纷纷背井离乡到城镇寻求非农就业机会。由此形成的恶性循环导致更多的农民选择"逃离"乡村，这样就进一步加剧了传统农业生产的危机。事实上，改革开放以来我国经济虽呈现快速发展态势，一跃成为全球第二大经济体，但众多的乡村农民却无法享受到经济现代化发展带来的红利，农民的整体处境依然处于弱势地位。

乡村的衰败、农业的衰退、农民的贫困都在呼唤乡村要振兴，乡村产

---

①《2017 年中国土地资源情况分析》，中国产业信息网，2017 年 11 月 10 日，http://www.chyxx.com/industry/201711/581309.html，2019 年月 5 月 20 日查阅。

②《农村土地流转隐忧：种粮面积逐年下降》，中研网，2014 年 7 月 3 日，http://www.chinairn.com/news/20140703/172604573.shtml，2019 年 4 月 1 日查阅。

业振兴势在必行。以产业振兴带动农业提质增量，农民增收致富，农村改头换面，进而带动乡村文化、生态、人才和组织振兴。当前，乡村产业振兴要以促进传统农业向现代农业转型发展为主要目标，以构建一、二、三产业融合发展体系为指导方向，大力开发农业多种功能，通过延长农业产业链、提升价值链、完善利益链的路径，做大做强现代农业产业及其他相关产业。同时，乡村产业振兴要利用保底分红、股份合作、利润返还等多种形式，让广大农民能够更加公平合理地分享全产业链增值带来的收益，更好地促进小农户与现代农业的有机衔接，这样才能达到改造传统低效农业，实现农民职业化、农业市场化和乡村现代化发展，进而实现乡村产业振兴的目标。

进入中国特色社会主义新时代，乡村仍然是一个可以大有作为的广阔天地。当前乡村发展面临的问题，与其说是一个挑战，毋宁说是一个发展机遇。面对当前乡村经济发展面临的新形势和新问题，国家和各级地方政府、村集体组织及广大农民都在开始自发应对。国家的惠农、利农、强农政策支持力度不断加大，各级地方政府投入大量的人力、物力、财力对新农村产业发展进行规划引导。广大的中国乡村已经开始了多种形式的现代性乡村产业发展转型实践。各类农业专业合作社、家庭农场、农业产业化龙头企业等都在积极投入乡村产业振兴，各种乡村产业发展的新型组织方式、新型产业业态、新型农业科技等新型产业要素都在不断创新和整合，呈现出令人期待的乡村振兴的美好前景。相信，有亿万勤奋和智慧且具有创造精神的农民参与，有强大的国民经济实力为支撑，有历史悠久的农耕文明传承，有旺盛的乡村产业市场需求，乡村产业振兴乃至乡村全面振兴目标实现指日可待。

导论

第一节　小农经济及面临的挑战

一、农民、土地与传统小农经济

在工业文明之前的传统的小农经济生计模式中，农民与土地的关系是休戚相关的。根据世界银行发布的数据，2017 年全球乡村人口约为 45.261 亿人，约占全球总人口 75.3 亿的 60%，全球城镇人口占比约为总人口的 40%，法国学者孟德拉斯在描述法国农民与土地的关系时，有个比喻可谓恰如其分且让人印象深刻："土地只有一个等同物：女人"[①]，其意思是指土地之于农民生计经济的重要性，如同母亲的作用，它哺育着一个个农民家庭。中国也有一句民谚，说土地是农民的"命根子"。一旦农民失去了土地，就意味着他们失去了"命根子"。这些传统社会对土地的认知和情感，都充分说明在传统的小农经济生活中，土地对于农民生存乃至生命延续的重要意义。

农民、土地及由此构成的小农家庭是小农经济的最重要的构成要素。马克思曾经从经济学的角度指出，"小农是指小块土地的所有者或租佃者——尤其是所有者。这块土地既不大于他以自己全家的力量通常所能耕种的限度，也不小于足以养活他的家口的限度"[②] 美国著名发展经济学家诺贝尔经济学奖获得者西奥多·舒尔茨认为：传统农业是指农民们"世世代

[①] H. 孟德拉斯：《农民的终结》，李培林译，社会科学出版社，2005 年，第 80 页。

[②]《马克思恩格斯选集》第四卷，人民出版社，2012 年，第 358 页。

代都同样耕作和生活",他们"年复一年耕种同样类型的土地,播种同样的谷物,使用同样的生产技术,并把同样的技能用于农业生产"。① 这种观点揭示小农经济相对稳定甚至有点保守的特征。就我国的小农经济发展模式来看,正如有的研究者描述的,传统中国乡村社会结构的主要特征是"农业与家庭手工业、家庭副业密切结合",形成"一家一户、自给自足的、自然经济的生产和生活形态"。这种自给自足的小农家庭是农业社会的最基本的细胞,它一般呈现出这样一幅令现代人颇为向往的生活场景:平均为5~7口之家,常年守着并耕作10多亩土地,家里以耕牛为主要畜力,以手工耕作为主要土地利用方式,以代际之间的耕作技术传承为农耕文化主要方式,以种植粮食作物这个最主要的产业为主,同时种植满足一家所需的蔬菜,并饲养若干头猪或牛羊等大型牲畜,再饲养十几只或者几十只的鸡鸭等小型家禽。农闲之余,再到山上或者偶尔寻求短期雇工,搞点副业,由此构建了一个相对内生封闭缺乏流动性的农业生产经营单位,并在此基础上构成一个乡土社会的基层行动单位。这种小农经济家庭对土地经营及家庭生产计划的安排以保持家庭生活的稳定为首要前提,而不是以追求经营利润为主要目标,他们生产的各种农畜品产出大部分是为了满足家庭成员的需用,多余的才拿到周边市场出售。小农经济家庭首先是追求生存理性,而不是如现代的农场主作为市场主体以追求经济理性为目标。

虽然从现代产业发展的角度来看,传统小农经济的生产方式是落后甚至带有点原始色彩的,但却并不是低效率的。不少研究者甚至发现,传统小农的实际产出效率甚至比现代农业更高。实际上,从农业生产要素的配置来看,传统的小农生计模式普遍具有一个特征:在既定科技水平下实现生产要素的高效率配置。"小农体制对生产效率的贡献首先得益于其家庭经营的组织方式。"其主要原因在于"农业生产的分散性、劳动绩效难以评估等特点造成的农业生产组织和管理上的困难,能够较好地被家庭组织所特有的极强的自组织能力所控制"。其次,得益于农业流动生产要素(而非大农场所依靠的强大物资装备)的高投入,如种子、肥料、劳动力、管理等。由于传统小农家庭劳动力的几乎无限供给,能够为土地资源约束条件下对

①[美]西奥多·W.舒尔茨:《改造传统农业》,梁小民译,商务印书馆,1987年,第29、24页。

最高边际生产力追求提供经济动力，并由此产生对家庭耕作的小面积的土地资源实现充分利用的时间和空间技术。而这些对于大农场而言，不论是在经济上还是在技术上都难以实现。[①] 美国人类学家索尔·塔克斯在《一个便士的资本主义》和另一位人类学家戴维·霍珀（W. David Hopper）在《中印度北部农村的经济组织》的研究个案中，都试图呈现传统农业社会的小农经济中经营理性的一面。他们发现，在既定的生产体制和生产条件之下，传统的小农能够高效率地安排自己家庭的农业生产，而不是像人们通常想象的无效率或者低效率。基于此，舒尔茨就强烈反对西方学术界关于传统农业生产中存在"隐性失业""零值农业劳动学说"观点。[②]

美国学者富兰克林·H. 金（F. H. King）曾经对辛亥革命之前的中国、日本和朝鲜的传统小农经济的土地耕作利用的产出效率进行了很有意思的测算并得出了东亚三国传统农业生产方式高效率且符合生态主义的观点。金提到，在山东省，一个拥有 12 口人的家庭，在种有小麦、谷子、红薯和豆类的 2.5 英亩（约 15.18 亩）耕地上喂有 1 头驴、1 头母牛和两头猪。在另一个拥有 10 口人的家庭中，其家庭成员在不到 2/3 英亩（4.05 亩）的土地上喂有 1 头驴、1 头猪。金共考察了 7 个中国农民家庭，从中获取的数据表明，这些家庭耕作的土地的平均供养能力为每平方英里（约 2.59 平方千米）供养 1783 个人、212 头牛或驴、399 头猪，相当于 1995 个消费者和399 头用于转换粗粮的动物。而与此形成对比的是，以改良的农用土地为基准，1900 年美国的农村人口的群体密度是每平方英里可供养 61 人、30 匹马和骡子。在日本，1907 年这个国家的农村群体的密度为每平方英里可供养1922 个人、125 匹马和牛。[③] 从现在的角度来看，金教授的观点似乎充满了浪漫主义的理想色彩，但却不能否认大部分传统小农生活在一种较为贫困状态的现实。

陈翰笙在 20 世纪调查显示，在新中国成立前的华南，维持生计的耕地

① 王荣：《现代小农改造与技术组织创新》，载于蒋建平、陈希煌主编：《中国现代农业之发展——海峡两岸现代农业发展学术讨论会论文集》，中国农业出版社，1996 年，第 209—210 页。

②《改造传统农业》，第 32—38 页。

③［美］富兰克林·H. 金（F. H. King）：《四千年农夫：中国、朝鲜和日本的永续农业》，程存旺、石嫣译，东方出版社，2011 年，第 3 页。

数量，4 口之家的中农是 6 亩（种植稻子），5 口之家是 10 亩。所以要维持一个农户的生活，至少要种 5～7 亩的稻田。[①] 费孝通 1936 年在调查苏南的开弦弓村时发现，一个成年男劳力一年大概可以耕种 6 亩的土地。[②] 黄宗智在研究 20 世纪 30 年代的华北农村的经营式农场主时指出，在劳动力的使用上，小农经济的家庭效率高于家庭式农场，但两者之间的耕作方式没有什么区别。按照当时的农业生产技术，一个成年男子可以耕种 15～30 亩的田地。[③] 另外，据世界银行经济考察团发表的研究报告，在 20 世纪 80 年代的生产技术条件下，我国每个劳动力平均可以负担耕作的耕地面积是 9 亩，而在 1988 年我国人均劳动力耕地仅有 3.5 亩。[④] 如果按照西方大小农 20 公顷（300 亩）的划分标准，那么我国目前无论是经济发达地区还是一般地区，都未走出小农经济的范畴。按照亚洲 3 公顷的划分标准，我国的农区也基本上是以小规模经营的小农占据绝大部分比重。[⑤] 这说明，在改革开放之前，我国的农业生产仍然维持小农经济经营模式的情况下，乡村社会中存在大量剩余劳动力，农村家庭不得不通过精耕细作来尽量增加家庭农业和副业的经济产出，以维持家庭成员的基本生活。

传统小农经济建构了传统乡村社会的基本结构。以农业为邦本，"以血缘宗法家族为基本社会结构特征，以农民与地主和国家的对立为政治特征"，其中"土地所有制是农业社会经济制度的核心和政治制度的依据"。[⑥] 由于农业税负负担较为沉重，小农经济体制下的农民生活总体上是非常贫困的。尤其是贫农阶层，他们大多数所处的情形"就像是一个长期处于水深没颈的人，即使稍微过来一阵轻波细浪，就足以把他淹死"。[⑦]

正是由于土地之于小农经济的农民家庭是如此重要，土地作为传统小农经济的最重要的生产要素，其作用和地位就显得举足轻重。农民熟悉自

①陈翰笙：《解放前的地主与农民》，冯峰译，中国社会科学出版社，1984 年，第 111 页。

②费孝通：《江村经济——中国农民的生活》，戴可景译，商务印书馆，2001 年，第 151 页。

③［美］黄宗智：《华北的小农经济与社会变迁》，中华书局，2000 年，第 66 页。

④《土地制度研究》课题组：《土地制度研究》，武汉出版社，1993 年，第 82—83 页。

⑤《中国现代农业之发展——海峡两岸现代农业发展学术讨论会论文集》，第 209—210 页。

⑥张厚安、徐勇主笔，项继权、吴毅、张劲松等：《中国农村政治稳定与发展》，武汉出版社，1995 年，第 24、26、30 页。

⑦［英］理查德·H. 托尼：《中国的土地和劳动》，安佳译，商务印书馆，2014 年，第 79 页。

己家的土地，爱护自己的土地如同爱护家人一般，了解每一块土地的"脾性"，因对土地产生个人情感，对土地负有生产的责任，所以他们竭尽全力让土地焕发活力。对于乡村土地的使用和开发也要因地制宜，正如美国的土地像是粗犷的西部牛仔，大气磅礴，规模化机械化程度高；日本的土地好似精致的"舞女"，精心打扮，精耕细作劳动力投入大；西欧的土地仿佛含着金汤匙出生的贵族，条件优越，以科学技术研究服务农业发展。这些比喻形象地展示各国农业的基本特征。而中国的土地，由于千姿百态，地大物博，意味着形态各异，差异化特征显著，在中国你很难用一个单一的词汇去概括这片土地的特征。五千多年的农耕文明昭示着它厚重的历史积淀，960 万平方公里是可想象的空间，农民在时间和空间的关系中凭借自己的经验认识土地、气候、植物和动物，慢慢形成自己的土地情感和归属感[①]。在此基础上，形成独特的中华农耕文明的"底色"。

土地是农业生产的承载物。在所有以土地为生计资料来源的农民那里，土地不单纯是生产工具，它更多的具有"人格化"的特点，成为他们整体人格的一部分，承载着农民的生命和期盼，土地是他们的"命根子"。土地的耕种就是农民实现自我的过程，所以农业即农民的事业，产业能否振兴，关系农民的身家性命，小到一饭一蔬，大到生死存亡。

不仅如此，由土地而形成的独特中华农耕文明是中国传统文化的基本"底色"。正如费孝通先生所言，与农业相联系的土地具有文化的象征，"文化把土地变成了农田"，"在农业中，直接指导人类劳动的是人们自身掌握的关于土地和谷物的知识，通过技术和信仰表现出来"。[②] 农业通过土地将农民各方面的生活联系在一起。从生产的方式选择、劳动时间和空间安排，到农民群体关系、土地的占有权乃至信仰崇拜都围绕着生产这个主题展开。这也是为何农业产业的振兴离不开农民的生活，但凡与农业相关的，就与农民相关，所以乡村产业的振兴始终为了农民、依靠农民，服务农民。由此可见，农业产业在农民生活中是具有关键地位和核心作用的。

---

① 《农民的终结》，第 80 页。
② 费孝通：《江村经济》，戴可景译，北京大学出版社，2012 年，第 141 页。

二、改革开放与小农经济解体

正如我们在前言部分所提到的，我国的小农经济的真正转型是从 20 世纪 80 年代之后开始的。家庭联产承包责任制的实施，不仅使得广大农民获得了土地承包经营权，也获得了离开土地、离开乡村的自由。20 世纪 80 年代城乡人口流动不断增加，大量的乡村青壮年离土离乡到城市寻求非农就业机会，由此形成持续至今的世界最大的区域性城乡人口流动大潮——"民工潮"。这种涉及数以亿计人口的庞大的人口流动，深深地改变了乡村的人地关系，也改变了传统的农业生产和土地经营利用方式。由此深刻地改变了传统的小农经济发展格局，也深刻地改变了原有的乡村生产力和生产关系。

中国特色社会主义进入新时代，我国社会主要矛盾已经转化为人民日益增长的美好生活需要和不平衡不充分的发展之间的矛盾。而我国发展不平衡不充分问题最重要的体现就是城乡发展差距越来越大。改革开放 40 年来尤其是近十年来，从乡村家庭的经济功能演变的过程来看，大部分乡村地区的自给自足式的小农经济趋于解体。不过，即便如此，我国仍然保留庞大的制度身份的农民群体。那么，我国到底还有多少农民在从事传统农业产业呢？1995 年，中美学者曾经联合对中国乡村的劳动力流动情况进行了一次调查。调查组共选择了 200 个村庄作为调查点。根据这项调查研究的结果预测估算，1995 年中国共有 15400 万农村人从事非农行业。调查人员把这部分人分成四类：第一类是长期外出劳工（long-term migration），指每年至少有一个月在外面从事非农行业并挣取工薪的人（早出晚归者不计），调查者认为这部分人有 5400 万；第二类是通勤者（commuter），指的是在乡镇企业工作的人，包括早出晚归者，这部分人有 3100 万；第三类是自我雇佣者（self-employment），也就是一般所说的个体户，共有 5200 万，其中有 1500 万是在外面（村子外面）；最后一类是在本村里拿工资的那部分人（local wage labour），包括村干部之类的人，有 1700 万人。在中国当时 4.46 亿农村劳动力中，从事非农行业的劳动力约占 34.5%。该研究的结果表明，农民流动虽然有助于缩小城乡居民之间的收入差距，但对其作用也不宜作过高的估计。对于那些偏远落后的乡村地区来说，还很少有农民走出自己的乡村，到外面去寻求工作机会。因为他们缺少相关的信息，而且交通也极为不便。[1]

到了现代，我国外流的乡村人口大幅增加。我们研究团队近年来调查的 22 个省（直辖市、自治区）105 个县（市、区）的 308 个村庄中，其中约有 50％～60％村庄的青壮年劳动力几乎流失殆尽，留守在村的主要是老人和部分妇女，他们成为从事小农经济的主力军。据国家统计局发布的《2018 年国民经济和社会发展统计公报》显示，截至 2018 年底，全国总人口 139538 万人中，其中城镇常住人口为 83137 万人，常住人口城镇化率达 59.58％，而户籍人口城镇化率为 43.37％。[2] 这说明，2018 年我国户籍制度的"农民"依然占全国总人口的 56.63％，约有 79020 万人。由于常住人口城市化率和户籍人口城镇化率相差达 16.21 个百分点，由此可以大致推算出我国约有 2.26 亿乡村人口已经迁移到城镇常年就业居住，这其中绝大部分是到县城以上的城镇购房，部分甚至已经落户，但他们在户籍身份上仍然属于"农民"，户口登记也仍在乡村。乡村人口大量迁移到城镇，势必会对传统的小农经济构成严重的冲击，并直接导致小农经济解体。

由此看出，我国的农村产业已经真正到了一个转折点。大量青壮年人口的外流，导致小农经济的解体，并引起农村的产业衰败和农村的"空心化"，甚至可能导致乡村社会的凋敝和没落。事实上，农业化发展给传统农业产业带来的"阵痛"是难免的。西欧、美国和日本等发达国家和地区在工业化的过程中大都历经了类似英国工业革命中的"羊吃人"的进程。农民被迫成为工人，走出乡村、走进城市，离开土地、进入工厂，但是由此也开启了农业现代化的新历程。

应对这种发展形势，自然引出了本书研究的核心主题——乡村振兴与乡村产业振兴。当前我国小农经济解体带来的前所未有的挑战，其实也是一种前所未有的发展机遇。即使对于单个的小农家庭而言，这也并不是一件坏事。正如舒尔茨所说的"只要给农民一点儿刺激，他们就能点石成

---

[1] Scott Rozelle、LiGuo、Minggao Shen、Amelia Hughart、John Giles：*Leaving China's Farms：Survey Results of New Paths and Remaining Hurdles to Rural Migration*，The China Quarterly，1999(6).

[2] 国家统计局对"人户分离"的解释"是指居住地与户口登记地所在的乡镇街道不一致且离开户口登记地半年及以上的人口"。（http://www.stats.gov.cn/tjsj/zxfb/201902/t20190228_1651265.html）。

金"①。传统小农并非顽固不化，只是缺少机会，缺少力量。乡村振兴关键是如何把现代乡村产业要素与传统小农经济有机融合在一起，最终推动走中国特色的乡村振兴发展道路。

第二节　乡村产业振兴的政策设计

一、"三农政策"演变与乡村产业振兴

前文分析表明，实施乡村振兴是发展中国家在现代化、工业化和城镇化过程中必然要面对的挑战。实际上，农业、农村、农民问题是关系我国国计民生的根本性问题，实施乡村振兴战略是党对"三农"工作一系列方针政策的继承和发展，代表着亿万农民对美好生活的期盼。因此，实施乡村振兴战略，是解决当前主要矛盾的必然要求，也是实现"两个一百年"奋斗目标和实现全体人民共同富裕的必由之路。

改革开放 40 年来，农村改革的不断推进为当前实施乡村振兴战略打下坚实基础，也深刻改变了乡村面貌、影响农民命运和国家农业现代化征程。从 1978 年以来，党和国家对农业改革与农村建设的推进是多层次、多方面的，从以家庭联产承包责任制为核心的土地经营制度改革，到发展社会主义市场经济对农民经济结构的战略调整，从社会主义乡村改造到美丽乡村建设，再到乡村振兴战略，党和国家的政策始终围绕着农村改革不断推进和深化。特别是进入 21 世纪以来，国家关于"三农"问题的整体工作思路已经从"汲取型"治理体系向"反哺型"治理体系转型。2004 年至今，中央已连续 18 年发布了以"三农"为主题的中央一号文件。作为指导性政策的中央一号文件，连续锁定"三农"，将其列为中央全年需要解决的重大问题和亟待解决的紧迫性问题，充分体现了"三农"工作在社会主义现代化建设中重中之重的地位以及党中央解决"三农"问题的决心。

实施乡村振兴战略，是新时代中国"三农"工作的重大决策部署。为有序稳步推进乡村振兴，2018 年 9 月中共中央、国务院出台的《乡村振兴战略规划（2018—2022）》提出要坚持农业（必须特别指出的是，本书的农

---

①《改造传统农业》，第 5 页。

业是广义上的农业，即泛指与农民生计经济相关的农林经济种植业、畜牧业、乡村休闲旅游业等）农村优先发展的总方针，分三个阶段实施乡村振兴战略，并首次建立了乡村振兴的评价指标体系，从而为新时期乡村产业振兴指出了明确的目标和方向。

在《乡村振兴战略规划（2018—2022）》提出的乡村产业振兴、人才振兴、文化振兴、生态振兴和组织振兴等"五大振兴"目标中，产业振兴是首要也是最主要的目标，是乡村全面振兴的基础。只有实现产业振兴，才能为生态振兴、文化振兴、组织振兴和人才振兴提供坚实的经济基础。"五大振兴"作为系统性整体，在乡村振兴的现实实践中都是缺一不可的。

正如十九大报告所指出的，实施乡村产业振兴战略，必须深化农业供给侧结构性改革，促进传统小农生产向现代农业转型，并紧紧围绕以下几个方面来推进产业振兴工作。（1）巩固和完善农村的基本经营制度，深化农村土地产权制度改革，改革和完善承包地"三权"分置制度。十九大明确强调，要保持土地承包关系稳定并长久不变，第二轮土地承包到期后再延长三十年。（2）发展农村集体经济。深化农村集体产权制度改革，保障农民财产权益，壮大集体经济。（3）确保国家粮食安全，把中国人的饭碗牢牢端在自己手中。（4）构建现代农业产业体系、生产体系、经营体系，完善农业支持保护制度，发展多种形式适度规模经营，培育新型农业经营主体，健全农业社会化服务体系，实现小农户和现代农业发展有机衔接。（5）促进农村一、二、三产业融合发展，延长农业产业链、提升农业价值链，完善农业利益链，支持和鼓励农民就业创业，拓宽增收渠道。实施乡村产业振兴，为建设现代化农业经济体系奠定坚实基础。

2019 年的中央一号文件《关于坚持农业农村优先发展做好"三农"工作的若干意见》，指出"在经济下行压力加大、外部环境发生深刻变化的复杂形势下，做好"三农"工作具有特殊重要性"[①]，强调中国特色社会主义进入新时代之后，农业的"压舱石"作用不可忽视，推进农业现代化在

---

①中共中央、国务院：《关于坚持农业农村优先发展做好"三农"工作的若干意见》，中国政府网，2019 年 2 月 19 日，http：//www.gov.cn/zhengce/2019－02/19/content＿5366917.htm，2019 年 6 月 19 日查阅。

"两个百年"目标实现大局中的基础性地位。在产业发展上提出要壮大乡村产业，以农民的增收为主要的目标，特别指出要深入推进"互联网＋农业"，推进重要农产品全产业链大数据建设，加强国家数字农业农村系统建设，走信息化农业道路。

2020年、2021年两个中央一号文件，延续了补齐农业农村短板弱项，全面推进乡村振兴的重大任务。聚集农业产品供给，生产结构优化，产业体系健全等方面。以资源整合，政策集成提高农业产业体系、生产体系和经营体系现代化。

二、乡村产业振兴的基本政策设计

按照乡村振兴"产业兴旺、生态宜居、乡风文明、治理有效、生活富裕"目标的总要求，乡村振兴包括产业振兴、人才振兴、文化振兴、生态振兴和组织振兴等五大振兴，其中产业兴旺是第一位的。只有产业兴旺和产业振兴了，乡村振兴才具备坚实的物质和经济基础。人才振兴和组织振兴能够为产业振兴提供强有力的保障，产业振兴能够进一步推动乡村文化的传承和创新。乡村振兴中每一项要素都是相互联系、互相影响的。在乡村振兴的总体规划蓝图之中，产业振兴是核心，由此推动组织、人才、文化和生态振兴。

从经济学角度看，诱导经济发展的要素模型中总是有一种要素是发挥主导作用的。它具备高度的弹性以应付经济的波动，其余要素则受它支配。[1] 乡村产业振兴的生产要素之间的关系是复杂的，但是总有一种要素是处于关键的核心地位，它的变革会导致其他要素随之变革，进而导致整个结构发生质的变化。农业整体发展过程中，其涉及的生产要素包括农业土地制度、农业生产技术、农业人力资源、农业文化等。一般来说，技术革新推动整个社会变革，整个农业发展过程中起主导作用的是农业技术要素。在乡村社会变革中，产业及其变革无疑是处在中间的核心变革要素。产业的发展会带动整体的发展，产业对于其他要素有着较强的相关关系。这意味着产业不仅可以直接影响到其他因素，同时其他要素在借助产业这个要

---

①［日］速水佑次郎、［美］弗农·拉坦：《农业发展的国际分析》，郭熙保、张进铭等译，中国社会科学出版社，2000年，第134—135页。

素的过程中可以进行资源循环和流动。例如乡村人才振兴可以为产业振兴提供人力资源储备，创新性人才则会诱发技术变革、组织变革和管理变革等等，从而推动乡村产业整体发展，而由乡村产业发展再推动乡村生态振兴、文化振兴和组织振兴。

乡村产业振兴涉及现代新型的农业产业体系、生产体系、经营体系的建构。实现乡村产业振兴，有助于提升农业创新力、竞争力和全要素生产率，加快实现我国从农业大国向农业强国转变。产业振兴是整个乡村振兴的互动中心点，发展农村现代化产业，需要走绿色生态可持续的道路。由此，产业振兴勾连着生态振兴。产业振兴动力来源于广大人民群众的积极性和创造性，在这一点上，人才振兴和组织振兴是产业振兴的保障，农业产业发展需要组织建设保驾护航，乡村产业发展能够进一步推动乡村文化的传承和创新。

乡村产业振兴必须走一条具有中国特色的现代农业发展道路。一方面，改革开放40多年来，我国乡村产业发展已经取得了巨大的成就，为乡村振兴奠定了坚实的基础。十八大以来，粮食生产连续五年都在1.2万亿斤以上，农产品能够基本满足消费者需要，同时我们还要看到，现在不仅是农牧业发展，同时种养加旅游等新产业新业态，发展态势也非常好。农产品加工产值已经超过了20万亿元，休闲农业和乡村旅游业年营业收入在7000亿元以上，农业生产性服务业也有很大发展，年经营收入在2000亿元以上[①]。这说明我国乡村经济发展进入一个新的时期，乡村产业振兴已经取得了一定的实效。

另一方面，我们也必须看到，我国的乡村产业振兴还有很大的提升空间。按照发展经济学的理论，农业生产力的提高使产业分工以及城市和其工商业的产生和发展成为可能，也使经济体系转型升级成为可能。根据配第-克拉克定理，产业演进是一个从低级到高级的过程，表现为产业体系的高度复杂化与产业结构的集约化，二者内生于产业发展的同一过程，相互促进，相互制约。乡村产业振兴的过程，是以科技和制度创新为基本动力，

---

①农业农村部：《十八大以来农产品加工产值已超20万亿元》，中国产业经济信息网，2018年9月29日，http://www.cinic.org.cn/hy/nongye/451873.html，2019年6月18日查阅。

以市场为导向的产业转型升级过程。这个过程实际上就是农业的工业化过程，农业从第一产业，走向第二产业，进而迈向第三产业，最后达到三产的融合发展。工业化可以在很多方面影响农业生产各要素，推进农业转型，其一是需求增加，动力提升。有需求就有生产，有生产就有发展动力。非农业部门的发展会增加对农产品的需求，工业的发展会增加非农业部门对劳动力的需求。其二是效率提高，收益递增。由部门的专业化和劳动分工的进一步发展带来生产效率的不断提高，新知识和新技术的应用所带来的收益递增效应，通过生物技术和物理技术的改进，降低由工业部门生产的现代农业投入品（如化肥、化学品和机械）的成本。其三是隐形人力资本积累。不断发展社会经济还以农业研究的方式为农业产业化提供智力支持，通过扶持农村地区基础教育和农业职业教育，建设有效的交通和通信系统以及提升为农村地区服务的基础设施和制度设计的能力，从而为农业生产率的提高作出贡献。

三、乡村产业振兴的基本路径

马克思、恩格斯认为，社会生产力的发展是导致乡村衰落的根本原因，分工和专业化是城乡分离、乡村衰落的直接原因。[①] 引起城乡发展差距的根本原因在于城市占据了生产力发展的制高点，而乡村成为被剥夺的边缘地带。乡村产业振兴的目的是重塑城乡关系，提高农村农业生产力，利用农村资源禀赋，采用现代化先进技术，推动农地制度化改革以诱导农业技术和制度变迁，推动农村产业繁荣，促使农民生活富裕。具体而言，实施乡村产业振兴战略，必须围绕以下几个方面来加以推进：

1. 重塑城乡关系，走城乡融合发展之路

马克思认为，一切发达的，以商品交换为媒介的分工的基础，都是城乡分离的结果。可以说，社会全部经济史，都概括为这种运动的对立。[②] 马克思在《德意志意识形态》中论述了社会发展导致的城乡分离过程，"一个民族内部的分工，首先引起工商业劳动同农业劳动的分离，从而也引起城

---

① 《马克思恩格斯选集》第一卷，人民出版社，2012 年，第 147—148 页。
② 《马克思恩格斯选集》第一卷，第 148—150 页。

乡的分离和城乡利益的对立"。[①] 社会经济的发展，不同的社会阶段产生不同的分工状态，导致工农分离、城乡差异。城乡之间巨大的落差造成社会结构的松动，社会变迁推动人口流动、结构转型、体制改革和文化冲突，这种种因素导致传统乡土社会处于"动荡不安"的状态之下。农业产业作为经济层面的要素，在这样的背景下受到方方面面因素的影响。我们在讨论当前的农业产业之时，应该具有历史的维度，通过洞察历史的发展进程，才能更好地理解当前乡村振兴中产业振兴处于核心位置的原因。

自新中国成立之后，国家采取优先发展重工业的战略，实施"统购统销"，从农业中提取剩余，产生所谓的"工农业产品剪刀差"。据统计，1952—1987 年，以农业税形式向国家提供的资金有 1000 亿元左右，而国家通过工农业产品价格剪刀差从农业中"暗拿"走的资金却在 6000 亿元以上，约为前者的 6 倍。[②] 在此之后，工农业产品价格剪刀差又有扩大趋势，据权威机关提供的数据，1988—1993 年的 6 年间，由于价格变动，农民减收1000 亿元。[③] 在 2000 年左右，农业税在 2500 亿～3000 亿之间。[④] 如果没有农业提供如此巨额的资本作原始积累，完全不可能建立起我国的现代工业体系。正是通过这种高度垄断的资源经济控制方式，保证了中央政府在不到 30 年的工业化进程中，使中国从 20 世纪 50 年代初期一个工业产值和城市人口仅为 15％的典型农业国，发展成为工业产值达 70％以上门类齐全和专业分工细致的初步工业化国家。[⑤] 而到了现在，是时候把"农业的东西归还给农业了"。城乡差异的根本在于分工导致的工农的对立，造成城乡关系的对立。由此可以看出，要破解城乡发展之间的对立和矛盾，促进二者之间融合发展，必须推动人才、土地、资本等要素在城乡之间的双向流动、平等交换，为乡村振兴注入新动能。而推进城乡融合发展，就是要促进农村一、二、三产业融合发展。乡村振兴战略是新农村建设、美丽乡村建设的第三次飞跃，乡村建设发展要求的城乡融合发展又是城乡统筹发展、城

---

①《马克思恩格斯选集》第一卷，第 147－148 页。

②发展研究所课题组：《改革面临制度创新》，上海三联书店，1989 年，第 7 页。

③周志祥、曾寅初：《农村农业经济》，中国人民大学出版社，1995 年，第 33 页。

④杜润生、陈锡文等：《筑牢大国根基》，文史出版社，2018 年，第 24－25 页。

⑤温铁军：《中国农村基本经济制度研究》，中国经济出版社，2000 年，第 11－12 页。

乡一体化发展的第三次飞跃，这体现了我国对城乡发展规律认知的深化。

2018国家统计局农村司组织全国各省（区、市）统计局和国家统计局各调查总队开展了"乡村振兴之路"调研活动。全国共调研了1103个村、填报11979份有效调查问卷，结果显示农民对乡村振兴5个方面的总要求充满美好向往，受访农民最期盼的是"生活富裕"，占40.0%，其次是"产业兴旺"，占22.7%，然而，与此紧密相连的乡村产业振兴却并不能有效满足农民的期盼。该调查发现，当前乡村产业振兴中一、二、三产业融合程度不深，农业产业链过短，农业研发能力弱，加工主要集中在产业链中低端环节，仓储、冷链物流体系不健全，多数地区没有形成科研、生产、加工和销售的完整产业链。[①] 这些都在很大程度上制约农村产业发展，阻碍农业农村的现代化。当前只有在工业反哺农业和工农互促的基础上，搭建多层次、宽领域、广覆盖的农村一、二、三产业融合发展服务平台，全面扎实地推进乡村振兴战略，实现城乡融合发展，才能够在促进城镇化的健康发展的同时扭转乡村的落后局面，实现乡村繁荣与和谐。城市与乡村是一个共生存在的有机体，只有两者都可持续发展，才能相互支撑。乡村振兴的目的是加快农业农村的现代化，而农业农村现代化的关键则在于产业现代化。以完善利益联结机制为核心，以制度、技术和商业模式创新为动力，推进农村一、二、三产业交叉融合，加快发展根植于农业农村、充分发挥农民的主体性地位和参与作用、彰显地域特色和乡村价值的产业体系，推动乡村产业全面振兴。

城乡产业一体化融合发展是乡村产业振兴的有效路径，而融合式发展的关键在于农业产业的现代化转型。通过产业转型带动农民转型，让城乡二元结构得到有效弥合，使农业从单一化走向立体化，从小农业走向大农业。习近平早在1984年就提出大农业的概念。他指出，从小农业发展到大农业，体现产业振兴全面推动现代农业的形成过程。传统的自给自足的小农经济，才能由此转变和升华为商品经济为主的现代农业。他指出"从发展趋势看，乡村工业和商业将在农村经济孕育中迅速发展起来，使农业生产资料供应—农业生产—农产品加工、贮藏、运输、销售联成一体，形成

---

①柏先红、刘思扬：《"乡村振兴之路"调研报告》，《调研世界》，2019年第6期，第3—7页。

中国式的农工商一体化"①。推进农业产业化需要协调发展的速度与质量，协调农业发展结构与体系的关系，最后构建三产互相促进，融合发展的新格局。

2. 延长乡村产业链，提升价值链，走产业融合发展之路

回首改革开放 40 年的历程可以发现，农民就业的第一空间就是耕地，这能解决温饱问题，却很难实现经济富裕。为此必须开拓第二就业空间，寻求非农化就业机会，包括向城镇转移就业。实施乡村产业振兴，必须走产业融合之路，并重点围绕延长乡村产业链、提升价值链大做文章。乡村产业振兴不仅要关注农业的第一、二产业，同时应该将三产有效融合，形成"一产二产促三产，三产带一产二产"的新局面。2019 中央一号文件指出，发展乡村特色产业，培育农业产业化龙头企业和联合体，推进现代农业产业园、乡村产业融合发展示范园、农业产业强镇建设。② 地域性和区域性的特色产业的发展是基础，同时也要充分发挥乡村资源、生态和文化优势，发展适应城乡居民需要的休闲旅游、餐饮民宿、文化体验、健康养生、养老服务等产业，形成新的消费聚焦点。改造当前生产方式使之融入大的产业发展背景中，消费的转向促使生产也发生改变，无论是利益驱动还是价值驱动，农业生产与乡村产业发展都应该与这个目标相契合。

为此，必须促进理念转型，遵循新发展理念，更多地利用乡村的优势资源，包括旅游资源、文化资源，发展新产业、新业态，这也应该是未来促进乡村经济多元化的正确思路。以县级行政区为基础，以建制镇为支点，搭建多层次、宽领域、广覆盖的农村一、二、三产业融合发展服务平台，促进农业产业链延伸，推进农业与旅游、教育、文化、健康养老等产业深度融合，大力发展农业新业态，农业不仅仅生产物质产品，同时还有休闲观光、文化传承、生态涵养等多种功能。农业产业应该包括多个方面，而不是仅仅局限在传统的单一发展的产业。从广义上讲：凡是与农业农村相

---

① 习近平：《发展农业、农村经济要多一些战略眼光》，《知之深　爱之切》，河北人民出版社，2015 年，第 142 页。

② 中共中央、国务院：《关于坚持农业农村优先发展做好"三农"工作的若干意见》，中国政府网，2019 年 2 月 19 日，http://www.gov.cn/zhengce/2019－02/19/content_5366917.htm，2019 年 6 月 18 日查阅。

关，有助于促进农村经济社会发展相关产业均可以成为产业振兴的一部分，包括以物质产出为主的一、二产业，以过程生产和精神生产为主的第三产业。应该突破传统的以农产品生产为主的农业发展方式，运用多样化的田园综合体模式，强调体验消费、生态旅游、文化建构等现代因素构建新的农业产业化体系。

首先，需要保证农业增长的速度和质量。在国家的宏观政策方面，价格和投资的经济杠杆推动国民收入的分配结构调整，国家对农业的投入不仅要提高农产品价格，而且要适当调整国民收入的分配格局，对农业施行多样化的支持，增加投入。其次，一、二、三产业协调发展是指农村经济中不论是产值还是劳动力所占份额都将由第一产业向第二、三产业转移，由产前、产中向产后延伸，实现第三产业在农业经济中占有较大的份额。最后，在产业系统进化的过程中形成连续主导产业链。产业结构在演化中，以新产业的形成推进产业结构的边际调整，为农业产业的成长提供新的增长点，例如原来以种植业为主的农业转移到以加工、服务业为主的新型结构，在主导产业交替的过程中，将形成新的产业链。

3. 完善产业利益链分配体系，走共享发展之路

研究团队多年来的实地调查表明，乡村振兴必须走农业共享发展之路。按照德詹夫利的"中心—外围"理论，随着现代化过程中优质劳动力被吸纳到现代的中心部门，小农和生存农民依然被排斥，并依附强势部门，始终处于利益分配的边缘地带。[①] 当前农业在发展过程中不免出现类似情况，农业产业化企业、合作社和各类新型农业经营主体在农业产业链分工体系中，在资本、市场、技术等方面占据优势地位，由此形成的排斥机制会在很大程度上构成对传统小农的剥夺，最终使得小农在整个农业产业链中的利益分享中处于弱势地位。因此，在农业发展具体措施上，将小农户和现代农业发展有机衔接起来，特别是统筹兼顾培育新型农业经营主体和扶持小农户二者之间的平衡，具有重要意义，采取有针对性的措施，把小农生产引入现代农业发展轨道，具有重要的意义。

---

①阿兰·德詹夫利：《拉丁美洲农村发展的政治经济学：一种解释》，《美国农业经济学杂志》第57卷，1975年8月。

乡村产业振兴要注意：培育各类专业化、市场化服务组织，推进农业生产全程社会化服务，帮助小农户节本增效；发展多样化的联合与合作，提升小农户组织化程度；注重发挥新型农业经营主体带动作用，帮助小农户对接市场。农民的知识和技术提升，独立面对市场和风险的能力增强，农业自然就能做大做强。生产决定分配，农业的生产源头得到合理布局，在成果的分配上也就能相应形成合理形式。所以，如何形成一套兼具效率和公平的利益分享机制，让占据优势地位的新型农业经营主体与普通农户都能共谋发展、共享成果；如何建立一种均衡的利益共享机制，让农民通过保底分红、股份合作、利润返还等多种形式分享农业产业成果，合理地分享全产业链增值收益，是本书重点关注的核心内容。

第三节　本书的研究思路和研究方法

一、研究思路

乡村产业振兴的根本目标在于促进农民增收、农业进步、农村富裕，促进传统农业向现代农业转型。乡村产业振兴的主要方向是促进农村一、二、三产业融合发展。在以往的研究中，大多数研究者更多是关注农业产业发展，或者是关注乡村建设的路径和选择。产业振兴作为十九大提出的乡村振兴战略中的一方面，从严格意义上来说单纯"就事论事"研究的较少，但是如果从乡村产业振兴的内涵进行追本溯源的话，产业经济学、组织管理学、农村社会学、文化人类学等等领域都有相关的学术研究。例如20世纪90年代有研究农业产业经济学的学者就梳理了新中国成立以来我国农业产业的发展，侧重从工农二者的关系来体现不同时期农业在国民经济中作用，并测算在60至70年代工农业"剪刀差"之下，工业和农业二者在剥夺与奉献中的巨大落差。[1] 进入21世纪之后的农业产业经济研究集中在研究产业发展模式和产业链上，即通过发展工业的方式来发展农业，强调以工促农、以城带乡，张敏等人利用跨学科的方式，借用交易费用、利润均衡、规模发展、农业合作以及制度变迁等理论来阐释农业产业化的可能

---

①《农业产业经济》，第30—36页。

的路径选择①。也有学者将威廉姆森的交易治理理论用于研究区域农业产业化中的利益联结关系，提出在经历市场买断型、契约型、合作型的利益联结方式后，产业发展的利益联结模式将会走向纵向一体化利益联结方式，即所谓的农业综合体模式②。这些研究以农业产业化为基础，在农业现代化的立场下，对中国农业产业的发展提出自己的观点，尝试突破单一的学科壁垒，但是效果显然不甚明显，而且绝大多数经济学理论研究都离不开借助西方相关理论，总觉得少了点"地气"，如果理论过于高深晦涩的话，就会少了点人间的烟火气。

从农村社会学和文化人类学的角度研究乡村产业的也不乏少数，其中最著名的包括费孝通等开展的一系列研究。费先生以自己的家乡——一个苏南的"江村"中的农民生活作为自己的研究对象，采用人类学的功能主义理论作为视角，以农民为中心，描述与其相关的生产、分配、交换、消费间的社会互动关系。在费先生笔下，农业生产不仅受天气、土壤等自然因素影响，还与生产技术、社会关系、文化信仰相联系。费先生利用人类学的方式研究经济学，或者通过经济学来研究社会学，都让整个研究更具有广度和深度。费先生强调文化对农业和乡村手工业的影响，但是他当时的研究仅限制在以小农经济为主的传统中国农业，在严格意义上说它还未过多卷入市场，并非产业化意义上的农业。

另外，法国著名社会学家孟德拉斯研究法国农业变迁的过程，也是采用田野调查的方式。他提出法国农民在整个资本主义的浪潮之下无疑将会从一个小农变成一个企业家，从家庭农场变成商业农场，农业产业化的过程将演绎一场传统农民的"谢幕"，最终导致村落的终结。③孟德拉斯试图从社会变迁的大视角去研究农业的产业化过程。他详细地描绘这场巨变中农民的反应和行动，其宏观研究视角值得借鉴，但是基于研究对象的差异，孟德拉斯的观点和结论都值得商榷。

也有很多学者通过制度变迁和技术变迁角度研究农业产业发展。例如

---

① 张敏、秦富等：《农业产业化发展：理论与实践》，中国农业出版社，2014年，第25—27页。

② 袁泽清：《农业产业化经营利益联结关系的法律规制——以贵州为例》，法律出版社，2013年，第6—11页。

③ 《农民的终结》，第2—4页。

研究国际农业产业发展的速水佑次郎和弗农·拉坦试图通过现有的农业和经济发展理论建立一个综合的农业发展理论。他们把技术变革和制度变革结合起来作为经济制度中的内生变量，研究其在何种意义上受到特定文化禀赋的关键性影响。① 这种研究视角在某种程度上可以将其看成是马克思的历史唯物主义的一种新的阐释。农业产业发展在受单一的技术因素的影响下，生产力的发展推动生产关系的变革，同时也存在着一个促使解放生产力发展的所有权关系出现的发展逻辑（所有权关系的功能）。农业产业发展是一个历史性的过程，它取决于生产力（技术变革）和生产关系（制度变革）。速水—拉坦模型主要是关注通过科技（包括生物技术和物理技术）进步的方式来推动农业发展。

已有研究均有值得借鉴的地方，当然也有不足之处。十九大之后提出的国家发展战略，乡村振兴顶层设计提出至今还只有短短的两年多的时间，各地对乡村振兴的具体实践还处于政策设计和规划制定阶段，乡村振兴尤其是产业振兴的效果还有待进一步呈现。当然，这并不等于乡村振兴尚未取得完全的突破。事实上，正如土地家庭联产承包制最初也是源于农民的"创造"一样，我们研究团队在近几年的实地调查中发现，理论有时候总是滞后于实践的发展，很多地方的村集体和广大农民已经开始在乡村振兴的道路上进行自我探索，也取得了不少的成绩。这些地方实践构成了本书研究的主要研究素材。

笔者将以不同区域的一些典型的乡村产业振兴的案例作为主要研究素材，探讨不同生态环境、不同地理条件、不同经济发展程度的乡村产业振兴的具体而又生动的实践路径，通过全方位分析当前我国乡村发展尤其是乡村小农经济发展中面临的问题和挑战，凸显传统农业转型中蕴含的现代农业发展的机遇。从中我们将试图总结出一些具有共性价值的经验，并从学理上和实践上进行总结归纳和提升。本书的研究，将力图呈现出乡村振兴中的产业振兴的具体实践模式、实践机制和实践效果。从中我们可以看出，中国的传统小农经济模式究竟如何朝着农业产业体系化和产业规模化的方向发展，广大农民和广阔的乡村大地如何应对当前的挑战，在社会变

---

①《农业发展的国际分析》，第 89 页。

迁的过程中与农业息息相关的农民如何在产业振兴过程中奏唱出属于自己的"田园诗"与"狂想曲"。

二、研究方法

作为当前乡村研究领域的重点和热点，对乡村产业振兴的研究，当前学界大多数在理论层面进行探讨，甚少通过实证性的调查研究来评估政策的实施效果或总结基层的实践经验。本研究通过大规模的田野调查深入基层农村获取第一手的资料，而这恰是本书试图重点突破的关键所在，也是本书研究不同于已有研究的特点之一。

当前对于乡村振兴或者具体各项要素的产业振兴的研究，必须把握住两个主要方面：其一是自上而下的视角，即对国家政策执行过程中及各地实践的效果，从制度实施角度进行评估；其二是自下而上的视角，即从基层实践的角度，对国家顶层战略的推动过程和有效价值进行评估。不管是哪种视角，都要求进行广泛而深入的实地研究，了解当下乡村产业振兴在各地的实践。通过对各地实例的总结，将特殊性上升到总体普遍性，然后利用总体普遍性指导个体特殊性，以此为乡村振兴的总体目标实现提供理论和实践的参考和借鉴。

本书的研究主要采用社会学、人类学、经济学、公共政策等跨学科的理论视角，利用多学科跨领域的研究方法，多层次多视角为当前国家乡村振兴战略实施提供理论支撑。在收集资料和分析资料上采用社会学和人类学的定量研究与定性研究相结合的方法。

基于我国地域广袤、人口众多、经济各异的基本国情，在兼顾资源禀赋、地理位置、经济发展、文化禀赋等因素的情况下，我们采用典型抽样和随机抽样相结合的方法选取样本展开田野调查。从2014—2019年，我们研究团队在全国22个省（自治区、直辖市）100多个县（市、区）的300多个村庄开展了全面而广泛的调研，本书主要对在山东、河北、贵州、云南、福建、广西等8个省或自治区15县（市）的乡村调查中获取的案例进行重点分析和研究，同时也参考其他省（自治区、直辖市）获取的案例。特别值得一提的是，本研究与美丽乡村建设、精准扶贫等内容相结合，了解各地产业发展在推动乡村发展同时助力脱贫扶贫中的积极意义，因而样本选择有所侧重，但总体遵循区域差异、经济差异、资源差异等各地差异状况进行比较分析。以下是调研地点的分布表：

表 1-1　实地调查的主要县（市）

样本省（自治区、直辖市）	样本县（市、自治州）
河北省	赞皇县
山东省	莱阳市
湖北省	恩施土家族苗族自治州
浙江省	龙泉市、安吉县
贵州省	龙里县、独山县
云南省	禄劝县、宜良县
福建省	将乐县、晋江市、厦门市
广西壮族自治区	龙胜县、罗城县
台湾省	台南市、屏东县

　　除了利用各类统计资料分析之外，笔者在具体开展田野调查的过程中，首先采用问卷调查、观察法与访谈法结合的方式获得各类信息，由研究团队调查员深入各地基层政府和农村地区，通过召开座谈会或入户访谈方式获取质性研究资料。笔者主要的访谈对象有各级政府部门（主要是镇或乡级政府）的"一把手"或领导、农林部门的相关人员、村干部、农业专业合作社负责人、农业经营大户、农业企业负责人以及基本农户。其中针对大量农户和新型农业经营主体进行深度访谈，以了解研究对象对农业产业发展的认知和意愿，对发展产业的需求和目标，经验和教训，等等，全方位了解当前乡村振兴中产业振兴的地位和作用，产业振兴在推动农民致富和农村变革的积极意义，总结产业振兴中的模式。通过以点带面，特殊引领一般的方式，助推中国农业农村现代化。

　　在资料分析方面，本书主要采用典型个案剖析、比较分析等方法。典型个案剖析包括两类：一是以产业发展与振兴的典型地区县、乡镇、村庄为基本分析单位，分析该地区农业产业的发展在推动经济社会中的作用；

二是以农业产业发展典型的合作社、农业产业化公司，以及农业产业经营大户为个案，分析在个体层面上产业经营的最优方式。在比较分析上，课题组通过比较不同区域之间由于其地理位置、资源禀赋、制度因素、文化禀赋等要素不同，分析导致产业模式及其选择的差异，同时也抽取出各地在探索发展产业道路的共性和规律，例如产业模式、发展过程、目标结果等方面的共同点。

本书的田野调查时间是在 2014—2019 年之间，其中集中规模调研时间是 2016、2017 年以及 2019 年。为了尽可能减少偏差，全书的分析主要是定格在当下。本书主要采用现时性研究方式，探讨在当下空间"横切面"的情况下，各地农村地区产业发展的主要模式，产业振兴的制度诱导与利益分享方式，目的是寻找促成农业农村现代化的产业发展道路。

本书的主要内容在于实证研究部分。笔者通过对近年来在全国各地调查获取的各类乡村产业振兴或者乡村产业转型案例的分析，探讨不同地理条件、不同经济发展程度上的乡村经济发展转型的模式，由此凸显各地村庄如何围绕延长乡村产业链、提升农业价值链以及完善现代乡村产业发展的利益链进行创新和突破。本书力图呈现出各地乡村是如何因地制宜地对村庄的土地、人才、资源等各类乡村产业发展要素进行重新组合，村集体和地方政府干部是如何结合自身实际情况，出台地方性的政策举措，而村集体、广大农民和地方基层又是如何结合自身的区位发展优势，并利用社会各种力量包括资本下乡因素建立各种一、二、三产业融合发展的体制机制。本书试图通过实践案例的分析，总结、归纳出一些具有共性价值意义的乡村产业振兴的经验，并从理论和实践角度进行提炼，由此提升整个研究的高度、深度和广度。

第一章 / 乡村产业振兴与农业产业链延长

　　乡村产业振兴主要围绕如何延长农业产业链、如何提升农业价值链及如何完善农业利益分配链来实现传统小农向现代农业转型，农业产业化的关键之处在于提升农业的附加值，其目的是服务于农业总产出和收益。本章将着重从农业产业链延长的几种产业发展模式来描述乡村产业振兴的实践路径。

　　延长农业产业链涉及农业产业的主体、农业产业结构及农业经营方式等问题。从生产、流通、交换和消费的产品发展历程来看，产业链的延长是嵌在产品的发展历程中的，而主导这个过程的是农业的经营主体。他们或许是普通的单一经营农户，或许是作为农民联合组织的合作社，或许是农业规模企业，等等，然而现在经济主体更多的是呈现多种主体之间的多样化的组合方式，创新的组合方式让他们充满更多生机和活力。本章将以案例的形式呈现出单一主导型、一体多元型、互惠合作型、深度融合型等几种不同的乡村产业振兴类型。从中可以看出，不同类型的案例如何通过延长产业链，以助推农业产业的发展。这些不同地区的产业振兴类型的实践经验有其独特性和普遍性，可以为资源、技术、制度、文化等方面类似的地区提供相应的参考和借鉴。

第一节 单一主导型
——将乐县安仁乡"大户"带"小户"产业发展

一、乡土的逻辑：精英返乡的动力

安仁乡位于闽西北将乐县北部，地处将乐县、顺昌县和邵武市三县交界地带，属于经济相对落后的偏僻山区地带。全乡总面积115.5平方公里，辖伍宿、石富、安仁、福山、洞前、半岭、余坑、泽坊、上际、元洋、蜈蚣鼻11个行政村和岭头林果场，88个村民小组。截至2019年年底，全乡共有3557户，13750人。该乡历史底蕴较深厚。蜈蚣鼻村大南坑陈记柴窑烧瓷技术传承于宋代，为福建省现存的唯一在烧的隔仓阶梯式龙窑。每年农历十月初一至初三民间自发形成的交流会已发展成为安仁及周边乡镇的一个重要节日。安仁还具有光荣的革命传统，泽坊村红军兵站是当年东方军在闽西北一带所建18个兵站中的重要兵站之一。安仁乡拥有丰富的自然资源，全乡耕地面积1.94万亩，是县里重要的优质稻生产基地，此外还有林地面积14万亩，林木蓄积量53.38万立方米、立竹量249.31万根，云雾缭绕的泽坊梯田的优美风光，每年都吸引着无数摄影爱好者。

然而外出人口较多是该乡农业生产能力逐渐弱化的原因之一。20世纪90年代起安仁乡群众陆续开始外出到上海、浙江一带经商务工，至目前，全乡外出人口已近9000人，其中仅在上海经商务工人员就达到近8000人，其中绝大部分是以夫妻合作的形式开食杂店，少部分成功人士开设了超市。[①] 由来已久的农耕文化，得天独厚的农业种植环境，加上社会变迁中的人口外流，逐渐孕育出安仁乡农业产业发展的"大户"带"小户"的特色经营方式，我们通过一个农业生产大户从外出打工到返乡承包土地、经营农业产业的案例来展示精英返乡参与农村产业振兴的过程。

余坑村距乡政府所在地2.5公里，属市级贫困村，2016年被列为全国乡村旅游扶贫重点村。全村下辖余坑、朱坊、下排、京峰、西坑5个自然

[①] 数据来源于2019年安仁乡政府统计资料。安仁乡到沪经营小生意的乡民平均每店投入的资本大都在几万元到十几万元之间，平均一年辛劳省俭用所得在15万元左右。

村，10 个村民小组，392 户 1687 人，党员 28 人（其中外出党员 10 人）。和全乡的情况相同，人口外流是该村一个典型的特点。全村共有耕地面积 1983 亩，林地面积 13230 亩（其中毛竹 1110 亩）。余坑村以烟叶和优质稻种植、光伏发电、与金森公司合作（将乐县唯一的一家上市公司）、温室养鸭大棚等产业为依托，促进村财和农户家庭增收。

Z. Q. L.（52 岁）是安仁乡余坑村朱坊自然村的一个普通农户，他的经历是全乡普通农民的一个缩影。目前，他是为数不多留在村中的青壮年，也是全村从事农业的 3 个最年轻的农民之一。2018 年，Z. Q. L. 在当年的村委会换届选举中当选为村委会副主任。他是村里烟叶种植的专业大户，每年种植烟叶在 30～50 亩不等，每年可获得收益 15 万元左右，可以说是当之无愧的"成功"的农民。

和安仁乡中的大多数处于这个时代的人一样，1999 年那一年，Z. Q. L. 刚满 30 岁，踏着轰轰烈烈的外出浪潮，别了父母，随着亲戚到上海。在那个没有土壤只有水泥地的城市里，Z. Q. L. 打过工、开过店，摸爬滚打了 10 多年，在异乡漂泊不安之时，他总会想起他的土地和家乡。那个记忆中的故乡一直在召唤着他，家中的一亩三分地成为他的牵挂，那是他家祖祖辈辈耕种的田地，是他的根，是他的依靠，是他的童年，是他的回忆，是哺育他成长壮大的"母亲"。一直以来 Z. Q. L. 都有一个念头，那就是回家，回到他的故乡，回到属于他的地方，这样的念头在 2009 年，一个偶然机会的催发下，变为现实了。

那一年，Z. Q. L. 参加将乐县上海商会（成员主要是以安仁乡外出到上海的乡民为主）的一次活动，听说家中现在由于粮价低，大量土地抛荒，村中已无多少青年在乡务农，只剩老弱病残……Z. Q. L 看着存折上 10 多万元的存款——他十多年的积蓄，心想该回去了，那些童年的记忆，青山绿水、稻香十里，那是让他安稳熟睡的家乡，他无法眼睁睁放任这一切发生。10 年后他拖儿带女回到了安仁乡朱坊村，看着门口那杂草疯长的耕地，内心无限感慨。2014 年，我们研究团队的调查员在访谈他的时候，他眼里仍满是可惜和无奈。在农村成长的农民无论生活在城市多久，骨子里始终保留着那一份独有的乡村情结。

Z. Q. L. 一回来就把曾经是祖父耕作的田地承包了回来，视同"起家田"，跟随先人的脚步，把记忆中荷叶田田的景致，重新找了回来。他神色坚毅地说："明知这是一条不归路，仍要闯闯看有无一片天！"植根在这些"游子"心中的乡土文化，是一种属于农民的传承，是一种根植于大地的文化体系，社会价值理念和集体情感记忆通过物质的和非物质的形式深植在每个农民的内心之中，然后通过"乡愁"的归恋表现出来。

从 Z. Q. L. 返归乡村耕种田地的经历中可以悟出，乡村振兴的核心在于人，乡村建设的根本在于人。要培养和造就一支真正"懂农业"的乡村振兴人才队伍，首先他们必须是真正"爱农村"。因此，如何立足于"乡愁"唤回被现代化进程吞噬的乡村记忆，使乡村越来越有"人气"，让乡村逐渐焕发新的活力，是乡村振兴面临的重要问题。事实上，正如本书下文中一再呈现出来的，近年来，不少年龄在 40～60 岁的在外事业有成的农民工开始以"乡贤"的身份返乡投资现代农业。据国家发改委发布的数据显示，截至 2018 年 7 月，农民工中返乡创业的人数达 740 万人，他们参与农业产业，成为乡村振兴的主力军。Z. Q. L. 只是其中的一个代表。[①]

二、"再小农化"与传统农业产业的转型

和很多返乡农民多半以组建合作社、家庭农场甚至搞农业企业不同，Z. Q. L. 仍然从事小农耕作，只不过耕作的田地面积规模更大。回到朱坊村后，Z. Q. L. 做的第一件事是把自己家的田地重新修整，他看出了现在种粮食已经不赚钱的现状，作出了种烟叶的决定，每年种一季水稻，种一季烟叶，很好地实现土地的轮作。种植烟叶由烟草公司统一收购，属于"订单"农业，不需要担心销路的问题，同时烟草公司还提供包括机耕道的修缮、灌溉设施的完善以及烤烟房租借等服务。

安仁乡烟叶属于政府主导的农业产业化形式，是典型的"订单"农业，烟叶种植一般是以户为单位，具备一定的规模效益。实际上，我们团队在福建沙县调查时发现，烟叶种植也是 20 世纪 90 年代至 2010 年该县农民的主导种植业。在安仁乡，当地最成功的种植业就是烟草种植，在全乡农业转型促进村财和农民增收中发挥了重要作用。从 1990 年开始，该乡就有零

---

①发改委：《我国返乡创业人数初步统计达到 740 万》，2018 年 7 月 26 日。https://www.sohu.com/a/243428780_776086，2019 年 7 月 4 日查阅。

星的农户种植烟叶，在 1995 年后由于烟叶订单收购价格大幅提高，形成规模化种植，2000 年达到高峰。2010 年烟叶种植面积开始下降。和普通的水稻种植相比，烟叶种植虽然投入的劳动力较多，但获取的收益比传统的水稻种植业高出 5 倍甚至更多。

在 20 世纪 90 年代中期到 2000 年前后，安仁乡农户种植 15～20 亩烟叶，纯收益可以达到 2 万～4 万元。到了 2010 年之后，普通农民种植烟叶 20 亩，平均纯收入可达 8 万～10 万元。当地很多人外出到上海开店经商，其原始资金大多来自烟叶种植。只不过，到了 2010 年之后，由于国家烟叶订单下降以及年轻人大量外出，烟叶种植面积逐渐下降。2000 年前后，朱坊村种植烟叶的农户约有 20 户，全村 600 亩田地中，约有 85% 的田地种植烟叶。到了 2018 年，朱坊村只有 2 户农户还在种植烟叶，面积约 50 亩。2019 年，由于全村的土地大部分流转给外来投资者种植百香果，当年该村无人再种烟叶。

从 2009 年到 2018 年，Z. Q. L. 一直是朱坊村的烟叶种植大户，即使这一时期朱坊村乃至全乡的烟叶种植面积已经逐步下降。只有 2019 年，Z. Q. L. 因担任村委会副主任，当年没有种植烟叶。2020 年，他则打算"重操旧业"，再次种植烟叶。年轻的劳动力总是积极向上干劲十足，除耕作自己家中的 2 亩地之外，Z. Q. L. 通过流转的方式，将其他外出村民抛荒的土地利用起来。家里的劳动力，主要是他和妻子，妻子在家务之外空余时间做些除草施肥的工作，每年通过种烟他可以收入 7 万～8 万元，这是相当可观的一笔收入了。我们详细询问种烟的成本和收益，他毫不避讳地给我们算了一笔账：

我自己有 2 亩地，从其他人那边流转了 20 亩地。种烟有时间周期。有些时候比较忙碌，比如堆土和烤烟是最忙的时候，其余的时间祈求上天风调雨顺就行了。我流转土地的价格不会很贵，因为大家都是熟人，土地不耕作也是抛荒，而且同村人不太计较，一亩地一般价格也就 200～300 斤谷子。流转土地的租金一般用谷子计量，按照当年的谷价折算。谷价是相对稳定的，虽然每个年份会有些小波动。按照国家收购价，大概是 1.35 元/斤，扣除租用烤烟房一间 500 元，扣除收烟时雇佣的人力成本每人每天 120元，烟叶一年一亩可以产 1000 株，一亩收购价为 4000 元，计算一下，每亩大概可以赚 3000 元。我一年种 20 亩，一般的收成可以赚 6 万～7 万元，当然烟叶的成色不一样，价格也有所差别。

种植烟叶年份好坏差别很大。在烤烟期，遇到梅雨季节，雨水不停，烟叶的颜色和质量得不到保证，价格就很低，比如今年（2018 年），烤出来的都是黑烟，烟草公司不收。我亏大了！不过 2017 年是一个好年份，气候好，中层烟长势不错。种烟赚钱的就是中层烟。中层烟质量最好，价格也最好。烤烟分为中三、中二和中一，10～20 块钱一斤，脚烟只有 4～5 块钱一斤，中部烟最贵可卖 20～30 块，顶部烟就十几块，比中部烟差一些。如果烤出来的烟中二、中三的比较多，赚的钱就比较多。烤烟很重要。烟要种得好，还要烤得好。烤黑就没用了。水分含量太高容易烤黑烟，空气湿度太大，也容易烤黑，梅雨季节最容易烤黑烟。最好是青色的烟叶一进去就立刻变黄，那就好烤了，就可以升温了，到 48 度就可以定色，55 度以上就烤干了，烤烟需要分三个阶段……①

朱坊村冬日覆膜的烟田

---

①2016 年 4 月 29 日、2018 年 5 月 2 日，两次访谈将乐县安仁乡朱坊村村民 Z.Q.L.。

在访谈中，我们了解到种植烟叶需要诸多因素：得天独厚的自然条件，包括肥沃的土壤、充沛的雨水，还有适宜的湿度；付出的劳动力成本，烟叶种植属于劳动密集型的产业，农民种植烟叶在机械化之外需要投入的劳动也是十分繁重的；还需要属于农民的天然的"技术感"，比如烤烟的过程，其间如何把握这个时机和温度需要具备一个精妙而且特别的感觉，类似于斯科特所总结的"米提斯"的实践知识，这也是传统农业和单一化、整体化大规模的现代农业的差别。在现代，高度的市场化渗透农业和农村方方面面，然而，从道德上说，把自然和人类当成物品且其价格完全由市场决定，这种思想亵渎了生命与自然的神圣性。[①] 这种当代农民的"再小农"的过程，在传统与现代之间，"人"这个因素更为凸显，更为强调人的价值和人的作用，是对市场不断侵蚀下的个体保持自主的争取和抗争。

在 20 世纪 90 年代到 2010 年间，安仁乡一般烟农的种植面积在 15～40 亩之间，而一般的农户承包的土地面积大多在 10 亩以下。安仁乡大约有 50% 以上农户种地规模达到 30 亩以上，形成初级规模经营水平。[②] 30 亩的规模经营标准的确定留待下文分析，我们现在着眼 Z.Q.L. 这样的一般农户的农业经营及其收入：20 多亩的耕地，一季种植水稻、一季种植烟叶，土地利用效率比较高，劳动力投入也相对合适，整体的农业经营效益可以让一个农民家庭达到小康水平。

三、"生存第一"还是"市场第一"：传统农民与现代农业的互动

中国农民世代种粮，为的是养家糊口、绵延后代。农民走过了几千年的艰难岁月，似乎在现在面临了另一种难题，他们是该守着旧土地温饱度日，还是开拓新局面走向市场。现代农民在"生存伦理"和"市场思维"中徘徊着，我们从个案的分析，从微观个体出发，触碰国家形势与社会背景，探讨与农民生活生产息息相关的粮价问题中的社会、国家、市场的影响因素。

在朱坊村，Z.Q.L. 在村民眼里是一个十分勤奋踏实的人，是一个种烟

---

①［英］卡尔·波兰尼：《大转型：我们时代的政治和经济起源》，冯刚、刘阳译，浙江人民出版社，2007 年，第 17 页。

②朱冬亮：《农业治理转型与土地流转模式绩效分析》，中国社会科学出版社，2016 年，第 88 页。

的能手，他们都说安仁乡十几个村没有一个人种的烟质量比他好，连隔壁泰宁县专门来安仁乡以种烟为业的经营大户都比不上他。村里但凡有人请他传授种烟技巧，他都是认认真真、仔仔细细地解说。他成了村里的种烟能人，深受乡民的信任。C. H. J. 是泽坊村的一个贫困户，夫妻俩有十几亩地种植粮食，辛苦劳累一整年，但是总是不赚钱。可是刚返村的 Z. Q. L. 短短两三年就盖起了小楼房，日子过得十分红火，"同样都是种地，我也不比他懒惰，为何我就赚不了钱"，C. H. J. 抱着多年的疑惑请教了 Z. Q. L.。Z. Q. L. 认真地帮助他算了一笔账。他说"我一回来就知道种植粮食已经成为农村最不赚钱的行业了"，即使国家有保护性粮食政策，对粮食出售有保护价格，一般来说粮食收购价比市场价略高一点儿，在 2016 年大概是 135 元/百斤，2017 年基本持平，2018 年每百斤大约下降了 10～20 元，即使以 135 元/百斤的价格，也远远不能使一个种植粮食的家庭走向小康，更不用说致富，而仅仅只能维持他们的温饱。事实上，如今的传统粮食种植业的投入产出比逐年下降，总体上进入高成本的时代。目前，种粮业的种子、化肥、人工、服务等成本等居高不下；尽管劳动投入减少，但劳动力成本上升；边际土地潜力消耗殆尽，土地价值上升，土地成本提高；为提高产量，现代生物技术的流动成本也需要计入；劳动投入减少，农民的机械投入增加；能源成本居高不下，作物物质耗费大幅度增加。

按照实地调查资料所得，当地种植粮食的成本主要是三个部分：流转价格（租金）、种子、化肥，当然如果收割时候雇佣专业的机械进行收割还需要加上机械投入的成本。以安仁乡的情况为例，最保守估计：当地每年流转土地的租金大约是 300 斤谷子（熟人之间流转），折合人民币大约是 400 元。由于种粮的比较收益持续下降，2019 年前后安仁乡的田地的流转租金比 2014 年下降了近 1/3。朱坊村的每亩土地的年流转价格平均不足 200 斤稻谷。每亩地需要 2～3 斤的种子，每斤种子为 50 元左右；每亩地需要复合肥 1 袋，大约是 100 元；如果是小户种植，插秧、播种和收割的成本可以不计算在内，如果规模种植，还要考虑到此部分的支出，据了解此部分的成本在 200～300 元；稻谷风干的成本每亩 10 元，病虫害防治农药与除草剂每亩大约是 30 元。所以按最保守的估计一亩地需要最低的成本大约是 700 元。当地一亩地亩产大约是 1000 斤谷子，收入是 1350 元，扣除成本之后一亩地也只有不到 700 元的净收入，当然还要以当年的粮价为标准，135 元/百斤是 2016 年的国家收购价，在 2018 年国家粮价每百斤下降了 20 元左右，2019 年粮食收购价大致为 120 元/百斤。

我们研究团队实地调查估算，2018 至 2019 年，如果是流转田地且以机械化进行耕作，每亩地每季种粮收益在 200~300 元之间（这类经营往往可以获取地方政府的规模化补贴）；如果是小农自有土地自己耕作，辅之以小型农业机械，每亩地收益大约是 800 元；如果是自有土地使用机械耕作，则每亩收益大约是 500 元；如果是单纯地雇佣劳动力手工耕作，每亩地会亏损500~1000 元。

在朱坊村，目前一对夫妻以小农方式耕作田地，辅之以家用农业机械，一年最多可耕种约 30 亩地，可产稻谷约 3 万斤。扣除一家人一年的粮食消耗量，按照 2018 国家收购价约 1.25 元/斤，扣除种子肥料以及土地流转的价格之外，一年净收入满打满算才 2 万元左右，而同等面积的烟叶种植每年却可以获得约 10 万元的收入，所以，单纯种植粮食如何能让老百姓走向小康生活？

目前，如果用经济学的方法去核算种地种粮的成本和收益，得到的结果是农民种粮实际上处于一种亏损的状态。但是，为何农民还能几十年如一日种粮，为何他们也能维持自己的生产生活？如果说举债生存，这点不实际。我们清楚农村虽然不富裕，但也并非温饱不及。贺雪峰概括中国农村状况是"小康不足，温饱有余"。如果从传统中国农民的生活出发，小农经济很多不仅是通过家庭农业的生产，而且以家庭手工业作为重要的一个补充。像费孝通先生在《江村经济》描述的中国苏南地区的农村一样，手工业也成为家庭经济的重要补充。但是对当前的中国农民来说，其实更多的是通过其他的务工收入或者工资性收入来填补这样的缺口。一般而言，外出打工的农民收入也算到家庭收入里面。这种"以工补农"的方式，不具备长远性和持续性，对农村的自生发展和振兴并无太多的助益。多数农民工是逐渐地让自己在城市中站稳脚跟，返乡种田的人微乎其微。乡村振兴如何通过农业产业发展的方式达目的？粮食生产如果不改变当下这种弱势的地位，由亏转赢，乡村振兴只能是一句空谈。

虽然种粮成本与收益严重不对称，但是我国粮食产量似乎仍然是一片形势大好。据国家有关部门公布的信息，2019 年粮食生产创历史新高，产量达到 13277 亿斤，连续 5 年站稳 1.3 万亿斤台阶，粮食生产实现历史性的"十六连丰"。这些年粮食连年丰收，但粮食生产能力还不稳固，种粮效益下降的问题仍然长期存在。[①] 这种产量高效益低的结构矛盾在我国的粮食生产体系中长期存在，原因在于中国农民对粮食生产的一种本能性的偏好、长期稳定的需要，但是粮食价格持续走低仍然是我们应该引以重视的。从直观的角度看，农民增收通过两个方面：一是农产品价格提升，产品交换的利润增加；二是产量提高，产出高于投入。这两种方式都跟市场紧密相关，价格和需求都取决于市场规律和法则。接下来我们从价格的角度来探讨粮食价格的高低如何与产业振兴、农民增收、乡村发展结合在一起。

由于当前我国粮食的价格几乎可以用"低贱"来形容，导致粮食种植面积不断下降，农业第一产业比重不断下降。从 2000 年以来，中国的农业产业结构发生历史性变化。据统计，2002 年第一产业占三次产业的比重降到 15％，之后每年都处于下降状态，到 2009 年下降到 10％左右。[②] 农业比重不断下降，反映的问题或者是粮食价格过低或者是粮食产量不足，无论是哪一个问题都是农业现代化过程中的重大风险性问题。在将乐县更多展现出来的是两个问题的交缠：粮价太低，导致农民种粮的意愿不断下降，土地非农化和非粮化的问题因之突显。粮食产量不断下降，粮食安全情况堪忧。作为以粮食生产为主的将乐县，在保障国家粮食安全上具有不可推卸的责任，因此在助推乡村振兴，建设现代农业体系的过程中，该县首要任务是保障粮食安全。为此，该县提出严格落实粮食安全生产责任制，开展粮食产能功能区划定工作，计划于 2021 年完成水稻生产功能区建设。科学制定粮食生产指导性计划，落实"藏粮于地"，确保粮食播种面积稳定在 22.3 万亩以上，粮食总产量稳定在 8.2 万吨以上。与此同时，将乐县有关部门还提出要加强永久基本农田保护，落实耕地占补数量和质量双平衡。实施粮食产能区增产模式攻关与推广项目，落实"藏粮于技"，推广粮食

---

①《农业农村部提出 2020 年粮食总产量稳定在 1.3 万亿斤以上》，中国政府网，2019 年 12 月 22 日，http://www.gov.cn/xinwen/2019−12/22/content_5463135.htm，2019 年 12 月 23 日查阅。

②国务院发展研究中心农村经济研究部课题组：《中国特色农业现代化道路研究》，中国发展出版社，2012 年，第 62 页。

"五新"技术等等。通过高标准农田建设和山垅田复垦改造,加强优质稻新品种示范基地建设,建立特色优质稻生产基地 4 万亩以上,推广优质稻种植 10 万亩以上。大力开拓粮食产业经济,积极实施"优质粮食工程",严格落实储备粮食订单收购直接补贴和稻谷最低收购价格政策,加强储备粮管理,推进科学储粮、绿色储粮,推进现代化粮库建设和粮库"智能化"升级改造。在推动粮食生产和粮食安全上试图通过政策支持和政策引导的方式去扭转不利的现状。

很显然,将乐县的做法是为贯彻国家促进粮食生产、保障粮食战略安全而采取的相应举措。然而,政府调控作为资源配置的有效手段之一,以行政的手段去干预市场,一般而言只能在市场机制无力的情况下。但对于我国而言,国家具有强势介入经济的传统和能力。为了提高粮食产量,维护国家粮食安全,保障人民的美好生活,中央不断加大对粮食种植生产的投入力度。从 2004 年到 2011 年,中央财政用于"三农"的支出,从 2626 亿增加到 1 万亿,到 2018 年增加至 2 万亿左右[①]。无疑,国家投入是有力的,但是这个发力点是否精准,力度是否足够尚需进行一番考察研究。

粮食价格问题在当前是国家社会经济发展的一项重要课题。农业的生产者认为粮食的价格被不合理地压低了,而工业界人士则认为粮食价格应该通过市场确定并与国际社会接轨。粮食进入市场之后的价格如此低廉,一个重要的原因是国家在工业和农业发展的优先次序上不同步。当前国家对农业制定政策和计划的时候多数是通过补贴的方式去缩小这个差距。似乎对农业补贴已经成为一种天经地义的合理行为。很多人认为,政府和社会应该帮助农民,就像子女应该帮助他们年老的父母一样:难道不是所有的城市人差不多都是乡村的儿子和"城市中的村庄闺女"吗?[②]经济学家们认为工业体系的逻辑统治着现代经济,这种体系是不利于农业发展的,因此,根据"均等"原则,保护和支持农业是合理的。但是更重要的是,要认真思考农业如何依靠自己的力量弥补这个差异,化解这个矛盾,深刻地

---

①财政部:《土地增值收益将更多用于"三农"》,新浪网,2019 年 3 月 7 日,http://finance.sina.com.cn/roll/2019—03—07/doc-ihrfqzkc1931428.shtml,2019 年 5 月 24 日查阅。

②《农民的终结》,第 243 页。

去了解这个矛盾的根源是什么，工业反哺的方式如何，而不是总将希望寄托在政策转移性的补贴，认为这样就可以解决一切问题。

工业反哺农业的时机是否已经成熟，政府的农业补偿政策应该以何种方式展现，这些都是需要进一步进行论证的。以往有部分研究产业政策的学者提出，工业反哺是一个规律，因而我国采取农业支持和反哺政策是必然选择。按照产业的发展和演变进程规律，一种产业伴随工业化逐渐发育成熟之后该产业的增长一般都会从高速转向低速。农业、工业和第三产业之间更替主要是由于市场需求和资源要素的转移，实际而言就是资本向能够在最短时间最大限度再生自身的行业转移。那么，工业化发展程度应到哪一个标准的情况下？国内经济中工农业发展的关系应在哪一阶段才能实施农业反哺政策？有研究提出，工农业的相互关系有三个基本阶段：第一阶段是农业支持工业，第二阶段是农业与工业平等发展，第三阶段是工业支持农业发展。[①] 在工业支持农业发展阶段，以工养农或者以工补农，从经济上讲属于经济发展的高级时期或成熟时期，工业化的推进是基于工业提供的剩余，工业部门以资金要素的形式流入农业，形成工业对农业的反哺。这种剩余的回流实质上是工业部门对在经济发展第一阶段所抽取的农业剩余向农业部门的乘数返还。而按照世界上工业化较早的国家的经验来看，这种抽调的主要方式是通过政府的农业政策和农业保护政策来实现的。那么，当前这个阶段是否到了农业补偿的阶段了？对比美国、日本等国实施农业反哺政策的阶段，按照他们的估算，进入工农业为工业化提供剩余所具备的阶段特征的标志：农业在国内生产总值结构中，份额低于15%；农业部门的就业人数在社会总就业人数中占比下降到30%；城市总人口所占份额提升到50%以上；人均GNP（国民生产总值）按1980年美元计算达到1500美元。[②] 而在我国，根据2018年的统计数据显示，当前农业在国内生产中占比7.2%，农业部门就业人数占社会总就业人数26.1%，城市人口在总人口中占比为59.6%。[③] 如果按照他们的阶段划分标准来看，我国已然进

---

① 农业部软科学委员会办公室：《农业发展战略与产业政策》，中国农业出版社，2001年，第90—92页。

② 《农业发展战略与产业政策》，第96页。

③ 中国农村工作领导小组办公室、中华人民共和国农业农村部：《中国农业农村发展报告·2019》，中国农业出版社，2020年，第101页、182页。

入工业反哺农业的阶段。工业反哺农业意味着工业部门的资本需要转移到农业部门，从以农养工，到以工养农，再到工农互促，这中间似乎经历了一个正反合的循环过程。工业资本转移的阶段一般来说有两种方式，一种是依靠市场的力量，另一种是依靠政府的力量。

多年来，我们可以看到国家在扶持农业发展上做出的努力，这点不可否认，但是也应该看到这些努力产生的结果没有达到预期的效果，并且与其他国家的相关农业支持政策相比仍然略显无力。当前粮食价格与社会总体的物价水平并不在同一个层次，并不以同等倍数增长，农业发展如何融入整个市场的发展之中？粮价与物价怎样才能处于同一个增长指数呢？有学者认为，国家的农业干预计划与其他领域的计划并非以同等方式制定，农业政策更多会考虑社会、道德和政治方面的原因，农业保护多以价格保护为主，然而经济理性和市场法则才是具有决定性意义的。这样的观点尚有待商榷，但是有一点是值得肯定的，农业的发展逻辑应该遵循经济发展的需要并与市场发育同步，市场化、经济化和理性化是农业现代化过程的必经之路。

四、农业经营规模的适度调整：产业变迁中的"大户"带"小户"

对于普通的农户而言，如何应对瞬息万变的市场，如何满足自身多方面的需要，除了上述农产品的价格影响因素之外，产量当然也是一个重要因素，即供需关系是重要的方面。基于土地的弹性在中国绝大多数地区并不高，但产量提高一般只能通过农业经营规模化，土地面积的限制会抑制规模化的过程。随着农村人口的大量外流，土地集中经营成为可能，土地规模化经营则更多需要农户之间的生产联合或者技术协作。只有这样，才能在这个价格杠杆占劣势的过程中扭转现状。同时，在土地弹性与劳动力弹性不足的情况下，如何实现资源最佳的配置，获得经济的最大收益，这是当前我国乡村产业振兴的关键所在。

从安仁乡的实践情况看，由于该乡属于山区气候，在温度、土壤以及水源等情况的制约之下，其农作物的选择面并不广，适宜生产的作物并不多。安仁乡地处将乐县北部地区，地势较高，山岭耸峙，丘陵起伏，由于地形原因气温较低，年平均气温为 19.5 摄氏度，年日照时间为 1382.3 小时，降水量为 2079.2 毫米。虽然该乡的气候为亚热带季风季候，粮食熟制为一年两熟，水稻种植以双季稻为主，但是受到地形和地势的影响，安仁乡这样的气候一年种植两季粮食是比较勉强的。一年一季粮食的产量和品质都相对比较高，但如果是两季，那么春季这一熟粮食的质量会相对比较低。受到气候的影响，安仁乡每年只有上半年的时间可以种植烟草。考虑到两季水稻种植的品质问题，以及烟叶种植的效益，Z. Q. L. 利用这两者在种植时间上的错位，上半年种植烟叶，下半年种植水稻。这样不仅可以很好地做到轮耕，而且能保证土壤肥力，满足烟叶种植的需要，保证水稻的品质，使得经济效益达到最大化。

前文提到，在 Z. Q. L. 的帮助下，同村的 C. H. J. 农户也走向了相同的路。事实上，安仁乡农业产业由单一的粮食生产结构走向粮食作物与经济作物并行的农业生产结构，这点也是很多农村地区在传统小农转型过程中所走过的"心路历程"。国有企业性质的烟草公司看上了这一种特定的模式优势，利用订单式农业的方式与安仁乡政府之间形成有效合力，特别是在提供烟叶生产的基础设施、技术、种子、化肥等方面，越来越形成规范化的模式生产。过去 30 年中，烟叶生产已经成为安仁乡乃至将乐县的特色产业。近年来，抓好烟叶产业，坚持"以质取胜"已经成为该乡的主要工作思路，进一步强化全国现代烟叶示范区创建工作，夯实烟叶生产基础设施，推动烟叶生产逐步从数量效益型向质量效益型转变。

广泛种植烟叶不仅带动了村民脱贫致富，同时烟叶种植税的返还成为安仁乡政府和各村村财的一个主要收入来源。国家对烟草种植和生产都有严格的限制和规定，价格的垄断为烟草行业带来高额利润。烟草公司与当地政府相互合作、互利共赢的前提是烟草公司必须上交当地政府 25% 左右的烟草返税。据了解，安仁乡政府每年收到的烟叶返税有几十万，占自有财政的 70% 以上，而这些税收成为一个贫困山区乡镇财政收入的主要来源，也成为乡镇政府有序运转的经济基础。

在乡村产业振兴的过程中，将乐县在项目规划上鼓励并支持高附加值的农业产业。由于烟草种植的技术相对成熟，收入相对稳定，烟叶种植仍然是一部分乡镇赖以生存的传统产业。例如在同县的万全乡，该乡有耕地 1.5 万亩，其中适合种烟的好田约 4000 亩，高峰期最多可以种植 3800 亩。万全乡的阳源村是全县烟叶产量最高质量最好的村庄，一年的烟叶产量超过 3000 担，大约是 30 万斤，[1] 该地县乡两级的财政大约是 150 万元，2018 年约 130 万元，而这绝大多数来自烟叶返税。该乡并没有盲目放弃传统烟叶种植而选择其他的产业发展，因为不确定的风险太高和成本与收益不相匹配，贸然跟风选择其他的产业可能会陷入进退两难的境地。烟叶种植在技术上已经趋于成熟，而且在市场销售上烟草站统购统销、保底收购，在风险担保上进行灾害兜底的农业保险。在烟叶的产量较为稳定的情况下，其税收能够维持一个偏远山区乡镇的基本运转，实现村财增收和农民增收。阳源村 2017 年和 2018 年的烟叶返税达到 35 万元，乡镇是村里返税的 2 倍。由此可见，通过烟叶种植，乡、村两级基本上实现自我造血，农民更多分享产业增值的收益。拓宽农民增收渠道、壮大农村集体经济，乡村产业振兴目标得以实现。

以烟叶种植为例，从一个"大户"的生产，带动周边"小户"的生产，从而促进区域生产力的提高，这里的"大户"其实是农业生产规模适度经营的一种新型农业经营主体。当然这个"规模适度"并不是一种固定的概念，可以具体使用某些限定词来描述，它应该是一种变动的概念，在地域不同、资源不同的情况下，它指代的农业经营的面积也是不同的。在 2018 年 5 月份农业农村部农村经济研究中心举办的"土地流转与适度规模经营"发布会上，有学者通过农业劳动力和耕作面积做了推算，认为基于城乡收入均等化的农地适度规模应为 107.3 亩/户。[2] 作为一个均值来说，它可能具有一定的参考价值，但是农业经营在我国南北地区差异巨大，这并不能作为某一个地区划定规模经营标准的有效参考值。2014 年中共中央办公厅、国务院办公厅印发《关于引导农村土地经营权有序流转发展农业适度规模经营的意见》指出，"对土地经营规模相当于当地户均承包地面积 10~15 倍（相当于 100 亩左右）、务农收入相当于当地二三产业务工收入的，应当给予重点扶持"。[3] 按照《意见》的规定，应该是以当地的户均承包面积作为衡

---

①一担烟叶大概相当于一百斤粮食，此数据来源于万全乡乡领导 W. C. L. 。

②《农地适度规模经营应为 107.3 亩/户》，第一财经，2018 年 5 月 8 日，https://baijiahao. baidu. com/sid＝1599894569933036651&wfr＝spider&for＝pc，2019 年 12 月 24 日查询。

③中共中央办公厅、国务院办公厅：《关于引导农村土地经营权有序流转发展农业适度规模经营的意见》，中国政府网，2014 年 11 月 20 日，http://www. gov. cn/xinwen/2014－11/20/content_2781544. htm，2019 年 12 月 24 日查阅。

量指标，所以它并非一个静态的固定值。按照《意见》上的标准来说，在安仁乡户均耕地面积大约是 5 亩，那么适度规模经营的面积应该是 50 亩，但是将乐县安仁乡却是将 30 亩水稻耕作面积作为一个标准将"小户"与"大户"分割开来，超过 30 亩的按照政策可以获得相应的补贴。

为了鼓励"大户"生产，即规模化生产，将乐县政府在机械、种苗、化肥等方面给予农户一定的补助，这其中包括中央的种粮补助每亩 100 多元：粮食直补、耕地力补助（58.8 元/亩）、良种补助（水稻种植 15 元/亩）、农机购置补贴 30%，同时国家鼓励农业规模化经营，30 亩以上 100 亩以下的种粮大户一亩补贴 60 元，另外还有机插补贴，按新的政策，机插、机耕、机收等都有补贴，一亩也是 100 元左右。总计一亩补贴 220 元左右。如果超过 30 亩的种粮规模，那么单个个体农户独自完成，成本将上升，包括其插秧播种、收割需要雇佣的人力成本，以及机插机耕的农机购置成本，而前面我们已经计算过了，这部分的成本是 200～300 元，等于政府通过种粮大户补贴的方式来帮助规模经营主体消化这部分成本。

30 亩缘何成为当地水稻种植临界点？因为一旦超过一定的面积，一家一户模式的生产将无法持续，生产经营过程中或者需要雇佣劳动力，或者需要利用机械力量，而这些都意味着成本将不断提高，所以 30 亩可以说是当地农业生产效率的最大的边际效益。超出这个点，那么产量或者收益都将受到影响。黄宗智在研究 20 世纪 40 年代前后的华北小农农业生产的效益时，曾经提出中国农民生产面临的"过密化"或者"内卷化"处境。时隔多年，现代的中国农民已经大致能把握农业生产效率的最高点，传统小农生产已经逐渐走出了"过密化"的困境。或许他们无法准确预算，但是却是在多方理性计算的基础上形成具备一定客观基础的生产规模。虽然政府给予了农业生产前提的补助，但是很显然，这对于尚未达到一定规模的"小户"来说，也仅仅是杯水车薪，继续扩大面积所得到的效益与付出不成比例，等于在"白做工"，而且受到可能气候条件的风险，规模过大只会让承担的风险更大，所以这也是大多数人在达到"最佳经营规模"时，不会再继续扩大生产的原因。

黄宗智认为："小农家庭因生活的需要被迫投入极高密度内卷性的劳动量。这样会导致劳动力的边际报酬递减，而边际报酬的刺激力也因此下降，导致一定程度的劳动松劲。"① 因为中国的小农与西方的农民不同，在商品化不断加强的过程中，以家庭农场为主的小农只会不断投入劳动力，从而导致生产的"过密化"或者"内卷化"，实际上却无法走向商品化的质变。除了受制于家庭的劳动力规模和耕地的面积之外，还有小农自身的脆弱性和剩余积累的薄弱。如果要突破这个现状，主要可以通过两个方面，一方面刺激经济的资本要素应该有积累的条件，另一方面只能走向雇佣式的大农场经济，才能发生质变。毫无疑问，小规模家庭经营方式有它的局限性，比如规模小、劳动生产率低，农产品成本高，农业相对收入低，但是，对现阶段的我国而言，它的优越性远远高于它的局限性。家庭经营是我国农业最基本的经营方式，随着农村劳动力持续向外转移，必然伴随一个土地不断向种田能手集中、土地经营规模逐渐扩大的过程，这是我国农业现代化的必然趋势。目前，家庭经营仍是我国最普遍的农业经营形式，这是由我国的农业产业特征决定的。农业生产的基本特点是空间分散，且必须对自然环境的微小变化做出及时反应，这使得农业生产的监督成本较高。农户家庭成员之间的经济利益是高度一致的，不需要进行精确的劳动计量和监督。② 以家庭作为农业的基本经营单位，劳动者具有很大的主动性、积极性和灵活性，不仅能够对农业劳动全过程共同负责，对农业最终产品负责，而且可以对各种难以预料的变化做出比较灵敏的反应。这正适合了农业作为生物再生产过程的特点。家庭经营相对于其他的经营方式来说，具有更好的适应性。

农业种植结构的商品化转变过程不仅仅反映一个地方农业产业的变迁，也反映在时代变迁之下农民思想的变化。传统农民生存第一的标准，让位给了经济理性，"生存小农"向"理性小农"的转变，表明农村农民的阶层已经逐渐发生变化。阶层走向多样化，而阶层不同则需求不同。固守家乡的 C. H. J. 只知道沿袭祖辈们代代相传留下的耕作方式，因为他理所当然觉得这样是对的，这样做安全，这样才能生存。多数人都遵循这样的道路，变革对他们来说是危险的。农村是一种稳定的凝固状态，所有人都处于一

---

① 《华北的小农经济与社会变迁》，第161页。
② 《中国特色农业现代化道路研究》，第6页。

种"平均的贫穷"状态,"饿不死,但也富不了",如同《论语》中描述的中国古代稳定的农耕社会应该是一种"不患寡,而患不均"的社会形态。而 Z. Q. L. 则是一个受到理性化市场经济长期影响的人,他作为一个已经城市化的农民,对于他们的田地增加了理性和经济的观念。他作为一种传统和现代融合的特殊个体,也代表在现代化进程中中国绝大多数背井离乡的农民工一个普通个体。在大多数情况下,我们可能看到这部分人的弱势地位,但是却没有发现他们具有的超越性和包容性,他们经历过现代社会的浸润,具备了核算成本的经济理性,并形成符合现代农业需要的思维。当农业经营逐渐向专业化和市场化方向发展,对生产者这一角色的要求将会发生变化,体力劳动较之管理劳动将居于次要地位,农业劳动者需要具备获得核算的知识和更多的经济意识。

"靠天吃饭"的农业生产和工业生产不同,它无法进行整齐划一的标准化生产。因为它具备太多特殊性、偶然性,所以其复杂性其实是其他任何产业所不能比拟的,所以这要求现代农民同时也具备传统农民的那种"土地感",这种难以言喻的感觉是知识无法触及的,必须通过经验的方式获得,这就是为什么世界各地的农民都有一个共同的特征,那就是他们都是有延续和继承的,对土地的爱恋是不可能凭空产生的,必须有长时间与土地的接触或者天然的植根于内心深处的依赖。朱坊村的 Z. Q. L. 可以说兼备了两方面的优势,他既是土生土长的农民之子,世代务农,对土地有天然的依赖,同时他又外出务工,从城市汲取了现代理性思维方式,可以说将两者结合得恰到好处。由小及大,从微观透视宏观来看,其实这也反映了中国的传统农耕文明与现代的工业文明之间的碰撞、借鉴、融合、创新。

第二节　一体多元型
——"合作社的合作"云南禄劝县忠义合作联社的实践

一、高度系统化的农业合作联社

从一家一户走向"大户"带"小户",再从几户联合走向多户合作模式,这种合作模式开始日渐显示出它的优越性。本节将从一个合作社的创新联合方式出发,探讨农业产业化过程中的另一种产业延长模式。这个合作联社的结构和组织形式我们可以借用社会学结构与功能式的分析方法来阐述。该理论认为社会是一个有机体，主张用功能分析方法认识和说明整个社会体系和社会制度之间的关系。按照该理论的观点，社会生活之所以能维持下去，是因为社会找到了一种手段（结构）去满足人类的需要（功能）。换言之，任何一项创新制度的形成，是由于社会需要的推动，当然这未免可能陷入绝对主义，但是应该看到它合理性的一面。虽然并非所有的制度都具备一定的功能，很多制度也可能是低效甚至是无效的，是停滞和落后的，但是一项好的制度的形成确实要优先满足体系中结构的需要。本节通过对一个典型的农业合作联社案例的研究，从中看到合作联社如何在结构和功能的互动中形成、发展和壮大。合作联社通过创新组织结构，变革生产的制度，来满足社员的需要，推动农业产业化的进程。

云南禄劝忠义专业合作联社成立于 2009 年 8 月 4 日，位于禄劝县中屏镇安东康村后箐组，现有股东 5 名，法人代表为 L. Z. Y.，注册资金 800 万元。合作社最早是发展核桃种植，主要从事果树苗木培育、中药材种植以及蔬菜和食用菌种植、技术辅导及销售等工作，后来业务持续扩展。为更好地发展核桃产业，2014 年合作社发展会员 1060 人。目前合作社采用"合作社带大户、大户带农户，基地示范，技术培训，供种苗，包回收"的经营模式，在后箐组发展核桃及其他林下中草药种植。作为当地各级政府重点扶持培育的一家典型农林业合作社，该合作社被评为云南省林农专业合作社"省级示范社"，全国林农专业合作社"国家级示范社"，涉林"省级龙头企业"。合作社真正成为禄劝林下经济发展的试验示范基地。禄劝忠义核桃专业合作社本着"踏实经营，造福一方"的理念，带领当地群众发展核桃种植，2013—2015 年连续三年被评为"全国农技推广补助项目县科技示范户"；2014 年 12 月，公司被云南省林业厅、云南省财政厅评定为"云南省林农专业合作社省级示范社"；法人代表曾被云南省科技厅评为"科技致富带头人"。

忠义合作联社在其社长的带领下，充分发动村中的种养能手、技术专家、普通大户、高校毕业生，带动农村中具有劳动能力的村民和贫困户，开创了一种合作社高级合作方式，即"合作联社"。这种模式对于传统的村民的联合合作方式进行了创新和突破，并取得了良好的效果。忠义合作联社形成这样的一种组织模式：合作总社、二级合作社、社员、普通农户、其他参与者的层级组织结构，在层次上职责分明，在组织上联系紧密，每个结构上的交点的地位、作用、功能都是清晰明确的。比如合作总社负责指导二级合作社开展组织建设，进行技术指导，提供资源对接，通过孵化形式来培育合作社。可以说 L. Z. Y. 是很有眼光的，一个合作社或者一个企业要有效规避市场风险，在竞争中处于优势的地位，不是封闭和排他地固守已有资源和技术，而是要开放式地将技术推广到千家万户，让技术社会化、群体化形成联合力量，共同抵御未来可能的风险和危机。

首先，以科技推动提升档次、降低成本。忠义合作联社租用中屏镇安东康村后箐组荒山 3000 亩作为基地，聘有中职以上技术人员 6 人，经过优化整理种植优质核桃近 1500 亩，核桃林下种植 2～5 年苗龄油用牡丹（凤丹、紫斑）450 亩、滇重楼 50 亩、黄草乌 100 亩、附子 400 亩、续继 300 亩，利用周边森林开展野生菌保育促繁 500 亩，所有种植项目都通过基地试验种植成功，选择成效较好的项目向农户推广，并开展特色种植、养殖、加工等技术培训 2614 人次，引进推广新技术 16 项，开发新产品 3 个。合作联社统一采购供应农资、种苗，统一销售农产品，并向社员提供免费的技术指导，避免生产过程中不必要的损失，降低了农产品生产交易成本。合作联社通过开展生产技术培训，实行标准化生产，实施品牌战略，集中开发市场，按订单组织生产，统一收购销售社员产品，降低了农产品生产风险和销售风险。

其次，以市场互协互动架起城乡连通桥梁。合作联社一头连着众多分散经营的农民，一头连着千变万化的大市场。这样解决了千家万户小生产与千变万化大市场之间的矛盾，提升了农业产业发展水平，挖掘了农业增收潜力，增强了农户和农业的市场竞争能力。合作联社保证成员农户种植后产品全部回收，通过与企业对接、电子商务等多种途径，广泛开拓销售市场，较好地解决了中药材等农产品卖难和价低的问题，保证成员农户种植效益。2015 年，合作联社统一组织回收培养中药材 600 余吨，与云南白药集团、昆明道地药材发展有限公司、昆明益生药业有限公司形成固定合作关系。合作社还将线上线下结合，发展农产品电子商务，通过淘宝、京东等电商平台销售产品。

再次，通过产业带动千家万户抱团发展。合作社充分发挥引领带动作用，把千家万户联系起来形成利益共同体，走规模经营之路，通过产业带动，促进农民脱贫致富。合作联社组织会员根据市场需求发展生产，有效地避免了会员生产经营的盲目性和随意性，促进了农户的专业化分工分业。目前，合作联社发展会员 110 户，辐射安东康村委会、忆多村委会、中屏村委会及邻近撒营盘镇书西村委会非成员农户 1240 户，2015 年资产总额 1524.7 万元，营业收入 229.7 万元。随着公司产品市场占有率的不断扩大，2016 年可解决农村剩余劳动力 139 人，直接带动建档立卡贫困户 56 户、196 人，户均增收 2576.2 元，直接带动农户 1204 户，可实现户均增收 1529.4 元。

最后，形成利益联动、输血造血双管齐下的模式。通过不断健全章程、制度，探索合作共赢的利益联结机制，在发展壮大的同时，积极为社员量身订制脱贫致富的项目，从资金、技术、生产资料、销售渠道等方面给予贫困户大力帮扶。目前，公司为贫困户无偿提供"三台核桃"苗 38000 余株、黄草乌种子 3 吨，合作联社不仅冲破了输血式扶贫的瓶颈制约，而且创新了造血式扶贫工作机制，为全力打赢脱贫攻坚战做出了积极贡献。随着合作联社的不断发展壮大，经营范围开始从原先的生产销售逐步向生产、加工、销售一体化的方向发展，使农民有机会分享加工、销售环节的利润，促进了当地主导产业的发展。

这样的一种创新的组织形式是对我国当前社会主义初级阶段，以公有制为基础，多种所有制经济共同发展的基本经济制度的一种有效贯彻和执行。土地改革以后，我国农村的集体经济组织经历了初级社、高级社和人民公社。改革开放后，农村开始实行家庭联产承包责任制，农村市场活跃起来，各类经济组织涌现。农民专业合作社也是一种新的方式，合作形式是社会主义制度中实现人民掌握国家政权的形式，如列宁所言，"在生产资料公有制的条件下，文明的合作社工作者的制度就是社会主义制度"，[①] 习近平总书记多次作出重要指示，指出"农村合作社就是新时期推动现代农业发展、适应市场经济和规模经济的一种组织形式""农业合作社是发展方向，有助于农业现代化

---

① 《列宁选集》第四卷，人民出版社，2012 年，第 771 页。

路子走得稳、步子迈得开"。合作联社的经验是对传统农业专业合作社的一种创新和突破,它既保留了共有、协作的特点,又发展新的组织结构,以多层嵌套的形式壮大合作的规模。在泰勒研究工厂制度的时候,发现组织的结构会影响工厂生产的效率,同样,对于合作社的组织构成形式,它的实行方法都会影响生产的效率,在结构层级、人员安排、技术指导、效益分享等方面都显示了它特有的优势。

创新的组织形式是变革的基础,在生产过程中引进新的组织,采用新的组织结构,以提高组织的效率和生产的能力,组织变革是技术变革的基础。费孝通在《江村经济》中描写吴江县的蚕丝业的发展时,引用一个变革者的话:"我工作的目的是,通过引进科学的生产技术和组织以合作为原则的新工业,来复兴乡村经济。"[1] 生产力的提高在这里与合作式的组织原则密不可分,组织起来,走向合作,提高农民进入市场的组织化程度,强化农民抵御风险能力。但是一般来说如果是单一的合作社或者是单一的农户,它所能覆盖的范围是极其有限的,普通的合作社如果社员过多会存在管理上的问题,管理的成本会提高。合作社一般规模在几十人至上百人之间,但是效率仍然是一个值得考虑的问题。据统计,截至 2019 年 10 月,全国注册登记的农民合作社达 220.3 万家,家庭农场有 60 万家,县级以上农业产业化龙头企业达 8.7 万家,各类农业产业化组织辐射带动 1.27 亿农户。据统计,全国 67% 的脱贫人口主要通过产业带动实现脱贫。[2] 农业合作社的组织方式是农业产业发展的一种有效方式,农民专业合作社大多起步时规模比较小,从单纯在生产领域合作逐步向生产、流通、加工等领域合作转变,绝大多数农民专业合作社实行了统一农资供应、统一质量标准、统一标准化生产、统一品牌包装、统一市场营销,形成了专业化生产、区域化布局、企业化管理、社会化服务的生产经营格局。合作社走向合作联社主要是解决单一合作社的规模小、管理难、结构松散、产业链短、产业化低的问题。

---

① 《江村经济——中国农民的生活》,181 页。
② 《"三农"工作这一年》,新华网,2019 年 12 月 21 日,http://www.xinhuanet.com//2019−12/21/c_1125371627.htm,2019 年 12 月 23 日查阅。

2019 年 7 月，农业农村部在总结推广农民合作社规范运行、创新发展的生动实践和先进经验，引导全国农民合作社高质量发展，并在各地推荐的基础上，将全国的典型合作社分成了 9 类，其中一种就是农民合作社联合社类。[1] 农民合作社依法自愿组建联合社，有助于提升小农户合作层次和规模。通过社际产业联合，建立行业标准，统一开展服务，实现了产业和服务的规模化、现代化，忠义合作联社就是在合作社组织改革上走在前列的一个典型。合作联社通过依法建立健全规章制度，织紧与成员的利益纽带，开拓创新产业模式和经营方式等方式，不断提升经济实力、发展活力和带动能力，更好地带动广大农民发展生产、增收致富，推动农业农村现代化，实现乡村全面振兴。

二、延长农业产业链，提高生产稳定性

忠义合作联社的成功经验少不了理事长 L. Z. Y. 独具眼光的发展方式、敏锐的市场嗅觉以及兢兢业业的付出。L. Z. Y. 于 1999 年在禄劝中屏村和安东康村流转了 100 多亩土地，这些地当时仅仅只是种植一些果树。他原来是做其他产业的，并不了解也不甚懂得农业种植，后来政府为了保护林地，发展生态，鼓励在有一定坡度的山区、地质灾害重点发生地，实施"退耕还林"[2]。国务院在 2002 年的时候全面启动了该政策，基于该政策的影响，原来的这些坡耕地实现退耕还林，将获得一定的政策补偿，这样就有助于他开展林业产业。昆明市市级退耕还林补助是 800 元每亩，可以连续补 3 年。当前云南省在推进核桃产业基地建设，也有相应的补助。受这些政策激励，L. Z. Y. 和安东康村签订协议，流转全部土地用于核桃种植，每年除了给予村集体流转土地的租金之外，还雇佣村庄中的村民进行核桃树的栽培和管理，同时完善村里基础设施、硬化道路等等。

随着核桃的挂果，产量每年达到 2000 吨，整个县核桃种植大约有 110 万亩，因此，下游的产业链相对比较健全。但是县核桃加工厂却是"心有余而力不足"，他们不仅无法完全消化这些产值，而且处于粗加工阶段，产

---

[1]《农业农村部办公厅关于推介全国农民合作社典型案例的通知》农经办（2019 [7] 号）。

[2] "退耕还林"：就是从保护和改善生态环境出发，将易造成水土流失的坡耕地有计划、有步骤地停止耕种，按照适地适树的原则，因地制宜地植树造林，恢复森林植被。退耕还林工程建设包括两个方面的内容：一是坡耕地退耕还林，二是宜林荒山荒地造林。

品附加值提升不大。直接从树上采摘下来的核桃，一斤大约是2块钱，晒干后的核桃大约是10块钱，而进行过加工的，比如剥完壳的核桃仁一斤高达20～30元，利润增加近一倍不止。在农业产业发展过程中，仅仅依靠第一产业是远远不够的，第一产业是最基础的、最低端的产业，如果能进行一定程度的加工，这些农产品的价值就会瞬间提升。农业产业要发展，产业链的健全以及产业的深加工是必由之路。一、二、三产业联动的变化，其结果，一方面使农业能够积累资本；另一方面能发展社会化服务，形成规模经营，建立农业必需的支持体系，保证农业可持续发展和农民收入提高。产业化意味着农业的增长方式转变，从粗放经营向效益经营转变。L.Z.Y.早就看上了这个巨大的市场前景，他几年前就开始打算与台湾的企业合作建立一个核桃糖果加工厂，进行深加工，将核桃产业实现产供销一体化，完善下游产业链，通过提升整个产业的附加值，实现整体化发展。L.Z.Y.在这一过程中遇到了一个问题，如果要满足加工厂每年的加工量，那么现在的核桃的产量是远远不够的，其实这就涉及产业的集聚，产业规模化生产是产业聚集的前提，只有达到一定的规模，产业链的集聚才有可行的基础。于是L.Z.Y.在自己合作社的基础上吸引周围村庄以合作的方式加入他的产业体系中。第一、二、三产业的联动发展，把农业产业链延长，增加产品附加价值，将资本、劳动和知识等新要素加入以扩大其附加值。他说：

"现在要带动更多农户的发展，目前公司的主要方向，就是专职带动农民发展，通过'公司＋合作社''公司＋农户'的形式带动市场，这是政府的口号，也是我们当下的主要行动，把周围农户组织起来，首先得把中屏这个示范基地给搞好。至于能否成功，那是另一回事，我们不仅要率先做起来，而且要扎扎实实地做，才能起到一种带动作用。"

然而L.Z.Y.并不是扩大自己的合作社以谋求个人利益，更多是希望通过帮助其他村庄建立起自己的合作社的方式，扩大产业规模的同时，可以形成地区特色产业，形成市场优势。

一旦云南禄劝成为全国优质核桃基地，他们就能参与制定整个核桃生产的质量标准，这样就有助于整个行业的规范化，同时帮助形成核桃的"禄劝品质"。在这个过程中最重要的还是需要政府的扶持，想做下游产业链，需要政府宏观上的政策配套。单靠企业或者合作社来完善，是非常困难的。当前云南省的林业产业的相关扶持政策主要是对林业第一产业进行相应的补助，而对林业第二、第三产业的扶持力度相对比较小。例如：退耕还林 800 元/亩，造林补助 100 元/亩，农地流转经营权补助入股面积达到 1000～2000 亩的，每亩按照 60 元的标准给予一次性奖励。除此之外还有种苗补助、产业基地建设补助等。根据各地的财政情况，财政好一点就多补一点。但是地方的政策也有惠农倾向，特别是在退耕还林方面，基于整个昆明市保护生态环境的需要，在不符合国家退耕还林标准的地方，如果实行了退耕还林，昆明市出台了相关的政策，给予扶持。某个林业局的工作人员表示："市级退耕还林首先是要在国家的退耕还林标准之外，国家退耕还林包括对山头地块都是有规划范围的。在国家的退耕还林基础上，给予扶持，既可保护好相应的生态又可增加老百姓收入。"

特别是关于核桃的行业标准，云南省相关部门曾经想过做一个统一标准，但是由于各地的核桃种类、气候、品种差异，包括一些营养成分的差异，统一标准并不是那么客观和科学。禄劝现在核桃每年的产值是两千多吨，没有统一的行业标准，销售价格确实难有对应的原则，所以 L.Z.Y. 现在迫切地想要制定地区的标准。有了分级标准，有了一定的产量，在某种程度上就有了定价权。一旦掌握定价权，在市场上就有话语权的优势，禄劝的核桃产业就能在全国核桃产业中占据优势地位，且能保证维护到整个合作联社中所有参与者的权益。不过做到这点显然并非易事。首先，有区域的差异，跨省之间的竞争压力。其次，是品种的差异，核桃在品种上就有十几种，每一种都制定相应的销售标准显然也是不现实的。最后，就是评价体系的建立，谁来制定、检测，哪些指标优先，哪些次要，这些都比较混乱，想要理清楚并非易事。

通过合作联社的方式提升村庄的自生能力，忠义合作联社成为合作社的"孵化器"，他们为其他的合作社提供种苗、技术、人员，并收购他们的产品，通过成熟的经验、市场的优势尽可能地降低他们从事农业产业的风险，以保证农民的利益。合作制是指处于农产品产业链同一层次、生产经营行为相似的经营者之间，通过组建农业合作社的方式，将若干经营者的生产、经营和交易活动统一起来，经营者按照合作社的惠顾额来分配利益的经营模式。① 在目前我国农村一家一户小生产的经营方式下，农民联合起来组成合作社合作生产经营，以合作社的名义与市场上的其他主体进行交易，能够有效提高农户市场地位和话语权，避免小农户因市场地位边缘化而被侵害权益的现象。但是它的缺陷是：合作社内部可能因人为控制而使社员权益受到侵害；合作社治理机制出现问题使内部交易成本过高，市场适应性能力减弱。而多层合作者互相嵌套的方式可以在有效利用其优势的同时规避它的弱点和缺陷，因为合作联社本身没有管理职能，只有指导的责任，内部控制性较弱，社员的自由度高，另外它的规模大，应对市场的风险能力更高。目前合作联社带动了3个乡镇5个村集体，近几年逐渐培养30多个二级的合作社。忠义合作联社辖有林地面积3000多亩，所有合作社的林地总面积达到上万亩，发展会员110户，辐射安东康村委会、忆多村委会、中屏村委会及邻近撒营盘镇书西村委会非成员农户1240户。合作联社的模式相当于以前是联合会，大社下面开了小社，大社嵌套小社。例如整个撒营盘镇书西村共有105户，387人全部都加入村中的核桃专业合作社，同时这个合作社又隶属于忠义合作联社，一级合作联社主要通过培训会的方式对二级的合作社开展种植技术的传授，针对一些技术难题也有专业的技术员帮助亲自到场协助处理，比如施肥、栽培、病虫害等情况。

三、产业纵深化运营，规避市场风险

忠义合作联社的成功不仅只是核桃加工，中草药种植也是一个值得称道的地方。中屏村的村支书 Q.S.Q. 结合了当地普通农户零散种植中草药的情况，尝试在核桃林下套种中草药，经过几番实验之后，取得了良好的效益，并在联合社中进行了推广。这主要得益于该地独有的气候条件，禄劝彝族苗族自治县位于昆明市西南端、掌鸠河西岸的秀屏山下，海拔高、气温低、湿度大的地方适合种植核桃、菌类以及中草药。禄劝主要种植黄草乌和附子。黄草乌 2016 年种植为 443.2 亩，亩产约 160 公斤，每亩的纯收益约为 1 万元。附子种植了 30 多亩，但是由于市场因素价格非常低，据合作社进行的中草药产量的市场调查，附子当年的产量是年消耗量的十倍，

---

① 《农业产业化经营利益联结关系的法律规制——以贵州为例》，第 18—19 页。

因此接下去的几年间会不断缩小附子的种植。农业在逐渐摆脱"自给自足"的过程中走向了"互联互通"，这意味农业种植不能像以前那么随意，而要时时以市场为导向。以往单一的一家一户生产规模小，生产分散、势单力薄，无力抵御因市场竞争、需求变化带来的巨大市场风险，农户难以及时、全面、准确地掌握市场行情，在生产经营上往往彼此模仿，造成结构趋同、同步振荡。在商品交换上，交易费用高，在市场上处于不平等的地位，往往是低价卖出农产品，高价买入生产资料，利益大量流失。

合作联社在面对市场时，可以较为科学地预估需求，从而有效调整生产结构，例如忠义合作联社构建多元化的种植结构体系，油茶、核桃、中草药、雪桃等等，互补性相对比较强，其次在与其他市场主体建立交易关系时，力量比较雄厚，地位相对均衡。整个禄劝的忠义合作联社的中草药的销售采用订单式包采购的方式，通过政府牵头与企业达成合作，采用保底收购保障农户的利益。

根据昆明市政府与云南白药集团签订的战略合作协议，按照"共同推进、市场导向、科技创新、可持续发展"为合作原则，制定全市中药材产业发展规划，并为云南白药集团量身定做中药材原料基地规划，构建"云白药＋政府＋龙头企业＋基地＋合作社（贫困农户）"的合作机制，根据云南白药集团中药材原料的需求，忠义合作联社成为云南白药在昆明发展中药材的种子种苗基地和标准化种植基地，被打造成为云南白药集团中药材原料"第一车间"。各合作社和农户则严格按照规定种植中草药，确保中药的质量，按照协议收购价格取高不取低，即保底收购价如果高于市场价则按照收购价收购，如果收购价低于市场价那么就按照市场价收购，最大程度保障农民的利益，降低风险，提高种植的技术水平和产品的质量。

近些年，订单农业在发达国家越来越普遍。在美国超过60％的大农场采用订单形式，每年订单农业涵盖超过40％的农产品产值，订单农业不仅解决企业生产原料获取难的问题，也是农户规避风险的一种有效方式[1]，可有效保障农户收入；订单农业也是小农户和现代农业发展有机衔接的最直

---

①彭红军、史立刚、庞涛：《基于CVaR的产出随机订单农业供应链最优策略》，《统计与决策》，2019年第20期，第46—49页。

接方式;① 米姆克（Meemken Eva-Marie）和贝勒马尔（Bellemare Marc F）以 6 个发展国家的数据分析结果为依据，发现订单农业可以有效提高小农户收入以及增加农业雇佣劳动力,② 提高农业产业化的水平。

忠义合作联社流转的林地

L. Z. Y. 2010 年从丽江引进"雪桃"，用 300 元买了一株雪桃苗种植，权当做实验，当年就挂果。在实验成功后，他首先在书西村进行推广种植，2013 年种了 146 亩。雪桃对气候和土壤的要求比较高，所以在品种的改良方面还存在技术上的难题。据预测一亩雪桃的效益为八九千元。当前在书西村，雪桃刚开始挂果，每棵树上也就结十多个果子，每亩要栽 55 株，每斤大约是 20 元钱，一棵树的产值是两三百元。L. Z. Y. 自己种植的雪桃效益并不显著，但是在书西村和撒盘村实验的雪桃却出乎意料地成功。L. Z. Y. 向我们说明了各合作社引进新品种雪桃的种植情况：

现在各个村子的合作社都种雪桃，一共有两百多亩。去年我买桃苗给

---

①李铜山、张迪:《实现小农户和现代农业发展有机衔接研究》,《中州学刊》,2019 年第 8 期,第 28—34 页。

②Meemken Eva-Marie, Bellemare Marc F. Smallholder farmers and contract farming in developing countries, *Proceedings of the National Academy of Sciences of the United States of America*, Nov. 2019.

他们栽，他们栽的比我的更好。今年挂果了。一个雪桃有一公斤半，也就是三斤。成功后他们又种了几百亩。雪桃不按斤卖按个卖，折算下来一斤四十、五十、八十、一百不等，果品质量好，水分充足，脆甜爽口，口感相当不错。现在连国宴很多都用我们的桃。我们引进这个品种也是机缘巧合，当时有个书店的老板，首先看到商机，在这边投资。我们整个县可以用的土地面积约 110 万亩，现在面临的最大困难就是改良品种问题。这边海拔比较高，垂直气候比较明显。雪桃品种来源于丽江，平均海拔在 2500～3000 米之间，这一品种要求进入休眠期后要有 30 天以上－8℃～－15℃的低温天气，才能正常开花结果。为此，我们还特地让几个村的村主任到昭通高寒山区考察，以便进一步了解种植条件。回来后，他们提出品种的选择是关键点。现在情况是虽然种了很多亩，但挂果情况不理想。因为海拔太高了，品种不适应，目前我们想通过政府方面，比如让林业局为我们提供技术方面的支持，或者派遣相关人员帮我们高寒山区解决问题，发展对口产品。整个禄劝县城现在像这样的情况很多，希望林业部门能派出技术员帮助改良雪桃品种，包括嫁接技术也要改良一下。[1]

四、合作联社在农业产业发展中的结构与功能

另一个值得注意的是合作联社的独特性，早期规范化程度不高，入社的条件限制不那么严格，使得它更具有灵活性，行动也相对自由，从而使合作联社成为一种包容性很强的平台。吸引了一批各行业经济能人、致富能手的加入，从而发挥其了解市场、开拓市场的优势，较好地实现了小生产与大市场的顺利对接。同时，农民专业合作社能够有效地降低生产交易成本、保证农产品生产和销售，增加农民收入。

M. J. S. 是这个合作联社的受益者，他是大学生创业的实验者，合作联社是他的试验场。M. J. S. 是 2016 年毕业的一名普通农学院大学生，他的专业是兽医，大学毕业之后在同学都纷纷考公考编或者进企业工作的时候，他毅然返回家乡开始了艰难的自主创业历程。他通过大学生自主创业获得创业启动资金，忠义合作联社为他提供场地，让 M. J. S. 有机会可以开始自己的创业历程。M. J. S. 向我们分享了他的创业经历：

---

①2016 年 9 月 5 日访谈云南省禄劝县忠义合作社理事长 L. Z. Y.。

我是 2016 年 3 月来的。准确地说，2016 年春节刚过完，就来这里了解了情况。根据所学的专业，我决定养殖黑山羊。首先，黑山羊的市场比较大。黑山羊肌纤维细，肉质细嫩，营养价值高，特别对年老体弱、多病患者有明显的滋补作用。在我们这边黑山羊养殖户比较少，但是需求量很高，所以价格也比较贵。

还有一点就是李总（即 L. Z. Y.）和大伯给我提供了一个很好的平台。他们给我提供了场地，这对我来说很重要，因为养殖黑山羊需要很大的场地。我在学校读书的时候就从创业中心拿到相关的资料，我一直准备回乡创业。在毕业之前，我的一个创业事迹被选评为校级优秀创新创业模范。之后又拿到了政府的创业补贴。2016 年 3 月，我注册了自己的公司——禄劝力恒农业发展有限公司，专注于做黑山羊养殖，现在拥有黑山羊 140 多头，准确说是 146 头，是禄劝本地纯种黑山羊。养殖基地就在合作社的旁边，因为这边是林业种植为主，林下就可以用来放牧，加上这边海拔比较高，湿度比较大，草的品质比较好。

我的启动资金主要来源于政府对大学生自主创业的贷款政策。政府给创业大学生的创业贴息贷款是 10 万元，这 10 万主要用于场地的装修以及购买羊羔，场地是李总免费提供的，所以我省下了场地租金的支出。现在第一批山羊还没完全长大，舍不得卖，我还想继续扩大规模，过段日子再出商品羊。粗略地估计一下，现在怀孕的母羊有 40 头左右。母羊养殖得好，一胎可以产 2 只，一年可产出 2 胎，两年产 5 胎。就是说到春节前后，可能保底就有两百只，到明年的端午节前后，就可以出商品羊。一只羊大概 40 到 50 公斤，每只羊大概可以卖几千块。现在的投入是 20 万左右，扣除工钱，到明年端午的时候，我们大约就能回本了。现在我们一共是 6 个人工作，我和我女朋友，我的父母，还雇了 2 个工人。说到雇工啊，其实不好请，很多人都不愿意，所以只能请我的父母帮忙，做这个也挺难的。

其实，我们大多数的同学要么考公务员，要么考研，剩下的就是到宠物医院，因为兽医行业现在在昆明各大宠物医院还是比较受欢迎的。有的同学去宠物医院给小宠物做诊疗，或者为它们洗澡之类的，每天很轻松，一个月还可以拿 5000 块。但是我还是选择回到这里，主要是考虑到现在大家都不务农了，年轻的一代都不愿意从事农业生产，我生在农村、长在农村，学了这个专业，就该做点有助于农村发展的事情，而且我也看到这个产业的发展前景。当然我能够付诸实践，除了国家政策的支持，还有李总和他的合作联社，给我提供了一个很好的平台。我的亲人包括我的父母和女友都很支持我创业。农业越来越萧条，但我看到了商机，当然这也是我本人的一种理想。①

大学生的加入，对合作联社品质的提升，包括生产技术水平、科学含量、市场营销手段，以及利用电商平台、网络技术来提升合作社的竞争能力和市场营销能力，是非常有好处的。合作联社提供平台，大学生提供技术和知识，两者互动良好，各取所需。这也体现了在一个产业发展过程中，创造平台的重要性，这样才能给予不断流失的人才创造一个"回流"的可能性。现在，慢慢地我们可以看到一些可喜的现象，有知识有想法有情怀的年轻人在学成之后，愿意返乡创业，帮助发展家乡，振兴农业，成为农村发展的一支可靠的队伍。农业产业化说到底是一种农村进入现代的方式，需要现代的价值观念去引导和开拓，而知识和教育是帮助人现代化最简单最快速的方式。一般来说，我们认为理念先导，行动紧随其后，现代的思维和传统的关怀的融合不失为农业产业振兴一种和谐的组合。

通观忠义合作联社发展的方方面面，这个合作联社的运营方式形成一个类似物理"黑洞"的存在，具有无比巨大的引力，所有的资源、人力、财力都自然而然地向合作联社聚集，受它吸引，形成了横纵扩展的方式：在纵向上，在组织机构上吸引新的合作社，不断趋于完善；在横向上，产业链不断精细化，并且越来越稳定。所有这些形成的产业合力都是基于人们对土地的研究，一个地方种植什么作物，与这个地方的"域情"有关系，我们常说"因地制宜"就是这个道理。影响农业生产的条件有土壤、气候、地形等等因素，每一块土地都是独一无二的，正如每一个人一样。所以必须在深刻了解一个地方的前提下才能决定它应该与什么作物搭配。核桃的选择也好，中草药的种植也好，都是基于这个前提。但是，仅仅依靠这个前提条件已经远远不够了，现代农业跟传统农业的差别逐渐显示出来，现代农业更加依靠市场，因而更具风险。为了增加安全性，提高抵御风险的

---

① 2016 年 9 月 5 日访问大学生创业者 M. J. S. 。

能力，产业不可避免地要不断扩大，形成产业树枝状、链条式的产业集聚。与此同时，产业的发展必然带动组织的变革，生产的扩大，变革力量的扩大，新型的社会组织也随之产生，以适应变革的需要。农民专业合作社成为带动农户从事专业化生产，实现生产、加工、销售有机结合，形成利益共享、风险共担的利益共同体的新型合作组织。合作联社在推进农业技术推广体系的改革和建设、提供公益性服务上，主要是在信息、技术、购销、金融和农机等方面做好社会化服务，在为服务农民、保护农民、培育农民中起到积极作用。

合作联社作为一种新型的现代农业组织，为发展农业产业提供了一些思考：培育新型现代农业经营组织，提高农民的组织化程度，就要大力发展农民合作经济组织。广大农户一般是分散生产，其规模小、实力弱，谈判能力低，以个体进入市场的成本很高。在很长一段时间内农产品进入市场都是通过中间商进行的，而中间商往往利用农户的这些弱点对农户进行盘剥和掠夺。培育和壮大农民合作社经济组织是提高农民组织化程度最好的途径。通过推动农民进入农民合作经济组织，可以在保持家庭生产经营模式的前提下，在合作组织的指导下，按照市场或者龙头企业的要求进行规模化生产经营，既获得规模效益，又提高谈判能力和市场竞争能力，从而实现增收。在这个过程中，以龙头企业或者规模型合作社为基础加强对农业产业链的建设，通过生产、加工、流通环节过程中建立紧密的产业关联，获得稳定的原料来源和市场销售渠道，可以降低交易费用，提高组织程度。同时通过延长精深加工链条，引导农户进入产业链，加强各个主体之间的利益联结链条和利益联结机制，建立公平合理的利益链。从整体上来说，第一、第二、第三产业联动，获得关联效应和协同效应，提升农业整体的效益，增强综合竞争力，完善产业链的建设和培育，可以有效转变当前农业弱质、农民贫困的状态，逐步实现乡村的产业振兴。

第三节　互惠合作型
——河北赞皇县大枣种产销一体产业链发展

斯科特在研究东南亚农民的过程中，认为农民对风险的规避使得传统农民形成了以生存原则为中心的道义经济，而这种道义经济是植根于村庄社会文化的基本互惠前提，生存与互惠是紧密结合、相互促进的两种主要行事法则。由于生存的需要，农民寻求地主的保护，同时农民也为地主提供满意的物质回报——地租，以及丰富的情感回报——顺从与尊敬，这种状态得以长期稳定发展的前提是外在的风险在可控的范围内。我们在研究中发现当前一种新的互惠关系，虽然时间、空间和对象都发生变化，但是整个分析框架仍然具有相当的借鉴性，河北省赞皇县的红枣产业发展过程可以概括为公司和农户之间新的互惠合作关系，他们二者各取所需，共同抵御市场风险，共同分享产业发展红利。

赞皇县，位于河北省西南部，太行山中段东麓，辖 1 个省级经济开发区，11 个乡（镇），212 个行政村，27 万人口，总面积 1210 平方公里，其中宜林地面积 135 万亩，地貌格局大体为"七山二滩一分田"。2015 年全县国民生产总值 95.6 亿元，财政收入 4.1 亿元，农村居民人均纯收入 5084 元，是"全国绿化百佳县""全国经济林建设先进县""中国赞皇大枣之乡""中国核桃之乡"和全国首批国家级林业科技示范县。全县森林覆盖率稳居全市第一，是"河北最绿的地方"之一。以赞皇大枣、核桃、樱桃、板栗为重点的经济林达 90 万亩。全县经济林达 90 万亩，经济林产值 26.5 亿元，拥有 45 万亩大枣基地，全县人均 2 亩核桃、2 亩大枣，林果业收入占农民总收入的 40% 以上。赞皇县枣树种植面积达 45 万亩，年产量 4000 万公斤，2001 年该县被国家林业局命名为"中国赞皇大枣之乡"。赞皇大枣在 1956 年全国长沙枣评会上被评为"中国大枣之冠"，曾荣获昆明世博会金奖、全国农博会名牌产品等多项桂冠。

赞皇县利用自身独特的自然条件，大力发挥枣业、核桃等农业的优势，推动这些农业从单纯的第一产业逐渐走向以深加工为主的第二产业。农产品加工业属于劳动密集型产业，可解决大量农村剩余劳动力，且具有风险小、污染少等优点，所以得到政府大力支持。赞皇县政府通过产业园区的方式来实现产业升级和产业联结，将农户与企业打造成为"命运共同体"。

一、产业规划的政策基础

首先，通过打造产业园区为农户与企业创造合作条件。赞皇县济河工业区位于赞皇县城南 1 公里，赞院公路两侧，赞皇镇、阳泽乡、清河乡交界处，规划面积 6.61 平方公里。该地区接近核桃、大枣主产区，京赞线贯穿南北，即将建成的衡昔高速横贯东西，乡道、村道辐射四周，交通便利。经济开发区以济河园区为依托，充分利用赞皇县现有特色优势农产品资源，做大做强核桃仁、蜜饯、板栗、蜂蜜等农产品加工业。产品加工为所在乡镇传统产业，具有广泛的销售渠道。目前，工业区龙头企业主要有石家庄丸京干果有限公司、河北绿康枣业有限公司、赞皇县野生酸枣仁加工专业合作社、石家庄远东边贸商行等。区内核桃仁年加工量 6000 多吨，占全国 1/3，酸枣仁年加工量 8500 吨，占全国需求量的 2/3 以上，均已发展成为全国最大的加工集散地。蜜枣年加工量 2 万吨，已成为赞皇县经济发展的支柱产业。工业区发展以赞皇县优势农产品资源为基础，重点发展核桃、大枣、酸枣仁、药材、蜂蜜、畜禽等特色农产品加工产业，实行绿色生态建设与农产品加工业发展有机结合，紧紧围绕农产品加工区建设这一中心，配套建设农产品物流、园区管理及企业服务等功能板块，将济河工业园区打造成中国北方重要的特色农产品加工集散地、环京津地区知名的食品工业产业聚集区，实现赞皇"绿色崛起"战略目标。

其次，优先发展大枣、核桃等优势主导产业。由于其已经形成了一定加工能力及规模，因此在园区产业发展中应给予重点扶持、优先发展。板栗、蜂蜜作为赞皇的特色产业，目前已经具备了一定的加工基础，政府通过政策倾斜和价格补偿等方式继续鼓励其做大做优。农业产业化关键在于农产品加工环节的壮大，本质是延长产业链，将生产、加工、销售紧密结合起来，实行一体化经营，形成利益共享、风险共担的经营机制。专业化是产业化的基础，产业化更易于获得规模经济效益，集中力量发展优势产业在中国具有可行性，中国的农产品需求量大，人们对农产品的需求由低级水平向高级水平动态发展，中高端消费者是产业化的主要目标客户。例如赞皇的青枣和红枣生果作为农产品的附加值比较低，但是经过加工之后，变成干枣或者饮料，附加值大大提高。

最后，制定出台了相关政策满足农民需要。其一是通过实施农林发展的"三无偿、四配套、五协调"政策，积极为农民做好服务。"三无偿"即无偿供应苗木、无偿嫁接、无偿提供技术服务；"四配套"即水利配套、电力配套、道路配套、旅游基础设施配套，切实做到了树栽到哪里，路就修到哪里，水就引到哪里，电就通到哪里，旅游基础设施就修到哪里，保障了农民栽得起树，管得好树，彻底解决了农民的后顾之忧；"五协调"即协调土地流转、金融服务、农民合作社及新型经营主体建立、社会资本注入和建立多元化服务体系。在此基础上，将农业、林业、水利、扶贫、财政、发改、农开等涉农资金，按照"来源不变，渠道不变，捆绑使用，各记其功"原则，由县财政局对专项资金进行统一整合使用，集中向造林项目倾斜。其二是推进财政扶持制度。建立健全林业补贴政策，逐步提高补贴标准。以弥补农业种植的弱势地位，并鼓励更多农户走向规模化、专业化经营。整合国家和省、市有关扶持项目资金直接投向符合条件的林业专业合作社、财政补助形成的资产转交合作社持有和管护。其三是建立金融贷款支持体系。建立长期稳定、低成本的政策性贷款支持集体林业发展的机制，积极开展包括林权抵押贷款在内的符合集体林业特点的多种信贷融资业务，创新担保机制，建立面向林农、林业专业合作组织和中小企业的小额贷款与贴息扶持政策。为促进金融和社会资本流入林业，推动森林资源资本化运作，通过做大林权抵押贷款，加大对林业的扶持力度，将林业贷款列入贴息项目，简化林权抵押贷款程序、提高林权贷款额度、抵押率、信贷期限。支持金融机构推广的"免评估"小额抵押贷款，尝试推行林下经济贷款以及其他新型林产品贷款形式。

二、互惠法则下的"命运共同体"

随着经济的发展，居民收入水平的提高，人们的消费观念和消费结构发生很大变化，消费者不断追求含有天然成分、更健康的有机产品，果汁饮料成为消费者选择饮料时的重点目标，使果汁饮料生产量和消费量持续增加成为可能。同时，赞皇县委县政府提出大力发展红枣、核桃产业，"十二五"期间种植枣树 10 万亩，核桃 30 万亩，为企业生产提供了丰富的原料资源。引进了河北枣能元食品有限公司，该企业是一家成立于 2007 年的民营股份制公司，位于河北赞皇经济开发区，以饮料生产、销售为主，农产品初加工、购销为辅。公司于 2014 年再次被石家庄市政府评为农业产业化重点龙头企业。为了促进资源优势转化为经济优势，带动更多农民致富和企业健康稳步发展，该企业新上年产 15 万吨红枣饮料加工项目，填补了国内没有成功红枣果肉饮料制品的空白。在核心技术和关键领域上，该企业引进调配、制浆系统，灌装、杀菌系统和后端包装系统等各种设备 79 台套，达到国际领先水平。建设成以红枣果肉饮料、红枣混合饮料、红枣精细产品加工及研发销售为一体的中国最大的红枣饮品生产线。该项目可以充分利用赞皇当地的优质红枣资源，年加工红枣 5800 吨，可以辐射带动周边地区枣树种植户的生产与销售，使农民种植户直接受益，从而带动当地红枣种植产业化发展。解决一部分人的就业问题，使农民增收、政府增税。企业通过构建现代化农业发展模式，以"特色、有机、生态、健康、环保、示范"为理念，将农产品生产基地和消费者市场有机结合起来，通过整合农业资源、统产联销、一体化经营、标准化管理等方式，实现真正意义上的"农民舒心、市民放心"，从根本上构建农业发展的现代化、集团化、规模化、星级化服务体系。

枣能元企业的红枣基地，5 万亩的红枣，大概每亩产量 700 公斤，每亩的产值大约是 4000 元，总投资约 1 亿元，雇佣工人大约是 100 人，每年消耗红枣 2 万吨。公司具有核心的研发技术，与农户之间建立的是长期的合作关系，采用的是订单式农业的方法，由政府提供基地建设前提，企业与农户之间签订协议，农户除了当季出售鲜枣之外，剩余的后期枣全部由公司统一收购，进行进一步的加工。公司所在的经济开发园区就位于赞皇县万亩红枣基地内，红枣的原材料可以直接获取，缩短了空间的距离，降低了运输的成本。而订单式的农业保证了原料充足的供应，产业的集聚形成了规模化的联动发展。赞皇的红枣产业已然形成一个现代意义上的产业链和产业园区，形成产前、产中、产后各种要素和环节有机联系，有效克服农产品市场信息不对称的问题，切实在乡村产业振兴中延长产业链。从产业形成、产业集聚，到产业成熟，我们利用赞皇红枣产业规模化来探析一下产业链形成过程和发展方向。

三、现代农业产业链管理与经营

根据我国在各个地区的资源禀赋、自然环境、技术、经济状况以及种植传统和耕作习惯等条件，按照优势农产品生产和市场的地域性，应科学合理地规划区域农业产业布局，逐步形成优势农产品的区域产业集群，以提高农业生产效率。围绕着区域的优势农产品生产，发挥优势农产品加工业集聚，使区域优势农产品在生产、加工、流通诸环节协调发展，以提高农产品的附加值，提高产、加、销一体化水平。而在传统农业向现代农业发展的过程中，政府可以说起到一个协调者和推动者的作用。政府通过创造一个良好有序的市场环境，推动自身职能的创新，充分引导市场对农业市场资源配置的基础性作用，促进生产要素的自由流动。个体生产的小农在市场中力量薄弱，应对风险的能力太低，如果无法有效引导这部分农业生产者，那么他们将遭受市场的宰制并面临破产的境况。在市场化产业化的潮流中，这部分人的利益最应该受到关注，政府在施行政策时应该考虑到多元主体之间的利益诉求，保证推动社会进步的同时也推动农民的增收。

在世界农业产业发展的历史中，农业产业链最早产生于20世纪50年代的美国，然后迅速传入西欧、日本等发达国家，农业产业链对整个国民经济的推动作用是不可忽视的。一般来说，农业产业链是按照现代化大生产的要求，在纵向上实行产、加、销一体化，在横向上实现资金、技术、人才和信息等要素的集约化经营，形成生产专业化、产品商业化、服务社会化的经营管理格局。这种纵向一体化的方式有以下几个优势。首先，一些大型农业综合体可以通过实施纵向一体化，逐步将一些农产品产业链的生产、加工、销售集中在自己手里而不受反垄断法的限制。其次，有效解决农产品质量和食品安全的问题，在纵向一体化企业内部，企业采取命令、指挥等行政管理方式来组织生产，生产部门必须严格按照企业要求的质量标准进行生产，产品质量才能得到保证。在企业内部，生产部门节约成本并不能给自己带来收益。因此，一体化经营可以保证农产品的质量和食品安全。最后，获得规模经营效益，降低成本。生产设备得到充分利用，单位成本降低，盈利能力进一步增强。

在这个产业链建设的过程中多元的主体各司其职，共同发力，政府负责建设与保障，农户负责初级生产，企业负责加工和销售。在规模化经营的过程中，时间是非常重要的，在原材料的所在地直接建设加工工厂，可以迅速解决产品加工过程中由于迟滞而导致的市场滞后性影响。马克思认为资本主义市场经济需要通过时间交换空间的方式缩小资本流通的时间，最大化地创造价值，产品在流通过程中，流通的速度越快，资本在期间的保值和增值速度就越快。[1] 市场经济发展到一定阶段的时候，形成"中心—

---

①《马克思恩格斯全集》第三十卷，人民出版社，1995年，第387—388页。

边缘"的状态，资本活跃的核心区是利润创造最快最大的区域。作为企业来说，为了最大限度地获得利润，必须抢先在市场占据主要位置，缩短整个产品生产的时间。在条件允许的情况下，原材料生产和加工地点尽可能地靠近是一种常见的方式。将加工厂建在原料生产地是一个较为明智的选择，特别是对于这种有保鲜需要的农产品，比如生鲜蔬菜和水果，大体上农林牧副渔类相关的产品都是有较短的保鲜期限的，需要在短时间内进行加工，这种方式最大化资本投入再生产的速度，提高资本循环和流通效率，增加企业的竞争力。

红枣饮料加工需要新鲜的枣，但是一旦产品加工完成，成为罐装饮料，那么保质期就长达6～12个月，对加工厂与市场的距离要求就不大了。这涉及成本和收益的问题，即微观经济个体在市场中追求利润最大化，通过各种方式降低经营成本，提高资源配置效率。红枣生产基地的建设是一个产业集聚发展的选择，有助于农业产业链延长和完善，这个过程中政府的作用不可忽视。西方经济学认为市场经济中资源配置方式有两种：一种是市场，一种是政府。当然我们在此并不考察宏观的市场背景，而是从赞皇这个区域入手，去探讨二者的关系，特别是政府在资源配置中的引导作用。当地政府通过引入各种相关的企业，协助促进一个区域内的要素的完善，包括土地、劳动力和资本等等，企业间或者通过协作或者通过竞争来提高效率，实现优化。

赞皇县的做法是现代农业发展的一种方式：利用优势农产品的生产和加工，将企业、合作社、农户进行对接，建设专业化生产园区，实现产业集聚，延长产业链，将产业布局合理化，提升农业产业的竞争力，促进产业全面发展和区域协调进步。这样一方面可以提高社会化服务的水平，增强农产品加工、处理的能力，实现农产品的价值增值。另一方面，可以扩大农村就业，加快剩余劳动力转移，提高农民收入，在提升区域总体经济实力的同时也增强农业自身的积累能力。

第四节 深度融合型

——贵州龙里县刺梨"三产"融合产业发展模式

一、要素配置：资源禀赋和技术变革

速水和拉坦的诱导技术模型提出，农业制度变革并非完全的内生诱导，也可能存在外生的供给，这里内生的诱导指的是技术的变革，外生的供给主要指的是农业的资源禀赋。[①] 卜凯认为作为农业生产要素的土地、资本、劳动力、技术的适当组合，加上一个有效的生产组织可以有效增加农业产出和农民收入。[②] 对于一个国家来说，获得农业生产率和产出迅速增长的能力，取决于在各种途径中进行有效选择的能力。如果不能选择一条可以有效消除资源禀赋制约的途径，就会抑制农业发展和经济发展的进程。一种农业发展的有效理论应该包括这样一种机制，通过它，一个社会可以选择农业技术变革的最优途径。以龙里县的刺梨产业为例，探究作为农业生产要素的资源禀赋和技术变革在整个农业产业变迁过程中的重要作用。资源环境的选择、制约要素的抑制、技术变革的适应塑造了当下刺梨的"三产"深度融合形态。

龙里县位于贵州省中部，隶属于黔南布依族苗族自治州，是贵阳市的东大门和黔南州的北大门。据《贵州图经新志》记载：龙里取境内龙架山之龙，乡里之里，而得"龙里"之名。全县总面积 1521 平方公里，辖区 5 镇 1 街道，167 村（社区），居住着汉、布依、苗等 20 多个民族，总人口 22.18 万人，其中少数民族占 37.5%。刺梨是我国云贵高原独有的物种资源，尤以贵州分布最为集中，刺梨适应性强，易栽种，它抗旱、耐涝，对肥水要求不高，在丘陵、山坡、河堤、路边、渠沟旁等均可种植，对于立地条件较好的坡耕地和宜林地，栽植后辅以一定的技术管理措施则成为具有一定产量和很高经济价值的鲜食兼具药用疗效的"高级水果"。

---

① 《农业发展的国际分析》，第 114 页。
② ［美］马若孟：《中国农民经济——河北和山东的农民发展》，史建云译，江苏人民出版社，1999 年，第 21 页。

龙里县是贵州野生刺梨分布最为集中的区域，龙里野生刺梨资源丰富，在全县 14 个乡镇均有分布，且生长良好，年产野生刺梨鲜果在 100 万公斤左右。龙里野生刺梨以其果大、酸甜适中、口感好而广受青睐，在省会贵阳市销售的刺梨鲜果、刺梨干等大部分来自龙里县谷脚镇，在黔中地区素有"花溪的辣椒、青岩的醋、谷脚的刺梨、窄口滩的地萝卜"之美称。在南方喀斯特山区因刺梨独特的生物学特性（叶果着刺，栽植成活率高，抗旱性强，浅根性等）被确定为石漠化治理的首选树种和防护林的最佳灌木配置树种。但由于都处于野生状态，产量低，刺梨资源未得到很好的开发利用。

龙里发展刺梨的地区有其独特的资源禀赋和生态环境。（1）气候适宜。茶香刺梨产业园区属典型喀斯特地貌，地处北亚热带季风湿润气候区，平均海拔 980～1420 米，年平均气温 14.8 摄氏度，年降水量 1100 毫米，年日照时数 1160 小时左右，无霜期 283 天，冬无严寒、夏无酷暑，阳光充沛，温和舒适，群山延绵起伏，适宜发展种植业。（2）交通便利。园区距省会贵阳市区 23 公里，距龙洞堡国际机场 15 公里，与贵龙纵线、贵新复线等高速公路，湘黔、黔贵等铁路贯穿联通，交通区位优势非常明显。（3）根基牢固。刺梨是云贵高原特有的物种资源，龙里县是贵州野生刺梨分布最为集中的地区，资源禀赋好，发展根基牢固。一是种植技术成熟。龙里县于 2000 年开始人工规模化标准化种植刺梨，得到贵州省农业委员会的技术指导，经过不断培植繁育，刺梨品种、种植技术趋于成熟。二是群众热情度高。通过整合天然林资源保护、石漠化综合治理、美丽乡村、观光旅游等项目资金，基础设施不断完善。加之经过十余年的发展，龙里县已经探索出"龙头企业＋合作社＋农户""公司＋合作社＋农户"等发展模式，群众普遍享受到刺梨产业带来的实惠，群众发展刺梨种植愿望强烈。三是品牌优势明显。龙里县于 2012 年被中国经济林协会授予"中国刺梨之乡"荣誉称号，"龙里刺梨"和"龙里刺梨干"均被国家质检总局认证为中国地理标志保护产品，奠定了其他地区刺梨产业发展无法比拟的绝对优势。龙里刺梨历史悠久，是贵州全省乃至全国人工种植面积最大、产量最高、品质最优的刺梨生产县，是唯一以刺梨为主导的省级重点现代高效农业示范园区。

刺梨作为我国云贵地区特有的品种，它的资源的稀缺性和地域环境生产的唯一性为整个产业市场垄断提供一种可能，这也意味着它的经济价值会远高于其他同类产品。资源的稀缺性是整个经济学建构的前提，因为稀缺，社会才存在竞争，才存在交换，刺梨产业链的建立和价值链的提升都有赖于这个前提。而对地区农业发展而言，它作为一种资源禀赋，也存在现实的限制条件，野生的品种地区适应性问题和人工品种的技术改进问题，这些都可能妨碍到整个刺梨产业的发展。

为了更好地满足市场需要，扩大产品的供给，龙里县对刺梨的品种进行了技术改良，培育新的产业增长点。政府通过支持农业科研推广，建设稳定的科技支撑体系为农业现代化、专业化提供保障。科研支撑和人才培养作为现代农业基础，则是解决资源要素瓶颈约束的重要途径。与工业化和城镇化的科技不同，农业科研及推广对自然条件依赖性大，需要开展定点对比试验，需要长期不断积累。早在 20 世纪 80 年代，龙里县科技工作者就开始对人工种植刺梨及品种选育进行试验，但由于受技术条件和经济条件的限制，直至 90 年代中期，在原贵州农学院等科研单位的指导下，引进贵农系列优良品种进行人工种植试验才取得成功，并筛选出适宜龙里县种植的优良品种"贵农 5 号"和"贵农 7 号"。生物技术的进步是推动农业变革的因素，很多研究都得出这样的结论：一个社会可以利用多种途径来实现农业的技术变革。由无弹性的土地供给给农业发展带来的制约可以通过生物技术的进步加以消除，由无弹性的劳动力供给带来的制约则可通过机械技术的进步解决。一个国家获得农业生产率和产出迅速增长的能力，取决于在各种途径中进行有效选择的能力。如果不能选择一条可以有效消除资源禀赋制约的途径，就会抑制农业发展和经济发展的进程。一种农业发展的有效理论应该包括这样一种机制，通过它，一个社会可以选择农业技术变革的最优途径。

2000 年后，依托退耕还林工程实施，人工种植刺梨规模不断扩大。产业链在良种育苗上，龙里县选种品种分别有贵农 1 号、2 号、5 号、7 号，尤以贵农 5 号种植面积最广。进入 2000 年以来，龙里县紧紧抓住实施退耕还林等林业生态工程的大好机遇，充分利用荒山荒地资源，以实施项目为载体，以科技为手段，大力发展刺梨种植，农民通过种植刺梨获得了实惠。农业科技进步显然是打破由无弹性的要素供给对农业生产的约束的一个必要条件。然而，对于一个处于经济发展早期阶段的国家来说，技术创新是产品生产中的难点之一，要使不断涌现的新的农业技术为一国农民所利用，并使这一过程制度化，更难以实现。所以一般来说，都是通过国家或者政府的技术供给来推动。显然社会主义国家在国家层面上推动科学技术的共产共享更具备可能性，龙里县的刺梨产业显然也是如此，在这个过程中，整体的效益是清晰可见的。

二、政府行为与产业发展的互动

在我国，许多社会项目都离不开国家和政府的支持，这是社会主义国家的性质决定的，也是由我国特有的国情决定的。中国共产党有着强大的号召力和组织力，它是社会主义事业的领导核心，"集中力量办大事"是坚持党领导的优势所在。政府则作为政策的具体制定者和落实者，党政之间的关系呈现一种新的融合趋势，这种趋势有利于国家的整体发展。政府对产业发展的介入，成为组织各种生产要素，以达到最优配置状态的核心领导力量；政府推动、促进农业产业的发展，随着农业生产水平的迅速提高，政府自身威望也提高。[①] 在行动方式上，政府一般采用调整自身组织形式和组织结构的方式，比如成立行动小组和领导机构，集中所有资源和力量在最短的时间内达到最大化的政治效应和经济效应。龙里县刺梨产业从无到有、从有到强的过程，呈现了政府和市场（农业产业）的互动，二者之间相互渗透、相互沟通，形成了新的整合网络。

为加快龙里县刺梨产业发展，做大做强刺梨产业，龙里县委、县政府高度重视。首先，成立了龙里县刺梨产业发展工作领导小组。县委、县人大、县政府、县政协主要领导任顾问，县委副书记任组长，县委宣传部、发改局、财政局、林业局、农工局、科协、工商局等部门领导为成员，高位推动刺梨产业发展。这种领导小组机制重新构建一种模式化的组织架构、集成化的功能配置、协同化的机制组合等特质，通过党委的领导，在产业的发展上避开了传统各自为政导致的资源投送的分化离散，以行动小组的形式集中并整合了各个职能部门的资源，打破部门之间的界限，形成了一种新的组织架构以服务产业的发展。在功能设置上，所有政府部门在具体

---

① 王颖：《新集体主义：乡村社会的再组织》，经济管理出版社，1996年，第113—114页。

目标上凝聚了一种高度的共识，即刺梨产业发展这一目标具有优先性。同时各部门协调合作，共同致力于刺梨产业链的治理。

其次，从制度层面保障刺梨产业的优先地位。例如 2012 年出台了《关于加快刺梨产业发展的实施意见》《关于进一步推进刺梨产业发展的实施意见》《龙里县刺梨种植扶持奖励办法》，并组织编制了《贵州省龙里县刺梨产业发展规划》（2012—2020 年）等政策文件，提出"着力把刺梨产业培育成全县山区群众增收致富的支柱产业，加快农业产业化发展，打造新的经济增长点，围绕打造名副其实的'中国刺梨之乡'，建成全国最大刺梨标准化种植基地、全国最大刺梨良种繁育基地、全国最大刺梨加工生产基地、全国最大刺梨物流基地、全国最大刺梨研发基地、全国最大刺梨康养中心"的目标。将刺梨列为林业重点工程和优势支柱产业，编制了《龙里县刺梨产业发展"十三五"规划》，规划的总体目标：提出形成一批标准化、规模化、科技含量高的优质刺梨种植基地，到 2020 年全县刺梨种植面积达 35 万亩以上，其中标准化、规模化的刺梨种植投产面积达 20 万亩以上，年产刺梨鲜果 20 万吨以上，刺梨种植业收入达 10 亿元以上。建成 1000 亩贵州省优质刺梨种苗繁育基地，实现年收入 5000 万元以上。积极培育壮大以生产刺梨低、中高端产品企业的建设规模，提升和提高刺梨产品的质量和生产能力。积极引进和培育刺梨研发、精深加工、销售为一体的龙头企业，建成集刺梨研发、精深加工、系列产品开发、物流销售为一体的刺梨研发、加工和产品交易中心，刺梨产业园区功能大幅度提升，刺梨产业链基本形成，刺梨产品富集，年产值在 50 亿元以上。培育绿色、有机、精细高端产品，打入国际市场，"十三五"期间完成龙里刺梨鲜果的"三品一标"认证。积极开发和培育刺梨旅游商品，实现以刺梨为主的乡村生态文化旅游观光游客达到 100 万人次，旅游收入达 40 亿元以上。

龙里县针对刺梨产业的发展专门制定实施政策和精准发展规划，为产业发展提供了一个良好的制度环境。诺斯认为制度是一个社会规则或组织规则，它的目的在于约束集体和个人的行为，制度经济学则认为制度的根本目的在于增进社会和个人的总体福利。[①] 编制刺梨产业发展的各种政策，

---

① 林毅夫：《再论制度、技术与中国农业发展》，北京大学出版社，2000 年，第 17 页。

其目的在于以制度化的形式为产业发展打开一扇门，各种政策、规划在具体实践中通过行动者的获利动机，以推动资源的效用和收益不断提升。政府、大型企业和个人作为产业发展的主体，通过与市场竞争的方式配置资源和协调生产，在这里以各种政策支持为基础的制度安排的目的就在于保护产业发展主体。

最后，为推进刺梨产业规模性发展的实现，政府在人、财、事方面做出细致保障和周到服务。

其一是财政资金直接补助，产业扶持导向性明确。在发挥市场机制作用的同时，加大对刺梨产业化扶持的力度，努力增加刺梨产业化资金投入。县财政每年拿出 1000 万元专项用于刺梨产业发展，为全县刺梨产业发展提供了政策保障和资金支撑。同时整合相关涉农专项资金，退耕还林资金等扶持种植户，提高群众种植刺梨的积极性。加大对刺梨良种育苗的扶持力度，引导农民扩大种植面积，规定在县内从事良种苗木繁育的，每亩一次性补助 1000 元。鼓励大户、合作社和有实力的企业从事刺梨种植基地建设，面积达到 100 亩，造林规范，成活率达到 80％～90％的，每年每亩补助 200 元，连续三年不变。且对引进外资，特强调外来企业和本地企业、个体一视同仁。此外，政府通过大力引导、鼓励社会资本、民间资本以及境外资本进入刺梨产业。明确县、镇政府对刺梨产业化投入的职责范围，积极争取国家、省级在农业、林业、扶贫、生态治理、环境保护等方面的专项资金，农业、林业、扶贫、科技部门通过统筹石漠化治理、退耕还林、农业综合开发、扶贫开发、科技示范、乡村振兴等涉农项目资金，相对集中用于刺梨产业发展。已有的财政支农专项资金，尽量统筹安排，重点扶持优势龙头企业、刺梨生产基地建设。鼓励企业、个体大户投资，农户以土地、劳力入股的形式发展刺梨种植基地。

其二在技术改进和社会服务上承担主要责任。龙里县政府依托贵州省刺梨协会，建立刺梨种植技术推广、刺梨系列产品研发中心，县乡技术推广和科技培训体系，按系列化、产业化的要求，进行农业技术推广和科技培训，调整技术推广、技术培训方式和内容，每年培训农民 1000 人次以上，全面提高基层农技干部和果农的科技素质。知识和技术创新都具有外部溢出性，因此政府在农业技术改进上承担不可推卸的责任，对农民进行专业化的培训和技术推广能带来产业价值的整体提升。

其三为农民提供销售中介服务，帮助农民降低市场风险。龙里县积极推动发展刺梨产业协会和农村专业合作社为主的中介组织，通过为果农提供技术承包、信息咨询等社会化服务，充分发挥产业协会与农村专业合作社等中介组织的协调、指导和服务作用。乡镇林业站、农技推广站通过为果农提供社会化服务，逐步发展成为功能齐全的综合服务实体，从农民急需的生产服务项目入手，逐步扩展乡村集体服务组织的服务内容。另外还提供公共信息服务，在"交易市场"内建立刺梨销售信息服务中心，乡镇、村建立刺梨信息服务站，建设市场销售信息网，并入全国销售信息网络，积极拓展销售渠道。

"凡有利于人民，则人民必效之。"政府的行为是否为了人民、帮助人民、利于人民，是显而易见的，有无作为，有无能力，在具体的政策中，在施政过程中，都是可以看出来的。龙里县的刺梨产业能在短短数年间取得质的飞跃，与政府的大力扶持和积极作为是分不开的。特别对于偏远山区来说，刺梨产业发育初期，及时占领市场，建构和完善产业链，仅凭企业或者个体的力量是极其艰难的，政府以强势的方式加入，主导整个过程，使刺梨产业迅速发展。即使经历过漫长的改革，政府权力不仅没有退缩，反而大大地加强了，现实的经济发展需要催生了权力的回归，威权式的制度基础从未被终结，其影响也并未消失，而是以新的运作形态来应对新的市场制度环境，回应社会的需求，推动地区的发展。

笔者在调研此地时接触到的当地干部、获得的无数资料、走过的地方，都在展现着刺梨产业的欣欣向荣。当然短时间的调研，无法轻易断定刺梨产业如此大规模发展的最关键因素是否为政府的主导作用，但是龙里的刺梨产业能够在如此恶劣的自然环境下走出自己独特的道路，政府在其中的作用不可忽视。

三、以区域联动助推三产融合

产业化是农业发展新阶段的产物，产业化就是农业生产线延长，从生产延长到加工，延长到销售，延长到技术改革，也叫做农工贸一体化。[1] 通

---

①杜润生：《杜润生文集（1980—2008）》下册，山西经济出版社，2008年，第1176页。

过增加农产品的附加值，提高农民的收入，加快农业资本的积累，促进农业进步。产业集聚为产业规模化和产业链的延长提供了条件，同时可以降低流通成本，提高生产效率。目前我国通过建设产业园实现产业集聚，龙里县通过打通不同区域之间的封闭状态，建设了以刺梨为主导产业的茶香刺梨产业示范园区，从而实现要素的融通，改变刺梨产业非均衡区域的发展状态，以区域联动助推第一、二、三产业融合发展。

为加快刺梨产业的发展，2012年龙里县建设了以刺梨为主导产业的茶香刺梨产业示范园区，园区主要走龙头企业带动模式，通过招商引资、技术合作等形式，吸引省内外企业投资种植基地、产业园区。同时鼓励国内外企业以各种形式投资刺梨产业，兴办深加工企业。重点引进国内涉农企业或科研机构联合组建集科研、生产、加工、销售为一体的企业。在我国现代化建设中，必然会伴随结构调整。调整的范围，既包括产业结构、就业结构，也包括城乡布局。调整的方式可以是市场选择，也可以是社会选择，前者是一种自发秩序，后者是政府裁立秩序。不论哪一条路都不能保证符合所有人的愿望，市场选择有缺陷，裁定选择也有缺失。把政府功能和市场功能结合，取得公民支持的最大一致性，并针对不满意的少数要求有所安排，就可称得上圆满。

龙里县茶香刺梨产业示范园区为种植类的省级现代高效农业示范园区，位于龙里县北部，核心区包括龙里县谷脚镇茶香村、高堡村、新坪村、高枧村、鸡场村和醒狮镇元宝村共6个村的辖区范围，辐射拓展区包含龙里县谷脚镇、醒狮镇、洗马镇3个镇的行政区域；园区总面积108.3万亩（核心区9.8万亩，辐射拓展区98.5万亩）；园区有75个行政村101761人（核心区6个村8966人，辐射拓展区69个村92795人）；园区现有主导产业刺梨面积7万亩（核心区2万亩，辐射拓展区5万亩）。园区功能布局为"一带、两园、四片区"，"一带"即以"十里刺梨沟"为特色的生态休闲景观带，"两园"即科技核心服务园、民族风情园，"四片区"即刺梨种植示范区、刺梨培育区、加工贸易区和市场交易区。园区的发展目标：通过4年的建设，2017年，已有园区刺梨种植面积达12万亩，全部进入盛果期后，年产刺梨鲜果12万吨，种植业产值达5亿元以上。园区以三年内发展成为集刺梨研发、精深加工、系列产品开发、销售为一体，年产值在30亿元以上的刺梨研发、加工产业聚集区为目标，并推动龙里县成为贵州省刺梨研发、加工和产品交易中心。在此基础上，刺梨产业园区功能大幅度提升，刺梨产业链基本形成，刺梨系列产品富集，茶香刺梨产业示范区基本建成。

刺梨已成为龙里县农业的一大特色产业。刺梨种植起步最早的谷脚镇茶香村，原是远近闻名的二类贫困村，2000 年前人均收入不足 400 元，从 2000 年实施退耕还林种植刺梨以来，全村刺梨种植面积已达到 1 万亩，户均刺梨种植面积 25 亩，2012 年人均纯收入已高达 1 万元，生态环境得到了较大改善，村容村貌也发生了翻天覆地的变化，2009 年被贵州省林业厅命名为"林业生态文明示范村"。

龙里县积极争取国家支持发展特色优势产业的相关政策，积极培育本地龙头企业，给予龙头企业更加优惠的政策扶持。2010 年开始，龙里县相继成立了以刺梨育苗、销售为主的专业合作社，按"企业＋基地＋农户"的模式，加强农户与企业的链接，形成利益共同体，统一产品质量标准，不断提高刺梨产业化经营水平，为刺梨产业发展提供产前、产中、产后服务和支持。龙里的刺梨产业链可以说是一种全产业链的模式，这种模式将上游的种植与下游的营销紧密结合起来，使得上下游形成一个利益统一体，从而把末端消费者的需求，通过市场机制和企业计划反馈到前端的种植和养殖中，并在资金、技术和信息上给农户提供更多支持，以有效解决"千变万化的大市场"与"千家万户的小农户"的联结难题，积极推动乡村产业振兴，带动农户脱贫致富，促进边远地区经济发展。

通过走"小刺梨、大产业"的发展道路，龙里县刺梨产业成为名副其实的生态产业、旅游产业、特色产业、致富产业，实现了生态美与百姓富的有机统一。从种植到加工，从销售到旅游，龙里刺梨已然形成了三产相互嵌入的格局，第一产业、第二产业、第三产业不仅形成有序的产业链，而且产业与产业之间相互融合，互相嵌入，紧密结合，不可分离，这样的状态可以说是融合式发展的典型。规模化、体系化加上制度化让这个产业链得以在稳定发展的前提下做大做强，由此，经过几年的发展，刺梨产业的效益逐渐凸显出来。

1. 生态效益

进入 21 世纪以后，生态文明成为继工业文明之后的新的时代发展追求，习近平指出"要正确处理好经济发展同生态环境保护的关系，牢固树立保护生态环境就是保护生产力，改善生态环境就是发展生产力的理念"。① 龙里县发展刺梨产业正是对这个新发展理念的实际践行，在大规模发展刺梨种植的基础上，推进长期与短期利益结合，刺梨在涵养水源、抑制水土流失、治理石漠化和改善生态环境方面发挥了重要作用，促进山更青、水更绿、空气更清新、环境更宜居，为人与自然和谐相处，加速特色生态农业和农村休闲观光旅游业发展奠定了坚实基础。刺梨属多年生灌木，根系发达，固土能力强，且花期较长，35 万亩刺梨基地建成后，龙里增加了 35 万亩有林地，森林覆盖率提高 15 个百分点。作为陆地生态系统的主体和重要资源，森林是人类生存和发展的重要生态保障，增加森林面积，提高森林覆盖率能够有效地涵养水源、防止水土流失、减少石漠化、调节气候、改善当地的生态环境。除此之外，还能更好地美化亮化当地的环境、改善城乡生产生活条件，促进人与自然和谐。

2. 经济效益

林业发展应统筹好生态保护和经济发展的关系，将生态优势转变为经济优势，实现林业发展和百姓增收双赢的目标。龙里县大力发展刺梨产业以推动地区经济发展和促进农民增收，通过引入"刺梨种植业＋"模式，不断扩大种植规模，大力发展林药、林苗、林菜、林鸡等立体种养业，将刺梨产业引向林下空间，建设刺梨良种苗圃 500 亩，套种蔬菜 200 亩，发展养殖土鸡 1 万羽。在种植上，从 2000 年开始，利用退耕还林项目开始大面积推广种植刺梨，特别是 2008 年以后，通过"公司＋合作社＋农户"和"合作社＋农户"模式，实施林业工程和扶贫项目扩大标准化种植。截至 2017 年底，龙里县刺梨种植达 21 万亩，投产面积 8 万亩，年产刺梨鲜果达 8 万吨（3 年投产，亩产 500 公斤；5 年进入盛产期，亩产 1000～1500 公斤），种植业收入 4 亿元（5000 元/吨）。据测算，通过三年的发展，龙里县刺梨种植面积将达到 35 万亩以上，年产鲜果 20 万吨，刺梨第一产业产值达 10 亿元。刺梨加工业的发展，直接或间接带动群众就业增收，通过依托集

---

① 中共中央宣传部：《习近平总书记系列重要讲话读本》，学习出版社、人民出版社，2016 年，第 230 页。

中连片刺梨的独特景观，推进产旅融合、产景融合，拉动地区经济发展。在深加工上，通过扶持本地企业和积极招商引资，利用恒力源、黔宝、贵源、奇昂、龙美、龙港、华南理工、老布依等 8 家刺梨加工企业的生产能力和资金优势，开发果脯、饮料、酒类、口服液、保健品等 20 余个刺梨系列产品，加工业产值超过 5 亿元。年产值达 50 亿元的加工聚集区建成投产，给龙里县带来巨大的经济效益。自此，刺梨产业成为该县一大特色支柱产业，对促进地方经济发展，改善城乡人民生活水平发挥巨大的作用。

3. 扶贫效益

刺梨产业的繁荣发展，有效增加了参与刺梨种植的贫困户的收入，让贫困户成为脱贫主体，刺梨成为助推脱贫攻坚的主导产业，达到扶持一户、脱贫一户、致富一户的效果。表 2-1 是 2016 年龙里县各个村在刺梨产业的种植面积以及发展的贫困户户数，由表可知，2016 年累计发展和带动贫困户 1052 户，贫困人口 3717 人，实施刺梨种植面积 8000 亩，覆盖 6 个乡镇，40 个村庄，可直接带动至少 3000 万的经济效益。而到 2017 年底，龙里县参与刺梨苗木繁育和种植农户 5.6 万余户（占全县总户数的 77％）、17 万余人（占全县总人口的 77％）；覆盖贫困户 3700 户（占全县贫困户总数的 58％）、12800 人（占全县贫困人口的 64％），户均增收 2 万元以上，带动人均年增收 1 万元，稳定脱贫 958 户 3319 人。

表 2-1　龙里县 2016 年度刺梨管护产业化扶贫项目到村分布表

编号	乡镇	村民	实施面积（亩）	发展贫困户（户）	贫困户（人）	各镇实施面积（亩）
1	醒狮镇	元宝村	359	4	15	
2	醒狮镇	顶水村	132.5	16	62	
3	醒狮镇	凉水村	323.63	19	74	3045.2
4	醒狮镇	旧寨村	13.64	5	17	
5	醒狮镇	小坝村	60	1	4	
6	醒狮镇	关庄村	759.42	107	167	

（续表）

编号	乡镇	村民	实施面积（亩）	发展贫困户（户）	贫困户（人）	各镇实施面积（亩）
7	醒狮镇	平寨村	482.31	60	238	
8	醒狮镇	葫芦田村	572	67	236	
9	醒狮镇	龙滩村	120	27	96	
10	醒狮镇	谷龙村	76.34	45	176	
11	醒狮镇	高吏目村	31	6	21	
12	醒狮镇	乐榨村	62	14	50	
13	醒狮镇	谷新村	53.36	17	61	
14	洗马镇	烂田湾村	150	10	40	
15	洗马镇	巴江村	60	20	60	
16	洗马镇	花京村	60	20	54	
17	洗马镇	落掌村	200	50	220	
18	洗马镇	羊昌村	300	60	240	
19	洗马镇	牛场村	86	17	62	
20	洗马镇	大厂村	93	16	58	2849
21	洗马镇	黄星村	81	13	47	
22	洗马镇	洗马村	80	15	64	
23	洗马镇	猫寨村	425	81	284	
24	洗马镇	台上村	400	45	180	
25	洗马镇	关口村	264	30	142	
26	洗马镇	乐宝村	60	12	46	

（续表）

编号	乡镇	村民	实施面积（亩）	发展贫困户（户）	贫困户（人）	各镇实施面积（亩）
27	洗马镇	坞泥村	20	6	24	
28	洗马镇	平坡村	70	14	71	
29	洗马镇	长芽村	500	20	78	
30	冠山街道	新安村	115.75	23	73	271
31	冠山街道	定水村	155.25	40	136	
32	谷脚镇	高枧村	246.9	18	63	
33	谷脚镇	毛保村	18	4	14	
34	谷脚镇	高堡村	169.8	7	25	800
35	谷脚镇	新坪村	44.8	9	32	
36	谷脚镇	谷冰村	320.5	64	224	
37	龙山镇	桥尾村	554.1	49	182	834.8
38	龙山镇	新水村	280.7	18	67	
39	湾滩河镇	翠微村	100	0	0	200
40	湾滩河镇	石头村	100	3	14	
合计			8000	1052	3717	8000

注：此资料由龙里县人民政府扶贫办公室提供。

　　龙里县坚持把刺梨作为脱贫攻坚的主导产业，从2017年起，县财政每年安排1000万元作为刺梨产业发展专项资金，用于扶持奖励、产业宣传、基础设施建设。对新建刺梨标准种植示范基地给予1000元/亩补助奖励，低效林改造给予600元/亩补助奖励。龙里县的刺梨产业作为一个相对成熟的农业产业在乡村振兴和扶贫开发中，带动的不仅仅是局部的利益，而是规模性的效益和整体的价值提升。而且刺梨产业的经济效益良好，贫困户通过生产或者务工的收入已经远远高于贵州省定贫困县的水平，发展农业产业在助力脱贫攻坚上具有无可比拟的巨大优势。

4. 社会效益

一是优化产业结构。刺梨产业发展形成集空间扩展、技术研发推广和示范引领为一休，生态保护和功能性产品开发并行的产业集群，优化农业产业结构，带动农业向现代化、生态化、旅游化发展。刺梨生产基地和加工聚集区的建立，可带动当地的果品贮藏、加工、畜牧养殖业等相关产业的发展，同时也带动农资经营、餐饮、包装、运输、旅游等第三产业的发展，可使更多的农户获得就业机会，在解决当地就业压力、维护社会稳定和推动社会经济发展方面发挥巨大的作用。特别是以龙里为中心的刺梨加工聚集区的建成，可推动全省刺梨种植业的发展，将贵州省的刺梨产业做大做强。

二是增加招商引资的能力，加快龙头企业发展。园区主要走龙头企业带动模式，通过招商引资、技术合作等形式，吸引省内外企业投资种植基地、产业园区。鼓励国内外企业以各种形式投资刺梨产业，兴办深加工企业。重点引进国内涉农企业或科研机构联合组建集科研、生产、加工、销售为一体的企业。积极争取国家支持贵州省发展特色优势产业的相关政策，积极培育本地龙头企业，在政策上给予龙头企业更加优惠的政策扶持。

三是形成标准化生产体系和全质量监测体系，打造独特"龙里品质"。加强标准化体系建设，打牢产业发展基础，制定刺梨种植、加工、流通的相关标准，并加强质量监控管理。组织龙头企业和相关部门联合制定或完善刺梨质量标准及生产种植技术规范，努力做到刺梨生产标准化。走"特色＋规模＋品牌"的路子，建成区域性无公害、绿色有机刺梨科技示范基地及产业群，形成品牌带动效应。提升技术研究水平，加强技术培训，积极推进农业院校、科研单位围绕刺梨产业化，开展刺梨贮藏、加工技术研究和技术推广，特别支持龙头企业建设研发中心。加强无公害标准化栽培技术研究和推广，加强刺梨生产技术培训工作，提高农户生产技术水平。通过基层农技推广队伍对刺梨种植及管理的科技培训，建立刺梨技术指导和培训队伍，培养造就熟练掌握生产和经营管理技能的专业农民和农民企业家。

四是通过强化宣传效应，扩大龙里刺梨的对外影响力。围绕国务院《关于进一步促进贵州经济社会又好又快发展的若干意见》[①]文件精神，在打造龙里特色优势刺梨产业发展，推进产业结构调整，加快群众增收致富的宣传。积极向群众宣传相关政策和刺梨产业发展优势和潜力，提高群众参与利用荒山荒坡种植刺梨的积极性。利用互联网、报刊、广播电视等媒介，加强龙里刺梨产业发展的宣传推介，提高龙里刺梨产业发展的对外影响力，扩大招商引资覆盖面。

四、产业融合中的多元主体

2017 年，我们访谈了整个刺梨产业的诸多主体，包括普通农户、合作社、公司、政府部门相关人员，了解刺梨产业发展对于多元主体增收的成效，特别是在农业产业化过程中，在乡村振兴的背景之下，多元主体之间的利益联结机制和价值分享形式。在产业链延长的过程中，每个独立的主体都从中获得价值份额和利益分成，其占有价值的多寡取决于他们的贡献和市场的分配，分配可以说达到一种稳定的均衡，效率和公平的统一。

茶香村面积 34.2 平方公里，人口有 2046 人，500 多户，其中贫困户 30 多户。村支书向我们介绍茶香村从传统粮食作物种植到刺梨种植的转变过程：

还没有进行刺梨种植以前，茶香村的绝大多数村民主要种植玉米、辣椒和马铃薯，人均耕地和林地面积都比较大，一户普通的四口之家占有土地面积在 30~80 亩之间，这其中大约有 20 亩的耕地种植粮食。一到下大雨，大风一吹玉米就倒了，因为是高秆品种，容易倒伏。贵州海拔比较高，大风天气比较多，造成的损失就会比较大。加上气候条件比较差，粮食产量不高、质量也不好，基本上玉米还不到完全饱满的时候，天气就已经变冷了，老百姓就必须要提前收成。玉米种植收入本来就低，天气灾害又比较严重，之前种植玉米等农作物的年收入大约是 400 元/人，后来种刺梨之

——————————

①国务院：《关于进一步促进贵州经济社会又好又快发展的若干意见》，国发〔2012〕2 号文件。参考自中国政府网：http://www.gov.cn/zhengce/content/2012－01/16/content_4649.htm，2012 年 1 月 16 日发布，2020 年 4 月 9 日查阅。

后一年的产量可以顶 4 年的玉米。从 2000 年开始，村民在政府的引导下开始种植刺梨，每家每户可以种植 50 亩左右，加上退耕还林每亩补助 500 元，现在如果种植 50 亩左右的刺梨，一年可以收入 20 万，不仅仅是脱贫了，已经是小康水平。我们整个茶香村因为种植刺梨人均收入已经达到 1.2 万。

一般的农户仅仅通过第一产业，即简单的种植业，从事刺梨的生产而不参与其他过程。第一环节的生产无须直接面对市场，农户主要通过与企业签订相应的购销合同，保证产品的销路，降低风险，在解决生产的条件限制和生产技术之后，基本上就可以保证产品的稳定供应。在茶香村生产条件相对比较恶劣的情况下，以往选择作物的种类仅凭过去传统经验的指导，缺乏新技术的眼光，导致作物与生产环境不相适应，人力和资源投入大，产出低。在政府的引导下，转而从事刺梨种植，刺梨的选择则是当地政府经过现代生物技术的改良、试验寻找到的符合该地区气候、土壤、水源等自然条件，与资源禀赋相适应的品种。所以一个普通的农户，作为产业链的第一环，每年仅通过种植刺梨就足够摆脱贫困，而且一般能达到小康水平，而且我们还得看到除此以外的其他收入，务工收入或者其他工资性收入，种植刺梨对当地农民而言已经成为生存的主要手段。

显然种植刺梨是一种按照市场需要的生产，而种植粮食更多的是一种家庭需要的生产，通过上述的案例，我们可以借此分析一下这两者的差别，了解在农业现代化过程中，生产目的的转型或者说农产品的商品化的重要性。习近平总书记在谈乡村振兴战略时，明确提出了乡村振兴的总目标是实现农业农村的现代化，这个战略的关键点始终不能忘记。现代化意味着农业、农村和农民都需要进行一次深刻的转型，法国著名的社会学家孟德拉斯在研究法国农民的时候提出一个著名的命题"农民的终结"，其实所谓的终结并非结束，而是另一种开始，是农民身份的变更。在他看来，"传统农民和现代农民之间的冲突，农民在时代变迁过程中的角色转化，从生产为自己消费的产品，即生产满足自己的需要，到生产商品，即生产满足市场和社会的需要"。即从一个农民转变为一个商人，他们更多地为市场的需要去生产，其实这与马克思的观点不谋而合。在马克思主义看来，现代化的过程就是资本化的过程，就是市场不断扩大的过程，从城市到农村，从强国到弱国。而这一过程从最基本的要素来看就是生产商品，注意，是生产商品，而不是产品，这二者的差别在于"为谁生产"，即生产的目的。借此分析中国农业的现代化，可以清楚看到，农民生产作物的变化就可以反映这个过程，从放弃生产供自己需要的粮食，到迎合市场和社会的需要生产价格更高的经济作物，这意味着农民的观念在改变，意味着农村慢慢融入市场经济中，这个过程也就是农业的现代化过程。农村进入现代化的这一过程，农民抛弃的是旧时代的印记，迎来的是崭新的价值。在笔者看来，现代化是农民身份和内涵的积极"扬弃"，它剥夺掉了固守的传统种植观念、一成不变的生活习惯，却增添了新的经济理性思维、技术改进的观念等。

顾姓农户 47 岁，刺梨种植农业专家，小学文化程度，家中五口人，荒山种植刺梨 150 亩，年收入 20 万，是全村最早种植刺梨的农户，成为全村第一个"吃螃蟹"的人。当时他与农科院合作，由农业局提供种苗，他成为村里因为种植刺梨第一个富起来的人，后来带动整个村子走向刺梨种植之路。由于是首个种植刺梨的农民，他经营刺梨十多年，专业种植经验丰富，除了在自家种植刺梨以外，时常受邀到贵州各地进行刺梨种植的技术指导和经验分享，每年可能有七八次机会到毕节、遵义等地进行技术培训和指导。他将生产经验积累和技术创新进行有效的结合。对农民来说进行农业生产主要是依据实践经验的积累，这种积累通常是一代一代传承下来的，经验的知识对农民来说是控制自然的安全感来源，[①] 而对新技术的应用一般是基于这样的经验式的方法，否则他们宁愿保守生产。

作为一个对新事物敢于尝试的农民，他尝到技术变革的好处，成为新技术运用的最大获利者。传统农民对革新是抱持着怀疑的态度的，绝大多数的农民都是"安分守己"的，在一个自给自足的和比较稳定的社会里，个人没有任何理由改变他的生产系统，从先辈们承袭下来的经验让他们感到安全，所以革新在这样的社会里是被排斥的。[②] 只要它还是一个新事物，它就仍处在系统的边缘，这样的社会只会造就一种固化的社会体系，所以那些敢于尝试的人，敢于创新的人，就成为机会的获得者，他们在这场变

---

① 《江村经济》，第 149 页。
② 《农民的终结》，第 49 页。

革中占领了先机，同时也承担了未知的风险，虽然幸运成功的人不多，但是值得庆幸的是，他成功了。在中国推动农业现代化还有一个很重要的力量，他们承担着"开辟道路"和"风险兜底"两项重要的功能，这股强大的力量就是政府。由于农业天生的弱势，加上小农的脆弱性，政府的力量可以为农民在风雨飘摇的市场前行的过程中保驾护航。特别是在中国，这种作用尤为显著，政府将农民生活水平的提高，将发展落后的乡村走向振兴作为自己义不容辞的责任。在推动人才、土地、资本等要素的流动方面做出了不可忽视的影响，同时从中央到地方，按照顶层推动加上基层探索的形式，将二者做了紧密的结合。

我们可以运用系统论分析方法来描述参与刺梨产业化变革的多种力量之间的关系。进入现代以来，单一功能主义的分析方法逐渐显示出它的机械性，因此人们更倾向于使用宏大的系统的分析方法，社会学领域中出现了以帕森斯的结构——功能主义为主要分析方法的新理论，这种理论强调要素之间的协调合作，讲究社会如同生态系统一般的作用，可以自行运行。帕森斯把社会看作具有不同基本功能的多层面的子系统所形成的一个总系统，又把个人行动放置在这个社会系统的不同领域中去分析。社会系统为了自身的维持和存在，必须满足四种功能条件。一是适应，适应的功能确保社会系统从环境中获得所需资源，并在系统内加以分配。在这里"适应"主要体现在整个产业链可以获得环境中的天然资源的刺梨，并能有效利用这个资源。二是目标的达成，目标达成功能确保制定系统的目标，并能调动资源和引导社会成员去实现目标，整个刺梨发展的产业系统中多方的主体成员能够有效调动政府、企业、社会的力量去实现目标。三是整合，整合功能是把诸多异质的成分综合成为一种本来不存在的甚至无法设想的无法割裂的统一的整体，最后产业链成为一个不可分离的有机整体。四是潜在模式维系，社会系统必须要有维持社会共同价值观的基本模式，并使其在系统内保持制度化，制度化、规则化已形成的政策联动或习俗习惯是整个模式得以稳定持续的前提，这也是三产融合得以维系的根本所在。刺梨产业要能有效维持下去，形成一种统一的制度和规范必不可少。

在社会系统中，执行这四种功能的子系统分别为经济系统、政治系统、社会共同体系统和文化模式托管系统。这些功能在社会系统中相互联系，社会系统与其他系统之间、社会系统内的各亚系统之间，在社会互动中具有"输入—输出"的交换关系，而金钱、权力、影响和价值承诺则是一些交换媒介。这样的交换使社会秩序得以结构化和均衡化，并通过系统要素的转化关系使社会系统功能日益强大完善。[①] 社会治理涉及日常生活领域中的诸如经济、政治、社会、文化、环境及个体行为等方方面面，是一个系统性的庞大的复杂工程，需要各方面的协调与互动。社会治理的系统论即把社会治理看作一个由多元主体所构成的一个开放的整体系统，治理的主体不再是单一的一极或两极互动，而是由多个主体共同组成的合作、互助体系。[②] 例如，该地林业局某位工作人员向我们说明了该地退耕还林的一个过程：

第一期是 2300 亩。这里这些年一共退了 21000 亩。涉及 167 户，667 人。茶香村的家家户户都种刺梨，2000 年开始每亩补助 500 元，按照国家退耕还林的政策要求，是三年之间可以补助到 1200 元。前三年补助，虽然我们无法在规定的政策的补助资金上有所侧重，但是我们在退耕还林的规则上进行相对灵活的转换。退耕还林有一定的指标，我们因时因地给予农户政策的优惠，让想要发展刺梨的农户可以优先享受这个政策扶持。退耕还林之后还有许多村子在发展刺梨产业，一亩产量大约是 2000 斤，成本是 1 毛钱一株，一年的苗是 1 块钱一株。现在初步调查，龙里县种刺梨老百姓 2017 年一年的收益有 1.2 个亿。而我们在早期的时候就通过各种政策扶持他们，让他们有启动资金。

政府通过政策引导、补偿支持的方式直接或者间接地去推动这个过程的实现，特别是从中央到地方，从全局到局部，考验的不仅是执政者的智慧，而且是基层政府的勇气。每个乡村都是不一样的，每一片土地都是独一无二的，制定任何的方案，实施任何的政策都必须符合自身的实际情况。因地制宜，因地施策，同时要能够调动农民的主体意识。他们作为乡村振兴的主体，是整个乡村改革的实践者和成果的获得者，他们必须有主人翁的意识，积极参与到这场变革中来。当地政府在刺梨生产中的引导作用是

---

① Talcott Parsons：*The Social System*，Free Press，1951，p.1—50.

② 尹广文、崔月琴：《社会治理的系统论研究》，《社会建设》，2015 年第 2 期，第 17—23 页。

显而易见的，可以说整个产业链的形成，政府功不可没。在农业现代化的早期，国家或者政府应该承担"保护"的职责，农业作为工业发展的"奉献者"是各国现代化过程中不可避免的，一旦工业走向新的台阶之后，以往从农业中"剥夺"来的，就该归还给农业了。农业从传统走向现代的过程中，面对难以适应变幻莫测的市场环境，破产和失败成为常态，在刺梨产业链发展的过程中当地政府的角色显然是一种保护型政府，对农民而言，国家和政府是作为"父亲"般的存在，按照诺思的看法，政府的行动也可以利用经济学"成本—收益"的模式进行分析，"推动制度变迁和技术进步的行为主体都是追求收益最大化的。当然，不同的行为主体（如个人、团体或政府）推动制度变迁的动机、行为方式及其产生的结果可能是不同的，可他们都要服从制度变迁的一般原则和过程。制度变迁的成本与收益之比对于促进或推迟制度变迁起着关键作用，只有在预期收益大于预期成本的情形下，行为主体才会去推动直至最终实现制度的变迁，反之亦然"。[1] 政府也力图通过改变制度以获得收益，而这里的"收益"，可以是经济上的税收，当然也可以是政治资本，或者社会资本。一个具有公信力的政府最终才能与人民形成"共同体"，无论是生产一线的农民、企业的代表还是其他社会组织成员，他们相信政府不会在危急时刻抛弃他们，逐渐消除面对新事物的恐惧和不安，结果是各类主体不断被动员参与，积极性不断被调动，规模越来越广，范围越来越大。国家权力努力促使民众进入市场领域活动，因此就激发了民众的自主热情。积极投入市场经济实践的自主民众，在越来越松动的社会空间中，成长为关心国家权力运转与公众公共利益的集群，社会参与和政治参与意识明显增长。在基层社会，民众的参与积极性已经改写了基层政治生态，并促成政府与社会的互动机制。

从另一面来说，政府也在这个过程中达到了政策实施的目标，获得了政治资本。在政府动员之下，一个多产业融合的产业链形成之后，地区经济水平不断提高，人民生活质量不断改善，政府的各项收入也随之增长，为其他各项事业的发展奠定经济基础，政府执政能力得到肯定。不可否认，

① ［美］道格拉斯·C. 诺思：《经济史中的结构与变迁》，陈郁、罗华平等译，上海人民出版社，1994年，第 7 页。

政府主导型的农业产业化是中国特色的现代化的一环，实践也证明了它的可行性和优越性，但是可能存在的担忧是这种农业商品化的过程是在一种外力推动下实现的，它自身的发育是否完整，未来深入卷进市场之后，是否有面对危机进行自我调节的能力。因为产业链涉及的范围已经不是一个小农户或者一个小公司，它已经形成一整套系统化的运行机制，并将所有人卷入其中，无论是单一农户还是合作社，他们都成为一个小齿轮，被推着前进。然而刺梨一旦不再被需要，这个机制能否可以自行面对市场做调节，这点值得思考。茶香村的刺梨合作社的某燕姓社长向我们说明了合作社在延长产业链上的几个方向：

我们合作社成立于 2010 年，开始只有 17 户，现在 63 户，种植面积 6000 多亩。去年（2016 年）大概产量 3000 吨。我自己家有 60 亩刺梨，流转了 400 多亩，还有 3～4 亩种粮食。我们每年种植刺梨，需要的雇工也不多，刺梨种起来所有的投入，一亩地 1000 块钱都不到。刺梨种植很简单，管理不需要精细化，刺梨对生长环境的要求不是那么高，一般粗放式的管理即可。投入少，产出高，两年以后就有一定的收入。刺梨要四到五年才能达到高产，一棵树年产量 5000 斤。它是无性繁殖的，如果枝条干枯，直接剪掉，再插入一个新的枝条就可继续成活。刺梨就算卖一块钱一斤，都比种玉米要划算，种刺梨一年的收益是我们种四到五年玉米的收入。结合旅游业，延长产业链，加上建设了"多彩刺梨村"，还有自行车主题公园，给游客动感的体验。省里倡导发展刺梨一、二、三产业，发展农家乐，投入七八十万。在村里住一个晚上 130 元，效益还是不错的。农家乐的旅游是分季节的，在刺梨花开的时候，具有观赏性；在刺梨成熟的时候，发展刺梨采摘园，五块钱一斤，市场价两块多一斤，这样又能再提高收入。[①]

合作社是对接政府和农户，或者市场和农户之间的中间桥梁。合作社给农民提供各项服务以满足社员的需要，比如标准化的种苗和化肥的选择，信息咨询服务，培训和教育，技术支持，等等，政府通过合作社宣传政策教育农民，也通过合作社的形式为农民提供保护。作为集体合作性质的合作社，它属于每个人参与其中的社员，是社会主义国家合作生产的重要形

---

①2017 年 5 月 30 日访谈贵州省龙里县 C. X. C. 合作社社长。

式，公社成员集体劳作，共同享有劳动成果，同时它对接市场，是社会主义市场经济的重要组成部分。相比企业来说，它的经济职能弱一些，但是保障职能更强。企业一般是以追求利润最大化为其生存的基本要义，合作社在兼顾利益获得的同时，更加强调对社员的发展和保障。比如在刺梨生产的合作社中，更多会考虑如何培育具有现代生产方式和生产技术的新型农业经营者，而在企业中则会更多考虑如何让农民更好为企业创造效益。立场不同，则观点不同、观念不同，各种形式的市场主体都是社会主义市场经济百花齐放、百家争鸣的组成部分。

多元主体对产业发展的作用是明显的，政府、企业、合作社、大户等等，但所有的制度安排在执行过程中都需要有代理人，代理人的选择是决定制度效率的关键，在这个过程中我们需要警惕的是利益的"精英俘获"。公共权力私人化运用，政策获取的信息不对称，产业发展的成果集中在少数人手中，会造成新的社会矛盾，影响村民自治制度的正常运行和基层社会的良性发展。

一家专门做刺梨的生物科技公司李姓副总介绍了相关的情况：

我们整个集团员工大约是 300 人，2009 年企业刚迁过来的时候是做纤维板的，到 2013 年 3 月份又上了一个强化木地板生产线。在 2012 年下半年的时候，我们成立了一个园区开发公司，就是现在这个产业园区开发公司。通过两年的时间，我们从政府那里拿了 1000 亩山地来开发。我们在园区里面招了 40 多家企业，基本上都是做家具以及板材的下游产业链。这里还有一半的土地是政府自己来开发的，也引进了将近四十几家的企业，这样总共有八十几家企业在这里。

我们也一直想着产业转型这一块，原来我们做板材的，这两年板材的市场非常不理想，产能过剩。现在贵州的刺梨也算是我们园区产业发展的第三波——"第三次革命"。刺梨于 2016 年 5 月份开始定项目，通过 3 个月的建设，8 月份就开始生产、榨汁，因为刺梨原果上市是在 7 月底到 10 月初，两个月的时间，我们必须赶到这个时间点进行生产。去年（2016 年）收购的话基本在一斤 3 块钱，成色不一样收购价格也不一样。去年我们对刺梨的消耗量大约是 2600 吨，一般来说每年消耗 3000 吨左右。去年我们的机器也是刚刚开始运行，今年满负荷生产的话，原果至少可以消耗一万吨以上。

现在我们的生产设备是从江苏订购的，其中很多的设备是从德国进口过来的，然后我们自己安装。真正的刺梨生产线，刺梨榨汁的工艺，在国内的行业里还没有一套成熟的模式。县里有好几家公司也是做刺梨加工的，有刺梨果脯、刺梨干，有饮料、口服液，如果说整体品质，我们是最好的，技术上面我们也是最成熟的。刺梨加工有一个难点在维生素 C 这个成分，它见光就氧化，见高温就氧化。所以想保留这个成分挺有难度的，我们花了几千万买了这个生产设备。核心技术是浓缩的技术，另一个关键技术是低温消毒的技术，需要最大限度保留刺梨的营养成分和原汁原味。我们刺梨产品的销售在贵州的市场还是比较正常的，我们有线上线下两个平台，线上平台的运营中心在贵阳，现在我们董事长亲手抓这项工作。去年的产值大概有 4000 多万，今年计划是要达到 2 个亿。在政府扶持这方面，一是刺梨的贴息贷款，二是定向收购。去年是 1000 多万，今年有一个专项的产业基金，我们准备贷 3000 多万。①

企业这个主体可以说是市场经济中最活跃最基础的细胞了，因为它是地区发展的动力。企业在市场中是你死我活、生死存亡的角逐，这就带来了压力，有了压力就有紧张感，就能打破死气沉沉、一成不变的状态。传统的农村社会的状态是稳定和变化缓慢，多数情况农民仍然遵守习惯做法，要使他们能够真正容许管理顾问参与他们的决策，必须让他们首先承受风险，即将他们纳入市场之中，打破他们与世隔绝的状态。企业的精神是值得借鉴的，企业在整个产业发展过程中是引擎，它促使农民去接受风险，改变现状，而且也提供了整个产业链得以实现的基础。乡村振兴中引入资本要素活跃市场，无疑，企业是直接有效的方式。家庭式的小规模经营所辐射的人口是有限的，家庭农场虽然发展过程简单，适用性强，但是从长远效益和影响来看，还是比不上一家大型的农业企业所带来的成效。以大中型企业为核心的特色产业链形成以后，围绕这个农业产业的生产、加工、销售成熟以后，那么所带来的将不仅仅是乡村振兴，而是区域所有行业的繁荣昌盛。

---

①2017 年 5 月 30 日访谈贵州省龙里县 H.L.Y. 科技公司李姓副总。

然而对于以农业为主的乡村地区，引进外资是一件很难的事情，考虑到各项成本、市场距离、资源禀赋等因素，大多数的企业在选择进驻的时候都是慎之又慎，当然也不乏无疾而终的企业。纵观龙里刺梨的发展，可以说是天时地利人和缺一不可，独特的地理环境和资源禀赋，造就了独特的生态环境，形成了独特的农作物，因其稀缺性和价值性，再加上政府的作用和企业的力量，共同推动产业链形成。社会治理作为系统性工程，通过政府、企业、社会组织、公民等多元的治理主体，平等地参与到治理的各层面和领域中，通过利益的权衡和资源的共享，促进系统内外的资源需求和能力塑造，最终实现公共利益的最大化。

第二章／乡村产业振兴与农业产业价值链提升

本章将聚焦农业产业化过程中价值链的提升途径，乡村农业产业要振兴必须摆正农业的地位，直接反映的就是农产品的价值，它附着了多少的劳动，凝聚了多少心血，这体现在市场的价格上。政治经济学认为，商品的价格是由价值决定的，而商品的供求关系（稀缺性）影响价格，价值量的高低取决于劳动力的投入、科技的进步、制度的完善，因此提升价值的途径主要有三种——劳动力密集投入、技术创新发展、产权制度变革，同时它们在产业价值链的提升过程中也注重党建引领、品牌创建、服务农户等方面。

第一节　劳动密集投入型
——分工细致的山东莱阳市梨种植业发展

一、以品质造品牌：密集劳动投入的高附加值

莱阳位于山东东部，烟台市代管，南接青岛，自古以来就是"胶东腹地"；为低山丘陵区，山丘起伏和缓，沟壑纵横交错，属温带季风气候。莱阳市因独有的气候土壤条件而产莱阳梨，被誉为"中国梨乡"。莱阳梨皮呈黄绿色，其肉质细嫩，汁水丰富，口感清脆香甜，有独特的风味，是梨中的上品。莱阳梨因产于莱阳市而得名，莱阳也因莱阳梨而闻名，并延伸出独有的"梨文化"。

莱阳梨之所以成为梨果之中的佼佼者，是与它生长的自然环境分不开的。莱阳梨主要产地在五龙河流域，莱阳域内有五条大河，即清水河、墨水河、富水河、蚬河和白龙河。这五条河在照旺庄五龙河口汇流，已淤积成一片广阔的油沙地。这种细沙土壤里腐殖质特别多，含云母也多，土质松散，通透性好，对光的反射性强。因此在这里栽培的梨树能进行充分的光合作用。并且由于这种沙土升温急，散热快，昼夜温差大，梨树白天在光合作用中获得糖分，晚上低温不易消耗，从而加快了梨果糖分的积累。因此，莱阳梨含糖量达14%，可制成梨汁、罐头、梨糕、梨干等。莱阳梨还有清肺、化痰止咳的功能，用它制作的莱阳梨糕、止咳糖浆是治疗支气管炎、伤风咳嗽的良药。"烟台苹果莱阳梨"，莱阳因梨而闻名全国，自古以来就有种植梨的传统，凭借优越的气候环境、独特的土壤条件以及丰富的栽培经验，造就了驰名中外的莱阳梨品牌。莱阳梨品种中莱阳茌梨是历史悠久的名贵水果，已有500多年的栽培历史。莱阳茌梨果大、核小、皮薄、肉脆且甘甜多汁，比一般梨含糖量高2%~3%，最高可达60%，且富含多种对人体有益的有机酸、维生素等营养成分，具有很好的食疗保健功效和药用价值。

2017年，整个莱阳市梨种植面积5.7万亩，总产量13.7万吨，品种包括莱阳茌梨、秋月梨、黄金梨、南水梨等。从事莱阳梨生产、销售、加工的农民专业合作社达60多家，从事莱阳梨产业的农民达到5万户，人均收入达到2万元。莱阳梨在山东已经成为农业产业化生产一个典型和代表。据国家统计，莱阳市围绕主导产业完善产业化链条，产业化链接带动了85%的农民进入国际化市场，并且全市农产品销往30多个国家和地区，70%的农产品得到就地加工增值，农民收入的80%来自农业产业化经营。

近年来，莱阳市高度重视莱阳梨的品牌培育，一直将莱阳梨品牌建设列入工作重点，不断扩大莱阳梨品牌的影响力。

一是注重品牌保护。"莱阳梨"早在1998年就注册了证明商标，是山东省第一个水果证明商标，2012年又成功获得"国家地理标志保护产品"称号。为规范莱阳梨品牌使用，莱阳市制定了《"莱阳梨"证明商标使用管理规则》《莱阳梨地理标志证明商标使用管理办法》和《莱阳梨品牌创建工程实施方案》等管理办法，为莱阳梨品牌建设提供保障。广泛宣传"莱阳梨"证明商标使用规则，下大力气查处侵权假冒，严厉打击利用外地梨假冒莱阳梨、假冒莱阳梨包装专用箱等欺诈消费者行为。通过设立消费者投诉热线、12316 农业综合信息服务平台，畅通投诉维权渠道等方式，受理莱阳梨质量投诉，保护莱阳梨品牌健康发展。

二是推动标准化生产。2006 年，莱阳市成功推动莱阳梨农业行业标准出台，并根据农产品安全质量无公害水果产地环境要求和优质梨果生产的要求，制定了无公害梨生产技术规程，提高了莱阳梨生产的标准化水平。莱阳市先后投资 1000 多万元，建立了市镇两级农产品质量检测机构，引进先进检测设备，加强生产全过程的质量检测和标准控制，建立条形码跟踪制度，实现了"药残可控制、源头可追溯、流向可跟踪、产品可召回"的管理目标。目前，莱阳梨生产加工核心企业和合作社中，有 7 个通过"三品"认证，6 个通过 ISO 9001（ISO，国际标准化组织）认证，4 个通过 ISO 22000 认证，1 个通过 ISO 14001 认证，2 个通过 HACCP（鉴别、评价和控制对食品安全至关重要的危害的一种体系）认证，4 个通过 GLOBAL-GAP（全球良好农业操作）认证，3 个通过 BRC（英国零售商协会）认证。

三是挖掘品牌内涵。不断发掘莱阳梨品牌文化价值，结合中国农民丰收节，提升莱阳梨文化节档次，通过莱阳梨故事挖掘、梨状元评比庆丰收、建设观光和自采梨园等活动，对外宣传优良文化，逐步开辟莱阳梨春观花、夏观叶、秋品果、冬观枝的生态旅游。2012 年莱阳梨成功申报"中国文化遗产标志"，"莱阳梨传说"和"莱阳慈利膏制作技艺"获得烟台市"非物质文化遗产"保护。2018 年中国果品区域公用品牌价值评估，"莱阳梨"品牌价值达到 6.82 亿元。

四是扩大品牌影响力。莱阳市每年都选送莱阳梨产品参加中国国际农产品交易会、中国东盟农业展会等国内外大型展会，莱阳梨先后荣获"中国果菜十大驰名品牌""第十届中国国际农产品交易会金奖""2017 最受消费者喜爱的中国农产品区域公用品牌""山东省知名农产品区域公用品牌"等荣誉。2017 年，莱阳梨销售量 10.9 万吨，销售额达到 6.5 亿元，占全国梨类销售的 5%，主要销往北京、上海、广东、福建等 28 个省（市）。2017 年出口额达到 2177 万美元，主要出口到日本、韩国、泰国、马来西亚等 9 个国家和地区。随着"互联网＋"的兴起，莱阳梨网络销售也日益火爆，2017 年，莱阳茌梨网络销售达到 2000 吨，销售额 2700 余万元。

莱阳市福琪果蔬专业合作社是一家有着十多年以水果种植、销售为主的企业，企业于2011年申请了"福琪"绿色食品标志，并注册了"优福琪、千迪、释洁、梨姐"商标。合作社成立于2004年，是一家以黄金梨、苹果种植为主的果蔬专业合作社，注册资金100万，合作社有会员300多户，经营面积2000亩，主要以种植黄金梨和苹果等绿色蔬果为主，拥有现代化库藏冷库6000吨，黄金梨示范基地2000亩，固定资产达3000万元，是山东省省级示范合作社，生产的黄金梨被中国绿色发展中心认定为绿色食品。每年产量大约是8000吨，产值随着市场的变化有所变动，2014年每斤梨大约是2.5元，一亩地大约可赚1.5万，但随后两年每斤梨降了1块钱左右，每斤梨只剩1.5元左右。合作社的梨不仅供应国内，而且远销欧盟、美国和日本等地。他们专注于绿色食品，2016年在莱阳市外销出口的梨，只有福琪果蔬一家符合欧盟的标准，其中包括农药合格、药检合格。

黄金梨产业是一种劳动密集型的产业，需要投入大量的劳动力，特别是福琪专做绿色果蔬，其标准之高，也意味着其劳动投入之多，而能团结和动员如此大规模的劳动力足可以见社长L.F.L.的人格魅力。梨产业需要投入大量的劳动力进行精细化的管理和养护，黄金梨从种植开始，到中间环节的挑选和包装，最后到销售都需要大量的劳动力的投入。笔者在参观福琪合作社时看到井井有条、分工明确的生产线，每个人都坚守在自己的岗位上，整个生产车间洋溢着温馨的氛围。访谈其中一位正在包装黄金梨的阿姨，她微笑地跟我们聊起来：

我家也是合作社的一员，有5亩的黄金梨。黄金梨的管护从每年春天开始。4月份开始要为梨花授粉，5月份开始喷洒一定量的农药，既要做到有效防范病虫害又要保证农药浓度符合标准，要严格按照安全间隔期要求施用，同时施药均匀周到。6月份需要修剪枝干，7~8月份为果实套袋，9月中下旬即可采摘。华北地区黄金梨适时采收期在9月20日~30日，此时果实已成熟，营养物质积累充分，耐贮性最佳。早采（9月10日）梨果在整个贮藏期间腐烂率较高，果皮极易褐变。过晚（10月上旬）采收，贮藏中褐烫病发生较严重，在采收过程中要特别注意避免碰伤。采收完以后统一进入加工车间进行挑选和包装，虽然由机器按照重量和形状进行挑选，但是在包装程序中，必须由人工一颗一颗套袋装箱，送入冷藏室冷藏，通过手工包装才能确保黄金梨的品相完好，避免碰伤。

综上可以看出，劳动力是农业生产中重要的生产要素之一。马克思认为只有劳动才能创造价值，人们赋予商品的价值全部都是因为凝结了无差别社会劳动。[①] 劳动关系表现了整个社会的生产关系，在资本主义社会是工人与资本家的关系，在封建社会是地主与佃农的关系。举个最简单的例子，从我国古代劳动力的使用方式可以清楚体现生产关系，区别地主和富农的主要标准是是否有家庭劳动力劳动。家庭农场还是经营式农场的区别是是否有雇佣的劳动力。劳动力的性质和关系是整个中国农业体系建构的结构基础，农业生产一直以来都是劳动力密集型的生产活动，精耕细作、细致经营是很多传统农业的主要特点。费孝通研究开弦弓村农业生产指出，1936 年一个劳动力需要耕作 6.1 亩。[②] 黄宗智在研究 20 世纪 30 年代的华北农村的经营式农场主时指出，在劳动力的使用上，经营式农场的生产效率高于家庭式农场的效率，虽然在单位面积上，两者大致相同，但是经营式农场花的劳动量要比家庭式农场少得多。[③] 按照当时的农业生产技术，一个成年男子可以耕种 15~30 亩的田地。笔者在研究将乐县安仁乡土地关系中计算出 1940 年一户人家中一个劳动力需要耕作 13.48 亩，[④] 这表明我国农村劳动力的负担差异化的特征，劳动力的素质和能力影响农业的产量和农产品的质量，现代农业生产与前现代农业生产方式是有差异的，但同时也有联系，劳动力的投入始终是农业产出的一个重要方面。

据郭熙保的研究，1985~1988 年间韩国每个劳动力耕种的面积是 9.3亩，我国台湾地区每个劳动力耕种的面积是 10.8 亩，世界农业劳动力人均占有耕地面积是 19 亩。[⑤] 农业生产无论其技术再怎么进步都无法达到工业生产的"无人"状态，集约化、规模化、机械化经营的目的是提高劳动生产率，将剩余劳动力转移出来。在美国，当劳动力拥有的土地面积和动力数量的迅速增加，意味着对机械创新的一种反应，因为机械创新提高了土地和动力对劳动的边际替代率。这是一个连续的过程。拖拉机的引进是农

---

①《马克思恩格斯选集》第二卷，第 38 页。

②《江村经济——中国农民的生活》，第 151 页。

③《华北的小农经济与社会变迁》，第 161 页。

④朱冬亮：《社会变迁中的村级土地制度》，厦门大学出版社，2003 年，第 34 页。

⑤郭熙保：《农业发展论》，武汉大学出版社，1995 年，第 169、230 页。

业中最重要的机械技术创新，它使得每个劳动力能够更容易地控制更多的动力，从而大大提高了动力对劳动力的边际替代率。① 现在依靠农业进步，很多农业生产者和经营者试图用尽各种方法减少人力的负担，降低人力的成本，但是切记，技术的目的是"解放双手"，而不是"砍掉双手"，接下去笔者将试图阐述农业劳动力的投入在农业产业价值的提升上依然至关重要。

二、"走出去"：市场战略的国际化转向

福琪的社长 L.F.L. 自己种植有 300 亩的梨树，从 2002 年以来在山东莱阳梨产业竞争如此激烈的情况下，L.F.L. 果断定位自家黄金梨的发展方向——优质和健康。她在自家 300 亩的果树中进行实验，原来的黄金梨虽然个头大、水分足、甜分高，但是有一个避不过的缺点，那就是果肉硬、果皮粗糙，这让梨的口感硬且柴，这是黄金梨相对于其他水晶梨或者秋月梨的缺点，自然让消费者在选择时也不会过多考虑黄金梨。L.F.L. 本着创新和实验的初衷开始试验，几年之后，试验竟然成功了，杂交过后的黄金梨果皮较之前而言更薄，果肉更嫩，口感更佳。从此以后福琪合作社就专做黄金梨，并且为了保证梨的质量，他们的农药和化肥都是按严格的标准控制，梨的产量低但品质却很高。L.F.L. 没有纠结于眼前的小利，她有更高的目标，但是市场总是不断变化的，一个小小的合作社在市场的巨浪卷来之时，也只有听天由命。2012 年，或许是金融风暴席卷全球，或许是当年果梨市场出现饱和，供过于求，当年梨的价格暴跌，尽管黄金梨的品质高于其他市场的同类型果梨，但是在这种混乱的市场状态下，"劣币驱逐良币"是很正常的现象。这一年福琪度过了艰难的一年。在社员们的鼎力支持之下，合作社走过道路坎坷的一年。经过这次的波折让社长 L.F.L. 开始思考突围之路，为何在价格合理的情况下，品质的优势无法有效发挥出来，是市场的失灵还是定位的失误？是天灾还是人祸？抑或是都有？

出现供过于求显然是国内市场已经出现了饱和，开拓市场，只能向外走。L.F.L. 的儿子是学经济学的，他向母亲提出可以搞出口："我们对梨的品质是有自信的，是可以走出去的。"L.F.L. 马上否决了儿子的想法：

---

① 《农业发展的国际分析》，第 212 页。

"如果真可以，为何山东那么多梨少有走出去的？政策允许吗？我一个农村村妇，如何与外国人打交道？"儿子向她说明了发达国家进口的标准过于严格导致山东大部分的梨难以走出去，一些规模比较大的企业也尝试过出口，但是他们的梨多数是通过农户种植，质量参差不齐，特别是在农药检测上，极少可以通过严格的检测标准。母亲接受了儿子的建议，多年强调品质的福琪这一回抢占了市场的先机，在多年农药和化肥严格控制之下，合作社的梨树不管是土壤还是水源，果树还是果实都能满足出口的要求，这是福琪的优势，这一优势在国内尚未完善的市场之下无法显现出来，但是在国外却能充分体现。市场的成熟总是需要一个过程，人们生活质量的改善和生活方式的改变也需要一个长期的过程，强调品质、追求质量、注重健康这些现代的生活方式是需要慢慢形成的。

福琪在找准了自身的发展定位之后，就开始按照欧盟和日本的要求，对黄金梨进行包装、冷藏，并引入了冷链保鲜技术、自动筛选技术等，保证出口梨的品质最优。黄金梨经过这一场灾难之后，也迎来了自己的转机。据 L.F.L. 社长介绍，出口欧洲的黄金梨价格是中国市场价格的十几倍到二十倍，扣除包装和冷藏等成本，净利润也是本土市场好几倍，目前福琪每年出口的黄金梨产值只有几千万，出口量不多，这是因种植规模不大，加上出口标准严格（欧盟的进口标准不仅是在农药、化肥等上的检测，而且对每个梨的个头、形状和重量都有严格的规定）。若进一步扩大种植规模，要满足绿色食品检测，需要投入的人力、物力太多，合作社无法满足，因此目前不具备进一步扩大的条件。

自此，黄金梨进入了"黄金时代"，福琪果蔬合作社形成了产、供、销一体化的农业产业化体系，从基地生产，到果蔬挑选和包装，从冷藏到销售一体化、一站式。每年的 4 月千树梨花盛开，合作社也拉开了一年果蔬生产的序幕，社员开始为果蔬授粉。为了绿色果蔬的生产得到保障，适应市场的需求，合作社施行统一果蔬种植、统一管理措施、统一生产技术、统一供料供肥、统一采收时间、统一加工场所、统一销售渠道。同时加强督促检查，加强技术管理和服务，建立种植管理日记，充分发挥企业龙头作用，严格按照标准进行生产、销售、贮藏。为了提高合作社的产品知名度，树立合作社的品牌，增加社员产品价格竞争力，合作社于 2011 年申请了福琪绿色食品标志，并于 2013 年申请注册了福琪商标，使产品的竞争力大大提高。合作社每年稳定产量 8000 多吨，净利润达 3000 多万。黄金梨从原来滞销难销到现在供不应求，国外的市场一打开，欧盟和日本市场上有稳定的经销商和销售渠道，这让黄金梨的生产无后顾之忧，国内外市场的平衡可以降低价格的波动风险，保证合作社良性运转，社员收入稳定。

三、生产联合体：劳动剩余的集体占有形式

在乡村振兴中，我们知道一个产业要在一个地方扎根，得益于天时地利人和，梨乡发展梨业是因地制宜，顺势而为。莱阳的梨能比其他的地方具有优势，得益于它的地理位置、气候条件和土壤因素，但是除此之外，人的要素始终不能被忽略。一个产业的振兴带动了一个地区人民的生产和生活，而产业的振兴也需要人的作用，需要人力的投入，从劳动力到资金，福琪果蔬合作社带动下的黄金梨产业成为产供销一体化稳定蔬果产业。在韩日等国由于人多地少的基本国情，其农业发展倾向于走精细化的农业道路，市场还未达到饱和的情况下，福琪首先抓住这个机遇，通过劳动力密集投入，生物技术改进，提高农产品的附加值。从另一个侧面，我们可以看出农业科技进步是打破由无弹性的要素供给对农业生产的约束的一个必要条件。诸如通过生物技术的改进，杂交或者嫁接等，可以改变农作物的产量，从而降低农业对土地的依赖。在这里土地就是作为无弹性的要素存在的，因为土地的总量无法改变。然而，对于一个处于经济发展早期阶段的国家来说，技术创新是很难的。使不断涌现的新的农业技术能够为一国农民所利用，并使这一过程制度化，更难以实现。福琪果蔬能够使黄金梨成为一个稳定的产业自行生长的良性循环，主要是它能够利用新的技术，利用市场的需要，发挥劳动力作为资源的禀赋，为农业增长的早期提供动力。而农民在这个过程中甘愿成为产业发展早期的"牺牲品"，最主要的原因在于制度的规范和补偿。按照马克思的观点，现代技术和资本主义所带来的一种不可避免的结果是将农民分化为商业农场主和雇佣劳动者，他们之间必然是一种剥夺与被剥夺的关系，不可否认，任何的成就背后都有牺牲，任何积累背后都有掠夺。但以合作方式将农户组织成生产的联合体，

以消除对雇佣劳动的剥削，可以避免剩余劳动的私人占有。[1]

例如，福琪整个车间套装的妇女就有 20～30 个，这些人大多是 40～50 岁的中年妇女，大多数家中的梨树也都入股合作社。在车间按工时计算，一天工资在 100～120 元，她们普遍认同社长的经营理念并且敬佩她的为人，愿意相信她并接受她的安排。她们认为她"不藏私"，懂得为人着想。被雇佣的女工也折服于她做生意的果断和质朴的品性，就像她当初瞄准目标就勇往直前一样，遇到困难也没有妥协，直到现在她经营一个年产值上千万的合作社之时，也穿着跟她们一样的衣服，与她们聊着家长里短，她们都觉得 L.F.L. 是实实在在做事，所以信任她，加入合作社，按照合作社的要求种植和管护梨树。大家也获得了切实的好处，现在每年除了按照市场价销售给合作社的果梨之外，每年年底的分红也不断提高。2015 年年底，平均每家每户有 5000 元左右的红利。除此之外，在合作社当零工每个月也可以获得 2000～2500 的收入，她们觉得跟着福琪走，就能贴着小康跑。有了群众的支持和社员的拥护才能支撑起今天的福琪果蔬，出于相互信任和相互支持，L.F.L. 才能一步一步走得那么稳，才能没有后顾之忧持续扩大市场。

L.F.L. 在经营合作社时，将社员动员起来，合作社和社员之间的关系比较密切，联系也相对更为紧密，为社员提供产前、产中和产后系列化服务，为了充分发挥专业合作社的作用，提升为社员服务的功能，她会定期举行社员的培训大会，每年冬春闲散季节邀请市农业局技术人员来合作社授课。聘请农业局林业局的相关技术专家、果蔬研究所专家和教授前来授课，有针对性地讲授果品的栽培管理、病虫害的防治、合理配置肥料等相关知识，满足广大的林农在新知识和新技术方面的需求，帮助林农增收的同时也保证收购的质量，并稳定市场货源。多年来，他们一直把绿色作为办社宗旨，在肥料使用、病虫害防治、草害防治、上市包装、储藏保鲜等环节，严格按照绿色食品的标准进行，从而使福琪这个品牌得到消费者的一致认可。合作社将社员与自身紧密联系在一起，通过多种形式的利益分享形式达到二者的共赢，社员可以将自家的梨树以股金的形式入股到合作

---

[1]《马克思恩格斯选集》第四卷，第 374 页。

社，梨树仍然由社员管理，但是肥料、农药由合作社统一调配、免费提供，所生产水果由合作社按照市场价统一收购，统一销售，按照当年果梨市场的情况，取一定的比例用于社员的分红，这种基础保底加上抽成分红相结合的方式，在一定程度上增强社员对合作社的认同感和凝聚力。

在经济市场上，"农业"生产者在价格制定中处于很弱的地位，主要原因是农民出售的产品，其生产是很不稳定和难以预料的，其消费是没有弹性的，而且这些产品通常不易保管，难以贮存。再者，他们处于生产周转过程的起点，这种地位削弱他们的议价权。最后，农民通常是非常零散的，无组织的，因此农民之间的分化比较严重，彼此之间的意见分歧很大，导致他们在市场上影响力大大削弱，且时常受到整个价格体制的压迫。生产黄金梨的农民在面对市场时，无疑是弱势无力的，但是通过相互的联合，农民组成一个生产联合体，他们或者将单一的生产与加工联系在一起，或者通过跨越领域合作，形成集体占有劳动成果的初级共产形式，实现互惠和合作。

在目前我国农村一家一户小生产的经营方式下，农民联合起来组成合作社合作生产经营，以合作社的名义与市场上的其他主体进行交易，能够有效提高农户市场地位和话语权，避免小农户因市场地位弱而权益被侵害的现象。在这样的系统中，生产者组成联合会，与作为买主的工业主或合作社商讨真正的共同协议的价格条款，这就是福琪果蔬合作社形成的背景和过程。虽然，在这个过程中似乎合作社负责人获得了多数的分成利益，而农民只获得少数，但是应该看到剩余价值占有为产业发展提供了前提，以及在这之后的利益补偿，农民成为雇佣者也成为股东，公司成为共有的存在，产品既是劳动者生产的也是其所有的，在这个意义上他们化解了生存的危机。在19世纪，农业无产者除了双手之外一无所有，无产阶级除了劳动力之外一无所有，他们没有拥有生产资料，只能成为资本家剥削的对象，而现在农民的手中拥有资本，拥有土地或者其他生产资料，成为社会经济结构的主体。现在的合作社不仅为农民提供统一的服务，提高了农业生产经营的组织化程度，增强了农民的谈判能力，而且在生产环节也降低了成本，在流通环节节约了费用，增强了抵御市场风险的能力。同时合作社所得利润通过分红的形式返还给参与农民，合作社在市场价格收购农产品的基础上，实行"二次返利"——即年终可按交易额分配盈余的 60% 给社员，使社员分享加工销售环节的收益，真正实现让农民合理分享全产业链增值收益，合作社与农民之间的关系形成一种新型的利益联结的关系，农民更多参与到农产品的加工和营销利润的分享中，实现增收致富。

第二节 技术创新发展型
——"从细胞到森林"的福建将乐县鹅掌楸培育产业

一、"绿色乡镇"带动下的产业创新

国务院农业农村部、财政部 2019 年实施的重点支农政策中指出建设产业示范强镇，强调以乡土经济活跃、乡村产业特色明显的乡镇为载体，以产业融合发展为路径，培育乡土经济、乡村产业，规范壮大生产经营主体，创新农民利益联结共享机制，建设一批产业兴旺、经济繁荣、绿色美丽、宜业宜居的农业产业强镇。[①] 万安镇位于福建省将乐县北部，为国家级生态乡镇、农业部"美丽乡村"创建试点单位。集镇距县城 27 公里，省道 304 金泰线贯穿全镇，福银高速公路在万安镇设立互通口，交通便利。全镇面积 147.5 平方公里，其中耕地面积 1.7 万亩，林地面积 18.5 万亩，生态公益林 4.1 万亩。万安镇下辖 8 个行政村和 1 个良种场，共有 2669 户、1.08 万人，其中外出创业人员近 3600 人。近年来，万安围绕"百姓富、生态美"，建设绿色村庄、发展绿色产业、保护绿水青山的目标，努力将万安建设成为福银高速绿色廊道幸福小镇。

X.C.G. 是万安镇的一名年轻的乡镇干部。我们来到这里，原本是为了调研土地流转的相关情况，哪知道，却"无心插柳柳成荫"，X.C.G. 热情的接待，周全的讲解，让我们了解到这个地方产业增值的创新形态。他们通过引入高新科技，提高了整个农业产业的现代化水平。当然这个技术创新产业的引入和进驻有赖于万安镇的建设规划。万安镇以发展绿色村庄和绿色产业为主。首先是建设绿色村庄，统一规划。先后完成了"3 个小区"

---

①国务院农业农村部、财政部：《2019 年实施的重点支农政策》，中国政府网，http：//www. gov. cn/xinwen/2019−04/17/content_5383667. htm，2019 年 4 月 17 日查阅。

（翔安小区、新安小区、桥头小区）、"2 条道路"（新建新安路、改造天安街）、"3 个中心"（镇农副产品交易中心、文化活动中心、三农服务中心）、"2 个水厂"（集镇自来水厂、污水处理厂）、"3 个公园"（万安奇石主题公园、河滨公园、森林公园）建设。新建小区户型选择上以双拼农村别墅为主，外观做到"白墙青瓦，绿水蓝天"。同时，完成了天安、万寿街等重要道路的路面和立面改造，实现主要街道强弱电全部下地，解决了农村电路"蜘蛛网"问题，全镇建筑风格初步实现了统一。新装路灯 400 余盏，种植名贵树种 500 余株，镇区绿化面积 4 万多平方米。

X. C. G. 说：近些年来，在基础设施建设上政府投入大量的资金。以前的住房前后都是污水沟，一到夏天就臭烘烘，河边之前是一排猪栏、厕所，可以说是最脏的地方。政府统筹了几个项目资金，包括河道整修，沿河岸建了一排崭新的房子，这是乡镇的财力做不了的事情。当时镇政府自有财政大概 80 万，一年运营成本大概是 350 万，近几年用于基础设施的投入大概有 4 个亿。为什么进入万安感觉像进入一个小城市，就是因为花大力气投入基础设施建设。以绿色生态为主，一切围绕着"绿水青山就是金山银山"打造新型绿色小镇。为保护生态环境，镇里组建一支 18 人的专职环卫队伍，各村共聘请 22 名保洁员，对镇区及省道沿线村庄实行全天候、全覆盖保洁，确保垃圾日产日清。对安福口溪河道清淤进行市场化运作，确保河道畅通。同时创新集镇管理模式，成立小城镇管理办公室，对占道经营、违章搭建、绿化和环境卫生等方面进行管控并延伸到行政村，提升小城镇管理水平。在翔安小区全面推行垃圾分类回收、门前卫生三包、绿地认养管护制度，并将其纳入小区年度工作考评，建立政府引导、居民主动参与的集镇环境综合管理新机制。①

X. C. G. 说镇领导是个有想法的年轻人，给这个小镇带来了新的生命。他是个选调生，作为整个县最年轻的镇级领导，一来就开始做农业产业规划，"一园一带二产业"就是他首倡的，园区的企业引入和招商都是他辛辛苦苦四处跑出来的。同时他还创新土地流转的方式，帮助村集体增收，而且通过各个渠道帮助贫穷的山区小镇增收，以促进各个项目的建设。镇财

---

① 2017 年 1 月 9 日访谈将乐县万安镇干部 X. C. G.。

政的主要来源是土地增减挂钩，^① 财政每年收入是 80 万，但是固定支出需要 350 万左右。每年污水处理需要 20 万，卫生保洁一年也要 20 万，绿化管护大概 15 万，所以不增收不拓宽资金的渠道根本无法开展进一步的建设。国家规定 18 亿亩的耕地红线，很多农村乡镇的闲置宅基地可以通过复垦的方式将指标"流转"给城市建设用地，但这个指标是需要"购买"的，现在的一般价格是 40 万/亩，前几年通过增减挂钩的方式复垦了 100 亩左右的宅基地，这些地主要位于高山地区的村落，通过移民搬迁后，村子基本上没人居住，然后将之前的宅基地复垦成耕地。

后来，我们见到了 X.G.G. 所说的这位年轻有为的基层干部 W.X.W.，他满怀希望地为我们描绘了万安镇欣欣向荣的未来蓝图。我们此刻真实地感受到中国大地上许许多多的基层干部的赤子之心，他们怀揣着理想来到遥远的地方，实实在在扎根在基层，真真切切为人民做事。很多人在走向这条道路的时候都有一颗美好的初心，或许是因为路途遥远、过程艰难，或许是因为诱惑太多、世间险恶，有一部分人逐渐走了岔道，慢慢偏离了轨道。无论如何，我们都不能否认那些优秀干部的赤子之心。个人价值的实现必须通过对他人福祉的增进，自我与他人紧紧联系在一起，所以才有"修身齐家治国平天下"，才有"穷则独善其身，达则兼济天下"。这些满怀激情、一腔热血、观念超前的年轻人到基层后，给这一方天地带来了改变的契机，输入了新的血液。镇领导 W.X.W. 为我们详细说明了万安在土地流转中的创新：

我们万安的土地流转是做得比较有特色的。我们按产量计算，以专门流转土地种植精品蔬菜和稻米的利农集团为例，利农现在的产量每亩是 1000 斤左右，我们收每亩 500～600 元的土地租金，这是老百姓都能接受的正常价格。一般来说当年的租金是按照上一年亩产的 5 成或者 6 成计算，例如，现在的粮食收购价是每斤 1.35 元，1000 斤乘以 1.35 元每亩再乘以 0.5，一年价格是 600 块钱左右。我们这个模式创新之处在于额外向土地流

①"城乡土地增减挂钩"，即城镇建设用地增加与农村建设用地减少相挂钩，从以宅基地为主的村庄占地中腾出土地复垦，指标可以拿到城镇来用。从整个宏观效果来看，土地增减挂钩有这样的作用：有大量集体建设用地远没有得到充分利用，在城乡统筹的方略下，可以做到既通过保护耕地直接保护农业，又充分利用城乡建设用地发展工业和城市，最后间接刺激农业的发展。

转方收取了管理费，村里收集了管理费作为村财，一年一亩大概是 50 块钱。这样做在万安是首创，对利农来说，在其他的地方也是这样做，对于它没有丝毫损失，但是对于我们万安来说意义却是重大的。比如利农流转了 1500 亩地，那每年大概要交给村委会 7.5 万元的管理费。收这个管理费的目的主要是让外来的企业和当地的村委会形成一种相互配合，相互尊重的关系。在这之后，我们的模式基本确定下来，之后我们有很多项目都沿用这一做法，包括金森公司的紫薇基地，也参照利农收取 50 块钱一亩的管理费，这样村集体村财就有增收。我们的紫薇是 1000 亩左右，除了高速口那边，还有其他的几片，这种土地的流转对于村集体和老百姓都有好处，有利于提高他们的积极性。所以，万安的土地流转已经形成一种固定的模式，我的田每年产值多少、能赚多少，价格是国家定的，每年多少钱都是差不多的。20 年定一次，大家认可，我们就这样做，对于农民来说，他们有项目可以流转，绝大多数的人都是很愿意的。①

二、构建生态农业产业园区

1984 年习近平在河北正定县当县委书记时，对于农村小镇的建设提出过许多前瞻性的观点。正如习近平总书记所说的，一个小镇要发展需要站在战略高度去建立三个体系。首先，建立农业科研生产体系。真正做到用现代科学技术组织和发展农林牧副渔各业生产。其次，建立农村工业体系。立足本地资源，争取可靠外援，使农村工业稳步快速发展。最后，建立农村工农业生产的产前产后服务体系。以此为基础，使小集镇迅速发展起来。② 万安镇通过建设现代产业园区，通过农业技术创新推动农业工业化体系，最终目的是建立三产融合的现代农业生产服务体系。万安现代农业示范园规划占地面积 15000 亩，涉及 5 村 1 场，规划建设以设施农业为导向，打造集生态农业、农产品加工和销售、休闲观光、娱乐度假为一体的综合性现代农业示范园。示范园采用"一次规划、分步推进"的方式，以建设"科技农业、设施农业、规模农业、品牌农业"为主要目标，以"规模化、集约化"为经营理念，引进食用菌产业，中草药种植、加工，农产品深加

①2017 年 1 月 9 日访谈将乐县万安镇镇领导 W. X. W.。
②《知之深 爱之切》，第 143 页。

工，花卉培植等绿色、科技、环保的产业入园，积极探索新型的农业农村发展模式。目前园区已累计完成投资 1.3 亿元，已有多个项目入驻园区。在稳定发展粮食、烟叶、木竹等产业的同时，重点打造"一园一带二产业"的绿色产业格局，不断增加农民收入。

"一园"：建设占地面积 1 万亩集生态农业、农产品加工和销售、休闲观光、娱乐度假为一体的综合性现代农业科技园，现已有福建金森林业（万安）紫薇园、单细胞繁育中心、中国利农集团（万安）果蔬基地，福建绿景农生态米业，正元竹木制品加工等 5 个项目入驻；另有温氏集团、芥子园茶花品种基因库等项目已选择准备入驻。

"一带"：以金森和利农两大基地为基础，带动福匡至良坊沿高速和省道村庄发展花卉苗木、果蔬等现代农业产业，目前已成立 6 个农业专业合作社带动 62 户居民种植紫薇及丹桂等花卉苗木 700 多亩，果蔬 500 多亩。

"二产业"：一是乡村旅游产业。利用万安镇与福建农林大学旅游管理学院签订的合作协议，制订万安镇乡村旅游发展规划，计划整合万安现有的利农果蔬产品、绿景农大米、花卉苗木、万安豆腐、粉干、花灯、九仙山、九龙壁石等旅游要素，并结合金森紫薇基地、单细胞繁育中心集苗圃生产、苗木研发、科普教育、休闲观光于一体的产业优势，策划并实施果蔬采摘、农事体验、观光游览、农家乐等乡村休闲旅游项目，打造万安旅游品牌。二是农村信息化产业。万安镇与福建世纪之村集团签订了合作协议，共同创建将乐县（万安）农村电子商务平台，注册将乐世纪之春科技信息服务有限公司，建设培训中心、电商体验店和物流中心，努力打造省级农村信息化示范镇。

三、技术创新："给我一个细胞，还你一片森林"

技术进步是推动产业价值提升的有效方式，产业振兴围绕着延长产业链、提升价值链和完善利益链展开，提升价值链是中间环节。"价值链"这个概念来自于产业经济学，由迈克尔·波特提出。他认为"每一个企业都是在设计、生产、销售、发送和辅助其产品的过程中进行种种活动的集合体，所有这些活动可以用一个价值链来表明"。[①] 我们通过对企业生产活动

---

①［美］迈克尔·波特：《竞争优势》，陈小悦译，华夏出版社，1997 年，第 36—39 页。

的分析来阐释这个概念，当然如果扩大到市场主体也是一样的道理。对任何市场主体来说，获得利润都是事关生死存亡的大事，在其生产的每一个环节所创造的价值对消费者来说是否具有竞争优势是非常重要的，只有顾客对企业提供的产品和服务感到满意并愿意购买，而顾客支付的价值超过企业提供产品或服务所需的成本，企业才会赢利。企业成为为满足顾客需要建立起来的一系列有序作业的集合体，作业之间形成了一个始于供应商，经过企业内部，最后为顾客提供产品的作业链。而进行这些作业的同时又伴随着价值的创造和成本的消耗，从而形成一个价值链。

简单来说，价值链是原料、技术和劳动相结合生产的产品，通过市场交易、消费实现价值的过程，价值链上的每一个节点的价值活动都会对经济组织最终能够实现多大的价值造成影响。每一个环节都具有提升价值的可能，或许是生产环节的生产技术的改进、组织结构的优化、人力资源的提升等，或许是销售环节先进的市场营销理念、优质的产品或服务质量等，而且不仅局限在内部的各项链式作业，企业的外部作业也可能提升价值链，比如与上游的供应商的关系或者与下游的消费者之间的关系。现在我们要讨论生产技术的进步如何实现对农业产业价值链的提升，通过对生物科技的最新技术杂交和细胞组培两种技术在实际生产中的应用来展现这个过程。

杂交鹅掌楸是南京林业大学利用中国鹅掌楸为母本，北美鹅掌楸为父本杂交育成的杂交鹅掌楸新种。它具有极高的经济和观赏价值，属高大落叶乔木，耐寒性较强，芽被两枚托叶包裹。杂交鹅掌楸树形优美，树干笔直挺拔，枝繁叶茂，冠如穹顶；初夏盛花，花似"郁金"，气味芬芳；入秋叶色金黄，随风飘落，满地金叶，煞是好看。鹅掌楸还可以净化空气，可以用作绿化带的树种，具有生态价值。杂交鹅掌楸结合了亲本鹅掌楸和北美鹅掌楸的优点，具有生长快、适应性广等特点。其适应性强，可在土壤深厚的丘陵山地造林，或平原地区排水良好的立地栽培；同时，也是城市景观、园林绿化、"四旁"（田边、路边、渠边、宅边）栽种的理想树种。

通过生物技术变革的方式促进农业生产效率的提高是农业现代化的有效途径，技术变革在一定程度上反映了资源禀赋的限制，例如鹅掌楸的杂交技术改造原本的地域生长的限制，同时具备两者的优点而排斥两者的缺点。社会通过技术的不断变革，不同类型技术变革的组合来实现产出的最大化。在日本和美国，农业研究的"社会化"已被有目的地作为实现农业现代化的一种工具。在这两个国家，现代化过程包含了试验站和工业生产能力的发展，这种发展能够产生与生产要素供给条件相适应的生物和机械技术创新。然而，我们必须认识到，当今发展中国家想有效地实现农业教育和研究的制度化，就必须进行新的制度创新，而不能照搬日本或美国的模式。我国目前成功地实现技术创新基础的一项重大制度创新是，由公共支持的农业教育与研究体系（该体系在生物科学和技术进步方面尤为重要）的发展。如果不能有效地使公共部门的农业研究制度化，就会导致技术创新方式和资源利用的严重扭曲，当前国家以各种方式在推动这个进程，实现科研成果向农业实际生产转化，向产业发展方向转移。

福建金森公司（万安）单细胞繁育中心位于万安镇坊头村，该基地建设组培中心 5000 平方米、三座智能温室 15000 平方米（其中一座太阳能温室），另有办公区、生活区、休闲区、展示区等，以打造国内一流的集苗圃生产、苗木研发、科普教育休闲观光于一体的生态与经营环境，打造万安农林产业带。该基地是福建金森林业股份有限公司和南京林业大学的合作项目，以杂交鹅掌楸体胚发生技术种苗繁育为产业化的第一期重点开发项目，对于调整林种结构，提高林地生产力和森林质量，带动产业发展、农民增收均具有重要作用。这家组培公司建于 2013 年，企业具备先进的技术，设计之初，利用万安镇昼夜温差比较大的特点，在屋顶设计了太阳能发电的装置。鹅掌楸是先从实验室里面培育出来，然后进入批量组培室，慢慢发育分化成组织之类的。为了体现基地技术导向型的生产方式，基地提出了"给我一个细胞，还你一片森林"的口号，这不仅很好地概括了基地组培的生产特点，也表达了基地发展高技术农业产业和追求绿色生态的理念和愿景。

鹅掌楸单细胞繁育主要是利用细胞组培技术，实现繁殖，组织培养技术是在人为创造的无菌条件下将生物的离体器官（如根、茎、叶、茎段、原生质体）、组织或细胞置于培养基内，并放在适宜的环境中，进行连续培养以获得细胞、组织或个体的技术。根据植物细胞具有全能性的理论，利用外植体，在无菌和适宜的人工条件下，培育完整植株。由于生产方法独特，且都是在人工无菌操作和近气温的环境条件下进行大规模的人工培养和工厂化生产，因此组织培养技术对食物资源的保质、保纯和反季节生产有着特殊作用。

鹅掌楸细胞组培中心

杂交鹅掌楸组培完成后，已经生根的瓶苗就可以进行培育移栽。移栽是进行组培育苗的重要一环，鹅掌楸在组培的过程中需要保证无菌环境，因此需要人工进行反复的冲洗、调配和移栽，这家公司每天生产的组培盘大约是600盘，每盘40升，每天进行高压灭菌需要13锅。这家作为高新技术的农业企业，生产过程清洁，技术创新，与绿色乡镇的发展理念吻合，作为鹅掌楸的组培中心在未来有发展前景，同时企业对土地的流转和劳动力的需求都能促进当地村民增收。

组培中心需要的劳动力大约是40人，每月的工资约2400元，鼓励扶贫户到基地务工，采取"基地＋贫困户"的模式种植鹅掌楸的，对扶贫户的山地地租补助 50%，补助期为 3 年。这种"公司＋基地＋村民"的方式实际上也是苗木托管的类型，由组培基地培育出幼苗，然后交给贫困户种植，付工资给贫困户，这对贫困户的增收有重要意义。由农户进一步开展养育，通过搭棚管护等，事实上就是把苗木托管给他。首先，这整个过程其实是利用农业技术创新来推动地区农业结构的调整，特别是推动农业第二产业发展的尝试。其次，通过创新管理方式形成新的制度创新方式，以苗木托管模式为基础，让农户与企业成为命运的共同体。最后，促进地区脱贫致富，保证农户增收增产，农民承担的风险降低，收入提高。

引发农业变革与发展的因素有很多，包括资源、技术、制度、文化，等等。毫无疑问，技术变革是基础的因素，马克思主义发展理论与其他的增长阶段理论一样有一个重大假定：在技术变革力量（生产力）与制度的变化（生产关系）以及文化和意识形态（上层建筑）相互作用中，技术的革新带来制度变革。生物基因工程或者细胞组培技术都是通过技术上的革新来解决无弹性的土地要素的制约。一个国家获得农业生产率和产出迅速增长的能力，取决于在各种途径中进行有效选择的能力。如果不能选择一条可以有效消除资源禀赋制约的途径，就会抑制农业发展和经济发展的进程。[①] 一种农业发展的有效理论应该包括这样一种机制，通过这个机制，一个社会可以选择农业技术变革的最优途径。土地的总量是一定的，要增加产量，只能通过改变农作物的基因，或者通过增加单位面积的产量、施肥等来实现。杂交水稻是生物技术变革的典型，杂交的鹅掌楸毫无疑问也属于技术变革的一种方式，劳动力也是一定的，要想节约单位面积的劳动力投入可通过借助物理机械代替劳动力的方式。此二者都是技术变革的方式。

社会通过技术创新，将不同类型技术变革进行组合来实现产出的最大化。传统技术变革认为是时代进步推动着农业进步，是整体推动部分；诱致技术创新理论认为是经济发展的需要诱发技术的进步，对农业技术的变革主要是农业经济自身的发展，旧的技术不能满足需求，技术必须变革。但是正如孟德拉斯所言，农民之所以为农民，在于他们对革新的排斥，传统是农民理所应当遵循的生存方式。在这样一种传统式社会中要实现创新

①《农业发展的国际分析》，第 101—102 页。

是十分艰难的，因此，需要巨大的力量来推动他们生产系统转变，这种推动主要是通过让革新成为整个社会所共同遵守的习惯，这样的技术变革途径主要有两种：一种是国际技术的转移，另一种就是农业技术的"社会化"。

在农业技术的国际性转移方面，与先进国家相比，后进国家在经济发展上有一个明显的优势，就是可以吸收先进国家的科学技术优势，采用很小的成本迅速达到与发达国家相提并论的水平。工业化的过程也是一种由"中心"向"边缘"扩散的过程，对于农业来说也是如此。绝大多数的农业科学技术和现代农业投入都是由发达国家最先研究成功和开发出来的，即使有些农业技术是由发展中国家科技工作者发明创造，也少不了发达国家先前奠定的理论基础，一些后起的工业化国家和地区就可以利用先进国家的农业科学技术。马克思对落后东方国家（例如俄国农业公社）是否能在制度上跨越资本主义提出了前提和条件，那就是需要"占有资本主义国家的一切积极成果"①，这些"积极成果"指的就是先进的科学技术。产业和技术革命以来，欧洲资本主义国家所积累的人类文明的积极成果，对于先进国家的科学技术的采用可以帮助发展中国家缩短进入这个过程需要的时间，减少可能面对的曲折和苦难。

在大多数成功实现农业技术迅速进步的国家中，农业研究的"社会化"一直被推崇为农业现代化的工具，只有通过公共的研究机构才能有效推广技术创新的成果，特别是在社会主义国家中，这样的方式最有效率。农业研究"社会化"具有深刻的意义，据研究结果，农业研究还具有"溢出"的效应，即一个地区的农业研究效益不仅会推动该地区的农业发展，而且还会对其他相似区域的农业生产率产生有利影响。②虽然它的作用如此显著，但是在国际上很多地区并不算普及，特别是在发达国家，因为这涉及技术专利问题。资本主义社会中所有的一切创新都是服务于私人资本，更多体现在对财产的维护上，所以这样"社会化"的方式反而在大多数的社会主义经济中会比较普遍，因为社会主义经济中对公共产品非营利的职能具备较高的要求，放在世界范围内来看，全球主要的实行市场经济的国家

---

① 《马克思恩格斯选集》第三卷，第821页。
② 《农业发展论》，第242页。

对农业社会化过程多数也是大力推动并普及的。

　　总体来说，这样的过程只会越来越普遍。因为由研究产生的新信息或新知识一般具有公共产品性质，它的特点是在供给和使用上的非竞争性或共有性以及非排他性。这首先意味着所有人都可以平等获取这种产品，其次是由于无法排除未付费的人使用，因此私人生产者不可能通过市场定价占有该产品的全部社会利益。基础研究产生的大量信息是非排他性的，建立非营利机构初级基础科学知识是必不可少的。金森鹅掌楸组培中心的建立，其实就是这样一种非营利的公共机构，假如农业研究私人化将造成很严重的后果，一旦研究成果被私人占有，私人资本的逐利决定了它的独占性，那么在涉及专利保护上，只会延缓整个技术的推广和普及。所以对任何国家来说，非营利的公共研究机构的推广是十分必要的，只有这样才能降低农民获得技术的门槛，让技术创新的成果惠及农民，推动国家农业的技术进步，才能提高国家的整体农业现代化水平。

第三节　产权制度变迁型
—— 福建晋江市"三块地"改革[①]助力农村电商产业发展

一、一个中国"淘宝村"的非自觉形成

　　晋江市永和镇玉湖村是个历史比较悠久的乡村，它位于永和镇东北部，东、北与石狮毗邻，南与刘山村接壤，西与后埔村为邻，村庄西北部有湖内水库及风景秀美的灵秀山。村庄距永和中心镇区3公里，旧石东公路从村庄南部经过，对外交通便捷。村庄主干路、南北村道路支干道水泥路面全部完成。村落土地面积约0.6平方公里，耕地面积约1000亩，现全村人口962人，为蔡、翁两姓氏所居，分8个村民小组，全村共有党员33名，"两委"干部5名。海外华侨600多人，外来人口3000多人。

　　2006年玉湖村响应上级号召，走出了一条"政府支持、民间组织、股份合作、群众受益"的新路子，将原来母村面积共计22亩的"脏、乱、差"

---

　　①晋江市"三块地"改革指的是"农村宅基地制度改革""农村土地征收"和"农村集体经营性建设用地入市"三项土地试点改革。

的老村落拆除重新规划,定位为现代生活小区。组织村民按每股一万元,每人最多五股的方式进行投资改建,筹集建设资金 1500 万元,用 3 年时间完成旧村改造。玉湖村扎实推进新农村建设,进行全面提升,先后荣获"福建省新农村建设联系村""福建省信息化示范村"荣誉称号。旧村改造后的湖景华庭小区成为玉湖村集约土地的一道靓丽风景,同时也让群众得到了实惠,彻底改变了村庄的环境。

2012 年随着电子商务的崛起,玉湖村以实体店销售为支撑的服装产业受到了直接冲击,众多企业纷纷倒闭或停产。为了帮扶企业摆脱困境,镇政府及时厘清思路,摸索了一条实体企业和电子商务相结合的新路子,用传统产业的资源优势,大力发展电子商务,实现了产业模式的转型提升。到 2014 年,全村从事电商的企业和个体户超过 200 家、淘宝网店超过 1000 家,全年淘宝网络零售额近 5000 万元,线上线下分销年销售额超 2 亿元,成为 2014 年阿里巴巴集团在"第二届中国淘宝村高峰论坛"中发布的中国"淘宝村"之一,在晋江市 6 个"淘宝村"中交易额名列第二位。

2015 年换届以来,两委班子转变工作思路,及时掌握基本情况、发展瓶颈,确定将新农村建设和发展电子商务相结合的发展思路,将电子商务作为推动产业转型升级的重要途径;通过一年的不懈努力,2015 年全村电商企业得到快速发展,全年淘宝网络零售额 8000 万元,线上线下分销年售量额近 3 亿元,"双十一"当天线上交易额突破 3000 万元,再次被评为 2015 年度的中国"淘宝村"。2015 年以来,玉湖村以中国"淘宝村"为契机,将新农村建设和发展农村电商相结合,积极打造一个产业推动型美丽乡村。

换届选举后第一届村"两委"根据村庄实际制定了施政纲领,将三年发展规划作为任期内为民办实事的工作目标。在建设项目方面:以中国"淘宝村"为契机,美丽乡村建设为抓手,创建以村委会为中心的 15 分钟电商生态圈;利用产能互补优势将湖景华庭小区打造成规范的电商楼宇聚集小区;利用东山片区 40 亩闲置土地,规划建设"玉湖村电商孵化基地",完善电商的配套项目;整合北片区近 15 亩土地作为新学校用地,启动玉湖小学建设项目;启动登山健身公园建设项目,从埔顶到灵秀山路段全面改造为健身登山路,利用灵秀山腰杂地用作健身公园的项目用地;继续推动村间道路建设,努力实现村间路面硬化全覆盖。在村财收入方面,2015 年玉湖村经济稳定发展，全年工农商总产值达 30615 万元，村财收入近 35 万，村民人均收入 28363 元。2016 年来随着电子商务的快速发展，村民收入稳中有进，壮大村集体经济方面主要以继续规范农贸市场管理和村集体店面出租增加收入；以加快电商配套项目的建设，合理转化增值服务内容；以"玉湖村电商孵化基地"的建设项目，引进大型企业入驻，促进村集体经济的创收；以项目带动全村的经济建设，为村民的经济增收项目提供有力的保障。玉湖村从新农村建设延续到美丽乡村建设，取得可喜的成效。在工业 3.0 的时代，玉湖村加快投入"大众创业、万众创新"的新浪潮，全面发展"互联网＋农村电商"经济，传统产业得到了成功转型。

2005 年玉湖村通过泉州市"宽裕型文明村"的验收；2006 年以来玉湖村响应中央号召，走出一条"政府主导、村企合作"的新路子，利用三年时间完成了旧村改造，荣获"福建省新农村建设联系村""福建省信息化示范村""泉州市五好支部"等荣誉称号；2008 年以来连续 5 年荣获晋江市"百村示范、村村整治"工程二等奖，先后被泉州市确定为"新农村社区建设试点村""农村综合治理先行村""晋江市文明村""泉州市绿色村庄"；2012 年通过"晋江市美丽乡村"的验收。

二、"没有闲置房子，也没有闲人"

新的土地管理法允许集体经营性建设用地直接入市，改变了过去农村土地必须征为国有才能进入市场的做法，能够为农民直接增加财产性收入。法律还下放了宅基地审批权，鼓励农村集体经济组织及其成员盘活利用闲置宅基地和闲置住宅。玉湖通过改革，有效盘活了农村土地和住宅，从而带动了全村各行各业的发展。村集体经济年纯收入合计约 30 万元，村庄闲置宅基地用房盘活率 90％以上，全村约 350 户，户均年租金收入 5 万多元，村民从中得到实惠。而电子商务产业的繁荣，又给全村增加了大量的就业机会，手工制品、包装、仓储管理、物流配送等，总有一样工作适合村里人从事。按村里的人的说法是，"如今，村里既没有闲置的房子，也没有闲着的人"。

C.L.L. 是在玉湖村一名普通的电商创业青年，他也代表着大部分在玉湖扎根生活的年轻人，他过去在浙江做童装销售生意，每天忙于开店、租仓库、雇工人，生意并不稳定，经营压力不小。"五六年前，我从外地回来，发现村里新建的几栋住宅小区越来越热闹，许多外地的年轻人来这里租房子、租旧厂房，从事电子商务，都发展得不错。"2015年，玉湖村在经过多轮土地改革之后，又"腾"出了许多闲置的房屋，C.L.L. 也借此返乡加入了农村电商大军。他用低廉的资金租了民房和闲置厂房，注册了淘宝网店，经营手工制品。虽然"店铺"不大，但生意越做越红火。近日，C.L.L. 又租了两栋民房，一栋用于办公，一栋用于仓储。随着业务量的增加，村里的十多个人在他的店里做手工活，解决了就业问题。"村里盘活了很多闲置房屋，租金低，加上村里重新规划建设后，交通也变得十分便捷，这为电商从业者营造了优质的环境。"C.L.L. 说。玉湖村还有很多像C.L.L. 这样的创业青年。原本只有900人的村子，来了近4000名外来人口，他们基本都从事电商、包装、物流等相关行业。有崭新的住宅小区，也吸引了更多从事新兴产业的外来人员，其中，以淘宝为主的电子商务产业，犹如雨后春笋，在这个新型现代化乡村遍地开花。

2012年随着电子商务的快速发展，玉湖村支部书记 C.J.D. 等村"两委"捕捉到"互联网＋农村电商"的先机，整合服装资源，推动传统产业的转型升级，借助湖景华庭小区优势，打造一个规范的"电商楼宇聚集小区"。而随着"楼宇电商"的发展和大量的外来创业人员的到来，也快速地带动玉湖村闲置宅基地用房的盘活。2018年全村从事电商的企业和个体户超过400家、淘宝网店超过1000家，全年淘宝网络零售额近2亿元，线上线下分销年销售额超4亿元，双"十一"当天线上交易额突破1.8亿元，连续五年蝉联中国"淘宝村"。

早在2006年，玉湖村就率先迈出了土地改革的步伐。为了扎实推进新农村建设，让村民摆脱贫困，玉湖村结合自身实际，专门研究制定宅基地改革的创新方案——旧村改造，动员群众将老旧倒塌的房屋按照每平方米100~300元的价格有偿退出，并发动村民以股份制入股参与旧村改造。三年时间里，玉湖村将22亩危旧房改造成"湖景华庭"现代住宅小区。新小区共有238套住宅楼和30间店面，总建设面积2.6万平方米，彻底改变了"脏、乱、差"的旧貌，改革初显成果。最初的改革起源于村庄谋图发展的希望，而整个过程作为当时的村干部现在的村支书 C.J.D. 看得很清楚：

我们的母村总面积是22亩多。2006年，进行旧村改造，那时候村里没钱。村民自己入股，筹集资金，村委会建立一个新农村建设投资公司，进行旧村改造。有六十几个人入股，这六十几个是村民，拿现金入股。还有50多个人是把房子折现来入股的，总共约120人。当时土地以100～300块每平方米的价格买进来，房子建起来以后，以一平方米1200块卖给农民。村委会规定如果拆到你的房子，拆了多少你可以在村里购买同样面积的房子，并且以一平方米800块的优惠价购买。大部分的村民认为这样是可以的。集体建设需要有土地，没有土地不行。粗算一下，村民购买一套100多平方米的房子也就十几万元。我们盖了200多套房子，除了村民购买，还可以吸引一些住在村里的外来工购买。我们这边有外地人来开加工厂。

2012年过后，国内的服装产业遍地开花，我们的优势就不明显了。石狮也没有优势了，大家都去浙江和广东拿货。慢慢地，村里的产业就衰弱了。从那时候开始，有些人开始转行了。那时候淘宝已经上线，先是一些年轻人去做。2014年我们就被评为中国"淘宝村"，当时还挺惊讶的。他们寄一块"中国'淘宝村'"的牌子给我们，我们也不知道是什么。现在我们村已成为一个以电商为主要产业的村庄，由于产业的集聚，很多搞电商的人都聚集到我们村，因为我们这边服装业发展得早，现在已形成完善的电子商务链。2014年，当时晋江有6个"淘宝村"，也就数我们这个村操作得好，包装得好，很多年轻人都在这边创业了。因为我们的电子商务链已经很完善了，要产品有产品，要加工有加工，要生产有生产，要物流也有物流。

玉湖村党支部书记C.J.D.表示，近年来，随着电子商务的快速发展，湖景华庭小区也被打造成一个规范的"电商楼宇聚集小区"。截至目前，该小区的入住率达到100%，其中电商经营户占50%以上。随着农村电商的发展和大量外来创业人员的到来，进一步加快带动了玉湖村闲置宅基地用房的盘活。村里的土地、房子盘活了，新建和原本闲置的不少房屋都租了出去，村集体和村民都获得了更多的经济收益。此外，村里原有一些纺织企业也随之开拓了不少"线上"订单，业务蒸蒸日上。接下来，玉湖村将结合村庄实际制定"三区一中心"的村庄规划，加快实施"乡村振兴战略"的步伐：一是推进农村宅基地深入改革，将旧村改造二期石厝连片规划成"现代居住区"和"电商产业综合区"；二是通过推动农村集体产权制度改革和农村承包土地经营权改革，盘活村里近500亩的闲置土地，生成村集体经济创收的项目，完善农村集体经济的"造血"功能。

玉湖村"三块地"的经验具有以下几点重要意义。第一，通过闲置农房出租，增加农民财产性收入。借助电子商务的带动，农户将闲置宅基地和农房出租给网店经营者，用于办公、居住、物流等，使宅基地和农房基于传统居住用途而衍生出相应的经营性价值，进一步放活了宅基地使用权，农民获得了稳定的收益。第二，旧村改造就近安置，保障农民的基本居住权利。近年来，玉湖村相继开展旧村改造，并就近建造高层安置小区，优先解决贫困户、低保户等弱势群体的基本居住问题，实现户有所居。对于涉及宅基地和农房拆迁的村民，分别对土地和房屋给予货币补偿，享有优先选房权和优惠价格。对于其他有购房需求的本村村民，村集体以1500～2500元/平方米的标准出售给本村村民，实现宅基地有偿使用。第三，完善产业链，助力乡村振兴。以宅基地制度改革为契机，村里实现了传统布料和服装产业与电商行业的资源整合和优势互补，形成了完整的产业链，解决了农村新产业、新业态用地难题，同时带动了本村村民返乡创业，增强了乡村的经济实力与发展活力。

在农村土地产权制度改革上可以借助旧村改造，明确宅基地管理和利用规则。在旧村改造过程中，对宅基地分配、使用及退出规则进行了明确界定并强化执行，保证良好的集体土地利用秩序，避免新的历史遗留问题发生，以营造一个有序的土地利用环境。探寻符合本村实际的产业兴旺之道才是乡村得以持续振兴之根本。在"安家"的基础上，进一步谋求"立业"，即通过挖掘本村特色资源并积极孵化相关产业项目，增加农民和村集体收入来推进新农村的持续稳健发展。

三、"三块地"改革助推农村产业振兴

规划合理的住宅小区、整洁优美的环境，还有便捷的交通，与青山绿水共为邻……"三块地"改革，盘活了土地和住房，敲响"脱贫攻坚"的战鼓，打破了乡村往日的沉静，农村电商让村民忙碌起来，快递小哥也来助力。这是晋江市永和镇玉湖村农村美、农民富的幸福图景，优化环境小乡村大有可为，大有所为。"三块地"改革是制度从顶层到基层的一次深刻的实践，农村宅基地制度改革依托着晋江市全国试点县的政策春风、基层实践才得以突破旧制度的藩篱，激发出土地作为资本要素的活力。

　　土地产权制度改革是农民最关切的问题之一，特别是中国农村土地特有的家庭联产承包责任制。产权作为一种"物权"，意味着一个人对某物的完全占有，占有表示拥有对该物的处置权、使用权，马克思称其为"社会权力"①，而且这种权力通过一种固定的规则加以固定下来，成为相对稳定的东西，这种规则称为制度。因此，是否能够安全而确定地拥有"物"，必须有两个因素：一是确定的占有关系，二是确定的占有规则。唯有这样才能保证"物"的实在性。以往我国农村土地的"三权分置"，可以说导致一种所有权的虚置，集体拥有土地的所有权，个人只拥有土地的经营权和使用权，没有完全的"占有"，这使得土地在流转的过程中存在各种各样的问题。土地作为一种资本要素而存在，市场经济的发展有赖于资本的活跃，资本自由的前提是减少各种阻碍，资本唯有在流通过程中才能保存并增值。那么进行产权制度改革的目的，就是为了进一步明确土地在国家、集体和个人三者之间权属关系。"三块地"改革的试点选择晋江，有几个原因：其一是作为工业化已经比较成熟的地区，农业的比重仅占1%，农村工业化的趋势明显，工业对土地的需求与农业的生产力严重不对称，"宅基地"和"集体经营性用地"的供给远远无法满足实际的需求，改革迫在眉睫；其二是晋江的民营经济非常发达，市场活跃，为改革提供成长土壤，一个地区的土地制度的形态是受地区经济发展状况影响的，相对发达的区域经济必须有与之相适应的社会制度；其三是敢闯爱拼的精神已经成为晋江人的气质，成为一种深入骨髓的存在，这种精神也将激励着晋江人在国家既有的根本制度不动摇的前提下，探索一种超越现有妨碍适应和满足当前活跃的市场经济的新型土地所有制，以推动制度变迁，维护农民权益，保障社会稳定。

　　产权变革的目的是更有效率地促进经济的增长，国家在产权变革中从一个旁观者变成一个参与者和推动者，现代经济学将国家当作理性的经济人。社会主义国家政府对产权的保护是为了推动农村产业的发展、市场的活跃。周其仁提供了一个解释产权变革的框架，在这里有借鉴的意义，产权变革和创新是多行为主体之间的共同推动，而不仅仅是政府或者农户个

───────

　　①《马克思恩格斯全集》第三十卷，第107页。

人，农户、各类新兴产权代理人以及农村社区精英广泛参与新产权制度的形成，并分步通过沟通和讨价还价与国家之间达成互利的交易。[①] 在晋江的土地产权制度改革中我们可以很清晰地看到这两者之间的互动。

晋江是全省唯一的全国农村宅基地制度改革试点县，也承担着"农村土地征收"和"农村集体经营性建设用地入市"两项改革试点任务。多年来，这"三块地"的改革，激活了农村土地，为乡村振兴注入了新活力。

截至 2018 年底，晋江共完成 23 宗集体经营性建设用地入市交易，面积126.28 亩，成交金额 4081 万元，其中政府收取调节金 805 万元，村集体收入 3276 万元，有效盘活农村"沉睡资产"。在农村宅基地制度改革方面，晋江则探索出了组团片区改造、旧村整体改造、生态景观提升、空心村盘活、产业带动等 6 种宅基地综合利用模式，探索形成"指标置换、资产置换、货币补偿、借地退出"等 4 种宅基地退出方式，累计腾退宅基地 6345 亩，为农村产业发展提供更多的用地空间，助力乡村振兴。而在农村土地征收制度改革上，晋江实行就地就近安置，突出住房、社会养老、优质教育资源、医疗、就业"五个保障"，创新"七个换"模式，即农民可以拿宅基地和房屋换安置房、商务办公楼、店面、商场、SOHO（居家办公公寓）、现金和股权，实现资产保值增值。

自 2015 年开展国家级"三块地"改革工作以来，晋江紧扣改革权限，结合乡村振兴战略，同步考虑富民增收、农村人居环境整治、文化保护等工作，统筹推进"三块地"改革试点工作。2019 年 4 月，晋江全市累计盘活闲置农村低效用地 12100 多亩，全市村组两级集体资产增长 9.25 亿元，达到 64.88 亿元；建成 23 个镇级公园、295 个村级绿化景观点、42 个"最美乡村"，实现"权能清、农民利、土地活、乡村美"的目标。秉持着试点先行的敢闯勇创的精神，晋江市坚持把改革作为书记工程，党政主要领导亲自抓、带头干、市域全面推进，加强统筹协调和制度创新力度，充分发挥新型城镇化试点、农村集体产权制度改革等国家级改革叠加效应，积极探索出了符合实际、切实可行、可复制、能推广的"晋江方案"。

---

①周其仁：《中国农村改革：国家和所有权关系的变化——一个经济制度变迁史的回顾》（上），《管理世界》，1999 年第 3 期，第 178－189 页。

近年来，晋江以国家级农村集体产权制度改革试点为抓手，创新以集体资产股份量化和股份权能实现为主要内容的农村集体产权制度，最大程度激发农村发展的活力和动力，推动乡村经济发展和产业振兴，让村民"腰包"更鼓，日子更好。2018 年以来，全市有经营性资产的 197 个村社，全部完成成员界定、机构成立等，确定集体经济组织成员 53 万人，完成股权设置 412.51 万股，量化资产 30.58 亿元；没有经营性资产的 186 个村社，全部完成了成员界定工作，确定集体经济组织成员 41.63 万人。

2019 年春节，龙湖镇埔锦村倒石埔自然村的村民 X.S.L. 收到了经联社发放的 2000 元，和他一样的 457 名村民"股东"，都领到了各自的年终红包。该经联社以实行自然村集体经济的光伏能源发电和出租厂房相结合的方式来经营，这是 2018 年 7 月 18 日倒石埔自然村股份经济合作社成立后，发出的第一笔分红，总共领出了现金 309500 元分给村民"股东"。作为全省首家以自然村为单位的股份经济合作社，倒石埔村的村集体产权制度改革实践，让这个曾是龙湖镇"吊车尾"的贫弱村实现了逆袭。

然而，逆袭之路并非一蹴而就。从 2006 年起，倒石埔村利用三次政府征迁的契机，将家庭户承包地、土地征迁补偿款都收归集体，随后启动锦峰物流园项目建设。2018 年，市里推动改革，村民们都举手赞成，核清经营性资产价值 2740 万元，配置股份 7100 股，占总股份的 75%。2017 年园区实现租赁收益，往后 10 年，每年将为集体增收 120 万元，村民不仅可以得到分红，还可以就近到工厂就业。"村里能有这么大变化，是党给我们指了路。"66 岁的村民 Z.J.D. 感慨地说。确实，倒石埔村作为首个吃螃蟹的自然村，改革方案制定、合作社组建、管理等各环节，都得到市、镇两级党委政府的积极支持。2015 年，村里得到了市壮大集体经济专项帮扶资金 100 万；发展光伏产业，市里提供相应资金补助；组建经联社，市里还派了专业律师队伍来指导。改革明晰股权，资产合资，运营规范，纳入镇里财务监管，同时给集体留存 25% 收益，这部分钱用来为村民缴纳失地养老保险。退休的村民，每人每月可领取 300 多元退休金，如今村里已有 60 多个村民享受到此待遇。

改革不是简单的盖个章、发本证，必须充分保障群众的民主权利。池店镇桥南社区是晋江新型城镇化建设的生动典型，村转社区后，亟须新的经济载体承接原有村集体资产的管理和运营，2016 年年底，条件较成熟的华洲村和大洲村率先作为试点走上股份制改造之路。"村民一听股份制改造，就说不要拿村财去炒股票，股票是会亏的。"村主任 X. D. F. 回忆起往事哭笑不得。他记得，由于时间仓促、宣传不到位、群众不了解等原因，第一次召开全村户代表投票的大会，就因为赞成票未到 80% 而未能表决通过改革方案。村集体产权制度改革的重点和难点是做村民的工作，释疑解惑，确保利益均衡，村民心齐了，劲才能往一处使。为了更广泛代表民意，在市、镇两级领导下，华洲村成立了改革领导小组和工作组，村两委、村监督小组成员、老人会理事成员、村退职主干、村民代表、党员等 20 多人参与其中。随后制定改革方案，进行资格认定、民主表决等各环节，均悉心听取村民意见，还请来农业农村局局长给 1500 多个村民开大会，现场宣传动员。经过一系列工作，华洲村于 2017 年 5 月成立了股份经济联合社。

晋江的改革不搞"一刀切"，坚持"一村一策"分类开展改革，以解决实际问题为最高准则。如在优化股份量化和股权设置上，为破解成员资格认定的难题，华洲村的"邻居"大洲村就采取了更合村情的做法。为更好地保证村民的利益，获得村民的支持，大洲村在确权上依照村子多年来约定俗成的分红原则，搞了一套"土办法"。村党支部书记、主任 L. J. P. 拿出一张纸，上面按照 1997 年有无分田、嫁娶情况、生育情况等列出相应的股数，具体细分到外嫁女、入赘婿和移居海外等 20 多种情况，用"土话"让股权设置这一复杂的事情变得简单易懂。"我们全村总计股份 10505 股，确股到人，一张纸，大家都明明白白。"L. J. P. 笑着说。而相较华洲村实行的"生不增死不减"的静态管理，大洲村实行每 10 年调整一次的动态管理，实现"确权到人、发证到户、户内共享、社内流转、动静结合"。通过改革，华洲村、大洲村解决了长达 10 多年的集体资产权属和股份量化的难题，为在实施城市拆迁改造的农村组建新型社区方面积累了经验。

晋江通过改革激活了 62.68 亿元的农村集体资产，唤醒了"沉睡"的资源，实现了农村"资源变资产，资金变股金，农民变股民"的改革"三变"。每个月 5 日，是青阳阳光社区老人最期待的一天。这一天，社区男性 60 周岁、女性 58 周岁以上老人都能到居委会领取 600 元的生活补贴。"这是社区对我们的关怀，这么多年，每个月都能准点领到这笔钱。"65 周岁的庄老伯说出了老人们的幸福心声。群众得实惠，离不开阳光社区多年来探索的农村集体产权制度改革。从 20 世纪 90 年代社区将土地收归集体所有；到 2008 年启动集体资产股份改制工作，在全市率先开展集体产权制度改革，开启"村经"分离，最终完成全省首个股份经济联合社挂牌，阳光社区"变身"为市区最繁华活跃的现代社区，农民变"股民"，分到集体经济的红利。阳光社区成立村集体经联社、村级投资公司，自营 4 家集体公司、入股 5 家合资企业，建成集体物业 4 万多平方米，社区集体经济年收入达 2700 多万元，居民人均纯收入达 3 万元。

晋江还创新探索股权质押担保，发放全省首笔农村集体经济组织股权质押融资贷款，授信达 4 亿元的"农股贷"，让股权变现金，群众直接获利，为乡村产业发展提供坚实的经济保障。金井镇围头村是晋江较早成立村级经济联合社的村。村民 X. Q. L. 因生意经营不景气遇到了资金短缺的难题，作为"经联社"的股民，2017 年通过股权质押，他获得了银行的 20 万元贷款。和他一样的 10 位股民，也得到银行的 175 万元贷款，其中有年轻人作为创业启动资金，也有鲍鱼养殖户用于资金周转，切实解决了"钱荒"。股权质押融资，为围头村的乡村振兴计划注入了新的生命力。围头通过盘活了近 300 亩闲置土地用于景区建设和店面租赁，成功创建国家 3A 级景区，年接待游客 150 万人次，每年实现村财 300 多万元。晋江将农村集体产权制度改革与新型城镇化、土地"三项"制度等改革任务统筹协调推进，坚持强村惠民，提升村民幸福指数。近 3 年来，晋江全市村级集体资产增长至 62.68 亿元，村均村财收入增加至 73.34 万元，村财收入超百万的村（社区）56 个，2018 年年底，全市全面消除村集体经营性收入低于 5 万元以下的薄弱村。2018 年全市农民人均可支配收入 23773 元，其中分红型财产性收入 891 元，改革红利直接"装进"农民腰包。下一步，晋江将从多个方面着手壮大集体经济，通过各项措施叠加，让村社集体收入均能达到 10 万元，争取 60% 的村社能达到 20 万元。近期组织一批已经完成挂牌的村社换发新的"农村集体经济组织登记证"；贯彻已出台的集体经济创收 9 项措施；对于没有资源的村庄，进行陪伴式的服务，由财政出资扶持，实现"鸡生蛋、蛋生鸡"。

产权制度改革焕发着强劲的生命力，从 2015 年开始，每一次都在渐进性地推进，地方政府—村社—农户，国家—地方政府—村社，这两条主线贯穿，国家提出目标，怎么达到这个目标，由地方在实践中实现。从地方政府—村社—农户也都力图达到自身利益最大化，引导二者驱利力在同一方向，形成一股合力，这样变革要突破旧体制就较为容易，也更有成功的可能。与之前家庭联产承包责任制的改革有所不同的是，现在的土地产权制度更加依赖地方政府的协调、沟通和引导，而社区精英、代理人和农户则主要是进行制度修正和制度试错，而后形成新的制度预想，再进行实验。如果说 20 世纪 80 年代的家庭联产承包责任制是以农户和社区精英为主体的诱致性制度变迁，那么现代的土地产权制度改革，地方政府在这个过程中的作用更为明显。晋江承担的"三块地"改革，有其工业化和城市化的基础，从包产到户开始的家庭联产承包责任制是以当时生产力的发展为基础，生产关系只能通过变革以适应社会生产力的需要，晋江市作为全国百强县，其经济实力在过去多年中一直在全国县域经济的前五。2018 年晋江市实现生产总值 2229 亿元，财政总收入达 230 亿元，工业产业基本覆盖所有村社，据当地组织部门不完全统计，工业化率大约是 80%，具备承担进一步改革的基础。在国家—地方政府—村社—村民的博弈过程中，形成独具自身特色的土地产权制度改革经验。晋江市工业化的时间比较早，改革开放后，民营经济非常发达，市场十分活跃，却也产生了很多问题，不规范的竞争、信息不对称等，土地产权制度改革成为村社破解这些矛盾和难题的一个契机，成为晋江市乡村振兴的另一种路径。

1. 通过主体多元参与，发挥人在改革中的能动性

无论是宅基地"三权分置"、经营性建设用地入市还是多元经营，关键在于主体参与运作，在改革过程中，晋江逐渐形成"政府主导、村企合作、村民集资、公司运营"的多元参与模式。

（1）项目带动型。晋江市通过整体出租宅基地和承包地使用权，加速"引凤筑巢"，吸引企业入驻乡村，协作打造乡村旅游景点或田园综合体，挖掘乡村第三产业发展潜力。比如，晋江的九十九溪流域田园风光项目，村集体以农村土地为初始"资本"，国有企业依托其自身资金实力及国资背景，两者通过租赁、征收和入股等形式结成统一的利益共同体。一是流转承包权。国企通过流转中心城区 14 个村（社区）8200 亩农田 30 年期的承包权，计划打造连片的田园风光。二是承租农房。直接承租部分村民的农房及其宅基地，通过流转部分宅基地使用权，进行统一装修整饰，并分楼层、分单间进行合作经营，用于民宿、商业铺面经营等，而村民也可充分参与店面经营并获利。三是部分征收。结合项目建设区开发的需要，征收部分农房及宅基地，用于重新统一建设旅游酒店、商业街区、游船码头等配套设施。村集体和村民能通过合作入股与自我经营等方式，伴随着该产业的发展而不断获利、增长。

（2）投资参与型。在推进新型城镇化建设中，统筹美丽乡村建设。晋江市通过宅基地有偿退出引导村民整体搬迁，并坚持公益至上的原则，充分发挥产业、民企、侨乡等固有优势，丰富新农村建设投资主体，有效满足宅基地退出补偿、农村住宅小区建设和土地综合整治等方面的资金需求。一是村企合作。出台"百企联百村、共建新农村"专项扶持措施，全市63个村（社区）与107家企业结对共建，合作意向资金达9.5亿元。二是引入侨资。动员海外乡贤的力量共同参与旧村改造等工作，已筹集资金3.5亿元，如安海镇溪边自然村，华侨许健康先生定向捐资1亿元支持家乡旧村改造。三是公司运营。全市有72个村创办村级投资公司，负责运作旧村改造等项目，注册资金累计达2.6亿元。通过开展业态规划，大力发展物业（楼宇）经济，成功盘活集体资产，做大"蛋糕"，鼓励村集体以留物业的方式，实现财产保值增值。

2. 通过产业城乡融合，实现土地资源高效流转

要让农村发展起来、农民富裕起来，就必须改变农村土地低效利用的现状，依托农村土地的资源优势，发挥集体建设用地的杠杆作用，用土地撬动其他生产要素，真正带动农村经济实现良性发展。一是宅基地有偿退出方面，形成"借地退出、指标置换、资产置换、货币补偿"等4种宅基地退出模式，目前，共腾退宅基地4948亩，结余的2156亩土地统筹用于公共配套、民生项目。二是土地征收方面，实行分类退出。在城中村，实施组团式改造，实行"七个换"，农民可以拿宅基地和房屋，换安置房、办公楼、店面、商场、公寓、现金和股权。改革以来，结合新型城镇化建设，共建成62个现代小区，安置面积达1182万平方米。在城郊村，采取集中改造、综合整治的方式，先后建成农村小区30个，全市已有120个村试行农民公寓、住宅小区、小高层等方式解决农民住房需求。在郊外村，鼓励危房翻建，同步完善公共配套、优化生态环境，尽量满足一户一宅，严格控制一户多宅。三是土地综合整治方面，积极探索将闲置宅基地退出后的建设用地通过规划调整转为集体经营性建设用地入市。如金井镇围头村，村集体鼓励3宗宅基地有偿退出（面积998.6平方米），加上周边部分集体建设用地共计3495平方米，通过入市开发建设酒店，作为旅游配套设施。

3. 通过激活农村土地权能，推进"三块地"深度融合

农村发展的障碍主要体现在人、地、钱三个方面的"惰性"约束。土地的"惰性"约束表现为对农村土地交易的限制以及农村土地经济价值无法显化。晋江市从5个方面深入探索。一是保障宅基地的初始权益。通过实行因地制宜、分类保障，精准施策，将盘活农村闲置住房与解决群众住房需求、改善居住条件有机结合起来，先后帮助3.1万户群众解决住房需求，提升生活品质。二是推动住房财产权益的实现。结合农民住房财产权抵押贷款试点，完善抵押贷款政策和风险补偿机制，将"银村共建"模式由原来的单独抵押授信，拓展为"批量授信、逐宗放款"，全市已办理宅基地和农房抵押1966宗、15.29亿元，共10家金融机构参与。如磁灶镇东山村，晋江农商银行对村民批量授信1亿元，开创全省先河。三是推动宅基地功能从保障型居住向多元开发拓展。鼓励村集体盘活闲置宅基地和农房，促进农村一、二、三产业融合发展，激活权能，壮大集体经济，促进农民增收，初步形成了宅基地"三权分置"的晋江探索。重点探索四种类型：①休闲农业型。将农田保护、闲置宅基地复垦和生态文明建设融为一体，通过土地整治，保持村落形态、农田性质不变，发展休闲农业。②文化保护型。出台《历史文化风貌区和优秀传统建筑保护暂行规定》，对全市6个传统村落、10000多栋历史文化建筑进行保护修缮，留住乡愁记忆。③旅游观光型。盘活利用闲置宅基地和农房，开发民宿、餐饮等设施，为发展乡村旅游提供配套。④电商带动型。结合发展村集体经济，整合闲置农房，培育电商产业，截至目前已培育6个"淘宝村"，带动近2万农户增收。四是推动宅基地从村内流转到全市范围跨村流转。允许符合条件的宅基地在村集体经济组织间流转，进一步显化农民住房财产属性，目前办理跨村转让21宗。宅基地流转等政策在全市域铺开，进一步扩大改革覆盖面，巩固改革成果。五是推动集体经营性建设用地入市。按照"同权同价、流转顺畅、收益共享"的要求，统筹入市与盘活闲置宅基地，积极探索将闲置宅基地退出后的建设用地，通过规划调整转为集体经营性建设用地入市，完成2宗地块入市，面积12.465亩，成交金额439万元，将集体经营性建设用地纳入不动产统一登记，推动金融机构提供抵押贷款服务。2017年12月颁发全省首本集体经营性建设用地不动产权证书，并发放了首笔抵押贷款。

四、党建引领，制度变革与基层"善治"

1. 党的建设是基层治理的根本和灵魂

习近平总书记强调，"乡村治理的重点是强化农村基层党组织领导作用"，党的领导制度是国家的根本领导制度，是制度体系中最重要的基石。党的建设是促进乡村振兴的根本和灵魂，提升基层组织力和战斗力有助于推动和谐、有序、充满活力的现代化农村建设。玉湖村把和谐村庄建设与乡村振兴战略等国家大政方针相结合，以群众需求为导向，以深化改革为动力，形成党委领导、政府负责、社会协同、公众参与多方缔造的现代乡村社会治理体系，推动乡村的产业兴旺、生态宜居、乡风文明、治理有效、生活富裕。玉湖村坚持与时俱进、大胆创新基层党建工作，着力构建和谐乡村、建立健全村党支部和晋江市发改委党支部、晋江市交警大队互帮互助的工作机制，充分发挥共产党员先锋模范作用，加强基层党建工作。以示范带动全盘工作，以共建深化创新，以党建促进发展，积极推进美丽乡村的全面建设，实现结对互促、双向受益、共同提高。通过开展各种共建活动，加强支部建设，提高思想政治素质，进一步提高服务居民和为居民办实事的水平，全面推进村庄建设。

第一是精准扶贫建设。2015年以来，玉湖村扎实推进精准扶贫工作，贯彻"五个结合"和"四个统一"的原则：即帮扶规划与社会主义新农村建设规划相结合，短期扶贫与稳定脱贫相结合，开发扶贫与保障扶贫相结合，扶持发展与提高素质相结合，政府引导与全社会参与相结合；统一领导、统一思想、统一部署、统一行动。玉湖村严格按照党委政府统一部署，落实工作计划，按照统一步骤，统一帮扶行动，完成规定动作，确保精准扶贫工作协调有序开展，并通过民主决议推荐出一批困难党员、贫困学生、孤寡老人、残疾人员、计生困难户给予村财帮扶慰问。

第二是推进乡村建设。党支部以打造区域特色，创建"最美乡村"为目标，充分发挥组织核心作用。结合村实际情况，制定"三区一中心"的村庄规划，启动"玉湖登山健身生态公园"项目建设；创建以村委会为中心的"美丽乡村15分钟电商生态圈"；利用产能互补优势将湖景华庭小区打造成规范的电商楼宇聚集小区；盘活闲置土地，规划筹建玉湖村电商孵化中心，完善电商村的配套项目。依托"湖内水库"及灵秀山天然景区，计划建成现代农业休闲旅游度假区，有效利用土地资源，促进村财创收。

第三是加强学习教育。玉湖村党支部按照市委、镇党工委的部署，认真开展学习教育，并结合支部实际，制定行动。突出责任落实，强化示范带动。党支部书记带头落实主体责任，结合乡村振兴战略和中国"淘宝村"的建设，明确项目建设的责任目标，做到"关键在学、重点在做"的示范作用。突出问题导向，狠抓整改落实。支部定期开展"党员义工在行动"活动，根据各自实际情况积极参与，重点引领一批年轻党员参与电商运营专业知识培训，培育一批青年淘宝能手，为中国"淘宝村"的发展和提升注入新鲜血液，如：开展党支部党员参加电商专业知识培训，党支部青年党员开展电商运营交流分享会，党支部聘请电商运营团队入驻青年电商服务中心。

2. 社会动员与制度变通

十八届三中全会提出推进国家治理体系和治理能力现代化建设。党的十九大报告进一步明确指出，推进国家治理体系和治理能力现代化建设是新时代中国特色社会主义"全面深化改革总目标"。十九大报告同时提出：要着力"打造共建共治共享的社会治理格局"，为此要"加强社区治理体系建设，推动社会治理重心向基层下移，发挥社会组织作用，实现政府治理和社会调节、居民自治良性互动"。十九届四中全会提出创新基层治理方式，构建基层社会治理新格局。社会治理是国家治理的重要方面，必须加强和创新社会治理，完善党委领导、政府负责、民主协商、社会协同、公众参与、法治保障、科技支撑的社会治理体系，建设人人有责、人人尽责、人人享有的社会治理共同体。玉湖村通过自身的实践以产业发展带动治理有效，有效推动国家顶层设计下落到基层一线，达到"善治"和"良序"。

如果从公共政策的角度进行分析，国家政策在实现的过程中，时常会出现偏离甚至是低效的情况，主要是因为政策的大背景是宏观的，而具体实践是微观的，宏观与微观之间，理论和实践之间存在着严重的差距，这种情况时常导致政策不被清楚把握或者正确理解。但实际上，宏观政策本来也不具备具体操作的可能性，它只有一种顶层的指导。斯科特在分析公共政策、政府的行动、宏大的社会项目的时候曾经悲观指出那些由国家发起的，试图改善人类状况的社会工程，最终都带来的巨大灾难。① 这中间的主要原因可能在于地区是特殊的，而政策是普遍的，这二者必然产生矛盾，特殊性要求需要因时因地，需要具体问题具体分析，而宏观政策是普遍的，这意味着它简单明了，国家拥有的是"知识"，或者说是"理论"，而地区和基层需要的是实践。地区的多样性和复杂性决定了如果仅仅"一成不变"地贯彻国家政策的结果只能是以失败告终。在美丽乡村建设或者乡村振兴战略等等国家行动上，很多地方在贯彻国家战略方针的时候都是直接照搬照抄，生搬硬套，最后导致政策低效或者面临失败。现实是在国家顶层设计已经相对完善的情况下，中央就要求地方制定符合自身实际的实施方案，根据自身的独特性，因地制宜，总结实践的创造性成果，发挥农民自身的主体作用和首创精神。

　　从玉湖村有效治理的成功经验，我们看出了基层如何实践以真正地领会国家的目的和践行国家的政策。通过对这个村庄多次的回访，以及同村支书 C.J.D. 的交流，我们了解了这个村的基本情况，剖析了村庄的建设和发展过程，顶层和基层二者间的互动，自上而下和自下而上的沟通过程如何得以实现。从村支书述说的轰轰烈烈的玉湖村的改革史和变迁史中我们可以窥探一二：

　　我就讲讲我们村是怎么从一穷二白发展到现在拿到很多国字号的招牌，获得"中国'淘宝村'""全国避灾示范村""全国巾帼示范村"等称号的。其实这个过程也是慢慢发展的，2000 年前，我们还是一个贫困村。在 20 世纪 90 年代以前，主要依靠农业。做农业赚不到钱，慢慢地开始转型，刚开始是小型的服装加工，专门生产童装。我们村庄是一个侨乡，在 1980 年左

———————
① ［美］詹姆斯·C. 斯科特（Scott, J. C.）：《国家的视角：那些试图改善人类状况的项目是如何失败的》，王晓毅译，社会科学文献出版社，2011 年，第 4—6 页。

右，国内还没有进口面料，我们利用侨乡资源，通过外资公司进口面料。90年代，是我们村服装产业最活跃的时期，当时已经改革开放了，我们地处晋江，跟石狮连在一起。当时石狮有两个全国之最，一个是全国最大的服装批发市场，一个是面料批发市场。所以我们在90年代就抓住了这么一个商机，当时村里的人把锄头都丢掉了，开始做小作坊，这样就渐渐发展起来。

在2000年，我们村服装产业发展得最好。但是没有村财，没有村集体经济。我们村委会是在2006年，卖了一块山地，获得几十万元后建起来的。当时土地都在农民手上，村里没有村财，是一个贫困村。在2000年，虽然农民手上都有赚到钱，他们都有开服装厂，但村里一条水泥路都没有。当然，也可以说村里到处是"水泥路"，一下雨到处都是水跟泥，整条路都是坑坑洼洼的。在90年代，只有摩托车，没有汽车。最关键一年是1999年，村里面意识到要发展，要先修路，那时候小企业已赚到些钱，当时村里面让我去筹钱。我当时在石狮做生意，说村里要修路，让大家捐款，就这样每个人三千、五千，加上还有人去香港筹的款，差不多筹到了100万。有了这100万，村里面两条主路铺起来了，这样整个村庄就好起来了。慢慢地，外面的工人也就愿意来打工，村里的产业要生产也就有工人了。

2000年后，路铺起来了，但是村里面还是没有村财收入，我是2004年入党的，2006年我到村委会做村"两委"。当时中央有个新农村建设的一号文件，全国各地都在推广学习。2006年我们决定进行旧村改造。我们的母村总共是22亩多，老房子要全部拆掉，村里组织一个投资公司，组织村民入股来建设一个新小区。村民自己入股，筹集资金，村委会旗下建立一个新农村建设投资公司，进行旧村改造。可以说这个在旧村基础上建设的新小区是很成功的，入住率几乎是100%。目前这个小区有220多套房子，村里面留有几间集体店面。小区获得了政府的一些补贴，壮大了村财，小区的集体店面，一年可以收到租金万5万~6万元，这些就是村里的第一桶金。

2009年，我们的新农村建设已经做得很好，全国各地很多人来这边观摩。晋江市也大力支持我们这个村。首先把村里的环村路和主干道全部铺起来了，然后是绿化和亮化，整个新农村建设算是走在全国比较前面的。

现在有的村庄还有外面的旱厕，我们村里在 2010 年左右，基本上都是水冲厕了。从 2009 年开始，经过三年努力，我们获得晋江市首批的美丽乡村。美丽乡村我们是一直在做，也一直都在提升。村财也慢慢增加。外来人员在村里租房子可收租金，农民在第三产业上也可以找些工作，开开小店铺，卖点面线糊、杂货、蔬菜之类的。我们村里现在有 3000 多个外地人，拉动了各项消费，农民生活有了保障。现在市场管理、幼儿园管理，还有卫生管理，都有一些村财创收。

可以看出玉湖村与其他乡村进行建设和改造不同之处在于发动群众积极性和自主性。早在 2009 年开始推进"美丽乡村建设"的时候，他们就察觉到村庄改变可能带来的契机。村干部并没有一如往常往上要资金要项目，而是开展了一项关键的行动——"社会动员"，而且是非常广泛而深刻的动员，动员的对象不仅包括了全部的村民，还有在外经商的商人，已经退休的干部，具有较高声誉的乡贤，甚至还包括港澳台同胞、海外华侨，他们对这些人也进行了全面的调研，然后不辞辛苦、不远万里开展动员工作，通过有计划的感召的方式进行乡村建设动员，以募捐的方式获得建设资金。这个行动产生了极其深刻的影响，这个过程的关键之处在于共同参与，参与感是归属感和认同感的前提，这也是整个村庄治理、村民团结的基础。

亨廷顿认为社会动员包含着社会、集团和个人期望的改变，在经济发展的过程中，人们的政治能力也在提高，如果二者的发展不能达到统一层次，这二者之间会产生一种紧张和矛盾。社会动员的目的是调动民众的期望，本质上来说，社会动员意味着一个地区的人们现代化的过程。动员的范围如何，成功与否，取决于动员的方式。"自下而上"的动员，一般是通过发动群众，激发意识，形成连接，达到目标。村庄建设初期的动员，可以说为整个村庄一步步走向和谐善治打下一个坚实的经济基础、政治基础和群众基础。整个村庄的美丽乡村建设由于这个规模性的"募捐建村"轰轰烈烈的启动，筹集到的 100 万全部用于建设村庄，用于当时最紧迫的村主干道的硬化工程，由于玉湖村这个村的规模相对比较小，基本上全部村民都参与到这个过程中。全民参与，全民建设，提升了村民的自主意识。这个过程中政策仅仅只是一个引导的作用，它并没有给予一个实质性的行动纲领或者建设方案，但是对基层而言，应该化被动为主动，根据自身特点，利用自身力量，进行社会改造。

在政府和村民互动的过程中，谁是主体必须清楚明确，中国传统的"国家—社会"关系通过一种新的方式将精英与大众有效融合。中国共产党执政以来，政治动员一向是一种有效方式，随之而来的社会动员依然显示出它的优越性，在动员的主体不断扩大之后，明确了主体边界，对主体意识的激发显得尤为重要，基层治理强调政府的管理职能向治理职能转变，特别是在社会力量越来越成熟以后，政府就该把"社会的归社会"，"人民的归人民"，而不是包揽太多东西，捆绑自身。所以基层治理的主体慢慢从政府转移到人民，从单纯依靠政府拿决断做决策，到依靠村民、依靠社会力量，探索和寻找适合本地区发展的道路。

基层社会治理的多元共治强调的是治理主体多元，政府、社会组织、社区村民等等都是治理的力量。通过动员的方式调动了基层村民和社会组织的积极性和创造性，众多因子已经被调动，接着这些多元主体以各种方式相互影响、相互协调、相互促进。建设社区的积极性被调动起来以后，村里的环境提升、基础设施建设起来，良好的自然环境加上和谐的社会环境，吸引了一大批临近石狮的外地人到此地经商生活。人口一多，各种各样的需求随之产生，给村民带来了增收，也给村集体带来了增收，建设村庄也就得以良性持续下去。而从政府的角度上看，村庄建设的成效是对顶层政策的贯彻落实，一方面体现了政策的可行性，另一方面也提供了基层有效治理的一种方式。政府进一步支持村庄的建设，以巩固成果，形成典型，提升区域整体的形象。政府倾向于把更多的资源往一些具备示范性、典型性特点的区域倾斜，除了这些典型是政绩的具象化，还有借此为相对落后地区提供可供学习和借鉴的"完美模板"。或许政府想法不够完善，但不可否认政府对这些地区的支持和帮助是不可或缺且强而有力的。政府的扶持使这些地区得以稳定发展并形成自己的特色，最终和谐共治，互利共赢。

第三章／乡村产业振兴与产业利益共享

　　所有的经济学分析都基于这样的假定——"社会资源的稀缺性",因为社会总资源是一定的,是有限的,现代生产力无论再怎么提高,都不可能达到"财富的源泉充分涌流"。撇开他们似乎忽略的一点,就是资源的"一定"是不可证实的,资源也可能是动态的,但无论是生产的"固定"还是生产的"动态",资源的分配问题都十分重要。不公平的社会分配体系影响社会正义和社会结构的稳定,农民处于社会收入底层的原因在于他们在整个分配体系中处于弱势,他们缺乏在制度上发声的能力,同时也不具备改变现有条件的可能。致力于研究贫困问题的阿玛蒂亚·森曾提出贫困在于人们选择自身存在状态功能性活动的能力的缺失,[①] 这种选择包括对收入和分配方式的选择。当今的哲学家们在围绕公平正义这个话题谈论的时候,大都摒弃了人均收入这个单一、粗糙的尺度,而坚持认为需要考虑财富和收入的分配,需要评价一些不同的人类生活领域,来判定人们究竟过得好不好。

　　分配在这个意义上涉及的更多是宏观的制度和规则上的变革,因为只有这样才能保证那些在博弈中经常遭受不公正待遇的弱者拥有协商的权利并能维护自己的利益。本章中将呈现出在农业产业发展过程中农民更多参与分享增值收益的几种利益联结的机制,包括"农民＋企业""合作社＋农户""合作社＋基地＋农户""合作社＋公司＋农户＋村集体"等几种类型,

————————————

①〔美〕玛莎·努斯鲍姆(Martha Nussbaum)、〔印〕阿玛蒂亚·森(Amartya Sen):《生活质量》,社会科学文献出版社,2008年,第3页。

这几种类型案例各有侧重，这些创新性的利益分成模式，不仅有效激励农民生产积极性，提高农民的参与度，也让广大农民更多享受农业产业融合发展带来的增值收益。

第一节　企业＋农户：福建晋江市"盼盼集团"农企对接，互利共赢产业发展

一、初心和使命：农业产业化中的企业担当

农民与公司直接的对接，通过第二产业带动第一产业，工业带动农业的典型是福建盼盼集团深耕 20 多年的"小土豆"发展战略。粮食生产是农业的最基本目的，养活人类是农业理所当然的自豪。作为食品的生产主体来说，不仅仅是身处第一线的农民，还有处于二线的企业，他们虽然不直接面对大自然、面对土地，但是他们也是食品生产的重要一环，是农业产业链不可或缺的一环，是农产品价值提升的有效途径。特别是随着时代发展，人们对饮食多样化选择的需要不断提高，农业从低端走向中高端也成为一种趋势，唯有如此，产业链延长，价值链提升，乡村产业振兴才有可能性和可行性。从这里看，食品生产企业与整个农业产业紧密联系，与乡村振兴亦密不可分。

我们从研究一个食品生产企业在乡村产业发展过程中与农民、农业和农村三者之间的关系，来透视企业在乡村振兴中的推动作用。当然他们或许是有意识的，或者是无意识的，总之作为市场主体之一他们的作用不可忽视，也不容小觑。1996 年盼盼集团诞生于历史文化名城泉州，作为以农产品精深加工为主的国家农业产业化重点龙头企业，目前盼盼有员工 1.5 万人，在全国范围内拥福建晋江、福建长汀、辽宁新民、四川成都、河南漯河、山东临沂、湖北汉川、广西南宁、甘肃白银、安徽滁州、吉林松原、凤阳小岗等 16 个大型现代化生产基地，国内外领先生产流水线 1200 台/套，市场营销网络遍布全国各省市县和乡镇，在发展中始终牢记企业应有的社会责任感，将企业发展融入国家大势之中。

盼盼食品集团提出信心、诚心、匠心、创心、爱心五心合一的全新理念，从一家小食品厂发展成为一家在全国拥有 16 条大型现代化生产线的食

品集团，盼盼食品集团深刻践行"晋江经验"，精准把控市场方向，以诚信作为企业立命之本，聚焦绿色健康管理与农业可持续发展相关领域。

盼盼南宁分公司的一名基层员工 L.L.Y. 十几年坚守生产一线，2013年荣获全国"五一劳动模范奖章"，L.L.Y. 的进步伴随着盼盼生产线的进步，她负责的生产线，每小时可产饮料 4.3 万瓶，而远在总部的相关人员可通过智能系统了解全国 16 个生产基地的设备运转和生产指标，甚至正在运转的产品码都可以时刻显示在移动端上。该集团先后引进国内外一流的生产线 1200 多套，并利用大数据优化生产工艺，让智能制造为传统产业注入新动能。

不仅在技术、品牌、质量和服务上努力跻身行业前列，而且在政治建设和企业文化上，盼盼集团敢于突破传统模式。集团一直紧跟国家大政方针，将企业发展与国家大势密切结合，盼盼可以说是福建省企业党建的先行者之一，非公党建的基础深厚，发展至今由于其党员人数多，支部规模大，成立了党总支，是少数民营企业中拥有党总支的企业。在集团总部及分公司设立支部，将党建工作制度化常态化，充分发挥先锋模范和战斗堡垒作用，凝聚正能量，激发企业朝气蓬勃的精神。社会责任是盼盼企业文化中重要的一部分，2017 年有 27 位来自甘肃省的先天性心脏病儿童，已被盼盼集团接送至上海和福州进行救治，近年来，集团累计捐资超过 10 亿，回馈社会。

盼盼也一直致力于精准扶贫，在革命老区龙岩开展产业、智力、就业等方面的扶贫，以工业反哺农业，使当地农民增收脱贫。中国农村改革发源地小岗村，一个现代化的盼盼生产基地即将落成，作为国家农业产业化重点龙头企业，已经累计加工各项农业产品 100 多万吨，有利于推动地方经济发展。

通过开展村企联合党建，助推乡村产业振兴和精准扶贫，长汀盼盼食品有限公司党支部与大同镇李岭村、天邻村党支部开展了村企党组织联建活动。双方自联建以来，在公司生产基地的建设、农村富余劳动力就业、增加农民收入、解决企业用工、党建工作等方面进行了有益的尝试，进行定期不定期的活动，促进联建活动向纵深方向发展，拓宽联建合作的领域，发挥了联建党组织的战斗堡垒作用和党员先锋模范作用，取得了村企和谐共发展的双赢效果。免费上门为村民进行种植技术培训，并于节假日深入李岭村贫困党员和农户家中开展送温暖活动。近年来，公司优先吸纳李岭村劳动力100余人，其中有5名员工从工人岗位晋升到管理岗位，在缓解公司劳动力压力的同时，也带动了李岭村脱贫致富，达到了村企双赢的目的。目前，长汀盼盼在全县直接和间接带动农户10000户，种植基地面积20000亩，近3万农民受益，农民年人均增收1920元，累计增收5760万元，为农业增效、农民增收和农产品附加值的提升做出了贡献。

从慈善到扶贫，从基地建设到企业文化，都可以看出盼盼非常强调牢记企业应有的社会责任感和使命感。作为一家以农产品加工生产为基础的企业，它并没有仅仅是遵循理性经济人原则，单纯地追求"利益的最大化"，不同于资本主义国家的农业企业"食品帝国"式的生产方式，[①] 即在资本逻辑控制下，从农民身上不断攫取和掠夺财富。盼盼仍保持着企业基本"道义"和责任，兼顾维护农民的利益，并保持与农民良好社会关系和社会互动。在做好企业的过程中从自发地成为农民面对市场的"中间人"，成为农民与市场博弈的代理人，到自觉承担社会责任，贯彻国家政策。企业已不是传统意义上单纯的经济独立体，其发展早已同政治需要和社会关系相互嵌入。

二、理念先行，诚信为本，工农互促

我们访问盼盼集团的管理者C.J.C.的时候，他首先给我们介绍了盼盼的核心价值观，即诚信正直、持续创新、感恩分享、客户信任、担当奉献。

为使农业和工业之间相互促进，通过空间换时间的方式，最大限度地发挥资本和市场的作用，盼盼集团通过缩短市场配送半径的方式，将公司建在农产品原料生产地，形成了"东西南北中，处处有盼盼"的全国战略布局。来自吉林的玉米、河南的山药、内蒙古的土豆、福建长汀的槟榔芋、西藏的青稞、安徽小岗村的黑豆，以及新西兰的黄油、南非的可可、美国的青豆正通过全球原料严选系统进入盼盼食品集团。

---

① [荷] 扬·杜威·范德普勒格：《新小农阶级：世界农业的趋势与模式》，潘璐等译，社会科学文献出版社，2016年，第111页。

盼盼以国家最新的政策为指导，将国家顶层设计在基层进行彻底而有效的实践。盼盼集团每年在助推乡村产业扶贫和产业振兴上做出极大的贡献，每年盼盼加工各种农副产品超过百万吨。C.J.C. 说："伟大梦想不是等得来、喊得来的，而是拼出来、干出来的。"1978 年 12 月 18 日，具有伟大转折意义的党的十一届三中全会，拉开了中国改革开放的时代大幕。40 年后，在中国农村改革发源地小岗，安徽省小岗盼盼食品有限公司第一条现代化食品生产线正式产出第一块美味的戚风蛋糕，标志着盼盼食品集团在全国第 16 个以农副产品精深加工为主的大型现代化生产基地顺利投产。40 年前，小岗村 18 位农民在"生死契约"上按下鲜红手印，"大包干"就从这里发源。40 年后，在小岗村"敢为天下先"的精神指引下，盼盼食品集团总投资超 10 亿，占地面积近 280 亩的安徽省小岗盼盼食品有限公司正式投产，这也是盼盼食品集团在安徽省滁州市的第二个大型现代化生产基地。该项目于 2017 年 4 月 25 日开工建设，建设包括现代化生产车间、产品检测检验和研发中心及相关现代化配套服务设施，并引进国内外先进设备和自动化生产线，项目达产后可实现年精深加工马铃薯、玉米、小麦、大米、大豆、花生、鸡蛋等各类农副产品数十万吨，主要生产烘焙、膨化、曲奇、威化、薯类、起酥类等健康休闲食品，可为当地提供 1500 多个就业岗位。盼盼一直将自己的企业发展融入国家的发展大局中，这也是盼盼发展多年越来越强盛的原因。

盼盼食品集团在全国各地的农村建立了 10 多个农业生产基地，不仅完善了整个农产品的产业链，带动当地经济发展，还推动农民增收致富。

作为一家民营企业，盼盼的政治意识和社会责任尤为浓厚，他们具备较为敏锐的政治导向，在中国共产党的领导下，将企业的需求与国家的战略相结合，抓住发展机遇。不仅在投资小岗村，助推贫困山区脱贫方面，而且在乡村振兴上，他们把资本引入农村，将工农商贸，一、二、三产业融合为一体，重塑农村的农业产业的生产体系，从而推动整体农业再生。C.J.C. 对此颇有心得：

乡村振兴中一定要有一个产业链，企业恰恰就是产业链中最高端的东西，只有企业发展好了，才能把整个产业带动起来，不然农业的附加值无法进一步提升，所以我们做的工作是当前最主要的工作。乡村振兴需要靠农民和我们所有人一同去振兴，我们做的是农产品的精加工，农业从第一产业走向第二产业关键的一环就在于我们。农业的发展，离不开乡村振兴，整个还是涉及三农问题。说句实在话，我们的企业不管大还是小，直接到乡村去投资建厂，这样农村就脱贫了，连返贫都不可能。因为一旦投资了，不管是几千万还是几亿，每个人都会去把这个厂子盘活。既然他有这个心去投资建厂，他就有这个自信和能力去把工厂建好。那厂子建好之后，最大的一个好处就是就业，把剩余劳动力至少能吸收一部分。还有产业化的发展，蔬菜水果也好，土特产也好，都能带动实体经济发展。

国家说现在我们农业大国要变成农业强国，要强的话就要靠农业产业化，实体经济要是强大那么农业就能强大。农业发达整个国家就发展，农业一发达所有的产业就发展。第一产业农业、第二产业工业、第三产业服务业，产业之间不需要细分，一、二、三产业是融合协调发展的。我们作为一个食品企业，农产品的消耗量十分巨大，当前我们还是以国内采购为主。像土豆，我们薯片用的比较多，土豆国内就有现成的，每年整个深加工是百万吨土豆，如此企业可以给农业带来效益。比如，100万吨土豆，有多少人给你提供原料，就能带动多少人增收，还有就业和税收。国家对一个企业进行扶持，比扶持一个个农民要有效得多。在这个意义上，才能真正做到乡村振兴。一个企业消耗的农产品越多，给农村带来的经济效益就越大，可能我消耗了100亿，实际上我带动了300亿，因为这是一个产业的发展。通过这个企业带动了一个产业链，通过这个产业链，带动一、二、三产业。[①]

笔者在访谈 C.J.C. 时曾问及："我曾在全国各地搞调研，不能说非常了解各地情况，但起码有些知晓，我发现有的地方的民营企业做不起来，为什么你们能做那么大？是政府的关系吗？还是环境的关系？站在一个老总的角度，除了传统的精神以外，你觉得晋江有哪些优势让你能做得这么好？"

C.J.C. 回答说："我感觉跟环境有关系，因为晋江有习总书记曾总结的

---

① 2018年7月12日访谈晋江市盼盼集团副总 C.J.C. 。

'晋江经验'即'六个始终坚持'和'处理好五大关系'[①]，晋江一直以这种精神作为引导。晋江人本身'你追我赶'的氛围非常浓，另外跟政府的引导也很有关系。2003—2004 年政府就组织三批晋江企业的高层人士前往北大清华学习，全封闭式的，10 多天，费用是政府出一半企业出一半，这些企业是有一定的规模和标准的，形成你追我赶比拼的氛围，政府的引导就起到很大的作用。晋江人对'拼'跟其他地方有不一样的感受，就算是拼得头破血流都依然勇往直前，另外也拥有创新能力，自我调节能力和抗压能力。"盼盼的产值已经达到 60 亿，但是并没有贸然上市，C.J.C. 说："上市这种事情要水到渠成，不要刻意去做，若是把企业的幸福寄托在股民的痛苦之中，这以后是要还回去的。要达到水到渠成，就要做优质经营，一个是阳光作业，所有的税收每一分钱该交都要交，任何时候都经得起压力。很多企业资金链断，通过上市进行包装，这种行为是疯狂的，不负责任的。一定要扎根，要有社会责任，我们现在讲得更多的是社会责任，我们是社会主义的企业，要尽社会责任，国家发展，所有人都发展，这是一个共荣共存的关系。"

农业产业化经营是降低交易成本的有效方式，单一的农户进入市场是难以承受市场的风险的，在交易中处于不利的地位，平白蒙受损失。为了避免这样的现象，必须找到一个载体可以把农户集中起来。这样的载体既要有一定的经济实力，代表农民利益，又要能了解市场行情，在市场谈判中争取主动，提高交易诚信，减少交易阻力，避免交易争端，降低交易费用。企业是整个产业化经营过程中的主体，企业是国民经济的细胞，没有企业就没有市场经济，这表明市场和企业之间不可分割的关系。企业生产的目的是满足市场的需要，而市场的繁荣则需要企业的参与，有了市场竞争企业也才能不断改进。乡村振兴中我们强调产业振兴，而产业振兴的持续和稳定在于产业链的完善，产业链从原材料的生产开始到最终产品的销

　　[①]"六个始终坚持"：始终坚持以发展社会生产力为改革和发展的根本方向，始终坚持以市场为导向发展经济，始终坚持在顽强拼搏中取胜，始终坚持以诚信促进市场经济的健康发展，始终坚持立足本地优势和选择符合自身条件的最佳方式加快经济发展，始终坚持加强政府对市场经济发展的引导和服务。"处理好五大关系"：处理好有形通道和无形通道的关系，处理好发展中小企业和大企业之间的关系，处理好发展高新技术产业和传统产业的关系，处理好工业化和城市化的关系，处理好发展市场经济与建设新型服务型政府之间的关系。

售，都需要一个载体。很显然，企业、合作社或者其他的市场主体都是这个载体，产品通过载体到达市场，各种市场主体可以反映这个市场的需要，从而进行生产以满足市场的需要，获取利润，得到发展。企业是市场需求的风向标，无疑，个体农户在探求市场需要的时候是无力的，因此他们常常失败，特别是当他们独自去面对市场的时候，由于缺乏经验和知识，在预测市场选择作物种植时多数是盲目跟风。市场具有一定的滞后性，在某一产品供不应求的时候，价格升高，当越来越多的产品进入市场之后，供过于求，显然价格会下降，特别是对农业生产而言，它的周期性更长，对市场的反应更为迟钝，当个体农民认为有利可图，大量种植的时候，可能已经过了市场销售的黄金期。随着市场的扩大，农民的生产如果不以大众化生产为目的，那么农民最终会走上"末路"。

企业在这个时候就起到一个沟通二者的作用。企业相对个体的农户而言，在面对市场时力量更强大，实力更雄厚，在窥探市场需求时也显得更有经验。如果企业不能有效地"嗅出"市场需要，那么在竞争中将会被淘汰，慢慢地，企业将成为风险的直接承担者，这给还处于转型中的中国农民提供一个很好的缓冲地带。这样看来，企业在乡村振兴中有几个突出作用：一是完善产业链，二是联结市场，三是保护农民。以盼盼企业为例，我们可以看出盼盼首先在原材料生产地建立基地或者直接从农户手中收购农产品，作为食品产业每年对农产品的消耗量达到几百上千万吨，这样的总量保证农民生产的产品有销路。其次，盼盼将原材料加工然后进入市场，通过技术创新等手段提升产品的附加值，同时也可以克服农产品保鲜和储存时效短的缺点。最后，基地设在生产地通过雇佣劳动力的方式也可吸纳农村多余的劳动力。

三、企业生存环境创设：一种"亲""清"的政商关系

盼盼集团成立于 1996 年，那一年 C. J. C. 23 岁，而他的哥哥，盼盼集团的董事长 C. J. A. 31 岁。家里 6 个兄弟姐妹，只有他兄弟两个，父母都是农民出身，因家庭实在贫困，哥哥 C. J. A. 16 岁时就外出闯荡打拼，弟弟 C. J. C. 记忆犹新的是他的哥哥用扁担挑着两箩筐的小物件，无论严寒还是酷暑都在外奔走的日子，他说："没有我哥哥就没有我，他大我 8 岁，但他就像我的爸爸一样，现在不管企业做得多大，我肯定都听他的话。"盼盼是在晋江市为数不多两兄弟如此团结经营的企业，没有勾心斗角也没有互相埋怨。这种家族式联办的企业，在市场发育不完善的早期是有它独特的优势的，能克服兴办企业资源不足、基础薄弱的不利条件，解决资金不充足的问题，同时通过家族的联合增加团结，C. J. C. 在谈到哥哥 C. J. A. 的时候钦佩和敬重之情显露无遗：

作为企业的董事长，我大哥是企业的精神领袖，是企业的"魂"，这一点谁不服都不行。跟他接触过的人都会很清楚，他的包容性，他的为人处世和格局都不是常人可以企及的，也正因为他的这些品格，才有盼盼的发展。盼盼现在的规模有 16 个工厂，10000 多名员工。我大哥既踏实做事，又具有长远的眼光，除了做精做专主业饮料和食品两条主要产品线，我们还涉足了房地产、金融、国际投资、基金。

作为一个白手起家的企业，能够走得那么远，除了创业者本人的精神品质之外，首先应该归功于这个伟大的时代，结合当时改革开放的背景和政府营造的宽松营商环境，在有利的发展时机与发展环境的作用下才能成就一个实体企业走得稳也走得远。晋江市作为一个连续蝉联全国百强县前十名的县级市有它的优势和特点，当时习近平总书记在福建任职期间，曾经就民营企业的发展总结了一个经验，"晋江经验"不仅是晋江的经验，也是福建省、我国东南沿海乃至中国改革开放 40 周年的宝贵经验和成果，是中国民营经济、非公经济从孕育到成长、从发展到壮大的一个缩影，是中国特色社会主义道路的主动探索和积极实践。其实盼盼能够在这 20 多年来不断发展，得益于晋江良好的营商环境，整个环境从本质上来说是一种"政府"与"企业"两者的有效合作关系的形成，按总书记的话说就是"有形"与"无形"，"市场"与"政府"关系得到有效处理。"政府"和"社会"之间的权力从来都不是此消彼长的关系，若政府包揽一切，企业就会失去主动性。晋江市政府追求的是效率，双方更多基于"互惠"的传统，在这个法则下，有着基本的道义前提，双方基于这个默认的规则行事，各取所需，互相帮助，取长补短。

首先，在晋江，政府与企业是以协商为主，有效的沟通，极少强制性的行政行为，这样就能保证一个自由而安全的生产、交易环境，企业自然就能壮大起来，也能持续发展。政府保障企业自由的环境，那企业就得保证这个环境的"干净"且稳定，双方的"互惠"才能持续下去。对于政府来说，稳定和谐的社会环境是政府执政的首要目标，对"干净"的要求是企业应该遵守国家的法律、政府的规则、市场的法则，整个市场环境的合法合规。在政府的领导、鼓励和支持之下，乡镇企业及时转产，依靠科技进步开发新产品，乡镇企业就会有更大发展。进入新世纪，企业发展面临更趋激烈的市场竞争，政府及时引导企业转变经营方式，倡导"质量立市"，为打造"品牌之都"奠定基础。盼盼趁着这股浪潮，在提供高质量的产品的同时，逐渐形成自己的品牌特色。在这里盼盼可以说是总书记"六个始终坚持"的坚定践行者，它将自己的发展融入时代的需要，坚持企业的责任与国家需要、市场需要结合，积极响应"乡村振兴"，利用企业带动农业农村的发展。

其次，在晋江这个具有独特的侨乡文化和重商传统的地区，孕育出敢为天下先、爱拼才会赢的精神，也成为盼盼的企业精神的来源。"始终坚持在顽强拼搏中取胜"是盼盼整个企业的理念。这种精神催生了创造、奋斗、改革的活力，这就是费孝通在研究晋江模式得出的，"内涵于广大晋江侨属中蕴蓄深厚的拓外传统和强烈要求改变贫穷现状的致富愿望"，这是晋江人情感上和理智上的"主导潮流"，是晋江文化的"特征性目的"，即"晋魂"。"商业精神"已经成为晋江的精神气质，这种敢拼争赢的精神也成为晋江经济发展的精神动力。

从整个过程来看，以盼盼为主要类型的食品企业，作为乡村产业振兴中联结市场和农民之间的"市场代理人"，不仅是农业产品从自然状态走向"人工状态"，从生产走向加工的"处理器"，而且成为农民、市场和政府三者之间均衡关系形成的另一个维度来源。特别是在乡村产业振兴的场域中，企业与农民的关系形成一种以互惠为基础的依附关系，这种依附关系具有双重性质：农民接受了新的商品关系和技术管理关系，这些关系又对农民的劳动过程加以规定、约束和惩戒。规模化、标准化的企业模式为小农生存境地的改善提供了技术支持和资本活力，正如盼盼集团作为一个食品加工企业，对农业初始原材料的大量需求催生了农业产业化。在企业先进现代农业生产技术和经营观念的指导下，农民为企业"量身定制"农产品，在订单农业和保底收购的模式下，农户的基本利益得到保障，同时在道义经济和社会责任的驱使下，企业的利润二次返还可进一步增加农民收入。在农户和市场的关系中，企业以其雄厚的资本实力最大限度地降低农民直面市场的风险，虽然这可能意味着农民的自主性降低，与企业的依附关系加深，但这是农业由小农农业走向规模农业的必由之路，是农业产业化的一种有效的路径选择。

农业大企业的市场"卷入"化程度较高意味着面对自由市场时具有较大的权力，当然更多地承担市场经济必然会产生自发、盲目和滞后的风险，因此，政府的作用凸显。在当代，已经形成这样类似的观点，国家对农业市场进行全面干预，对新技术的推广和应用、劳动的分工和空间重新分布等等承担责任。在国家层面表现为，形成一个庞大、规范、统一的技术管理体系、稳定农产品销售价格，以及对农业企业直接提供资金支持。在地方层面表现为，创设一个宽松和有保障的环境，为企业的发展提供"安全的港湾"，为企业扩张创造空间和提供制度条件，形成以服务为基础的相互信任、相互支持的"亲""清"政企关系。

其实在这种农业企业模式中，企业家精神起核心作用，他们根据市场关系和未来前景来组织和安排劳动与生产过程的能力起着决定性作用。这种精神为企业成功进入农村社区提供前提，外来企业融入农民是基于互惠的原则（企业将其称为社会责任），将单纯的交易关系转变为农村社会所规制的互惠关系。这意味着他们能相互合作并将产业振兴的资源重新组合，使资源产出的回报率最大化，同时主体之间的利益分配更加人性化和合理化，不同主体间虽然具有相异的社会目标取向，但他们围绕着农村产业振兴，做出积极的努力，并产生了共同的结果——推动农业现代化。

第二节　合作社＋基地＋农户：广西罗城县"能者多劳，弱者均分"合作社案例

一、规模化："自上而下"的战略布局

"合作社＋基地＋农户"的类型可以说以广西罗城县千亩油茶产业最为典型，广西罗城合作社案例的特别之处在于它在产业发展和农民成长中的均衡作用，这种自下而上的模式创新来自自上而下的产业布局。所以我

们先谈谈当地的产业发展大背景。

广西河池市在推动产业扶贫与乡村振兴的过程中，敢于担当，为形成区域特色种植优势，提出相关政策用于推进十项农业产业发展，出台《河池市"十三五"期间推进"十大百万"扶贫产业工程的实施意见》①，大规模推动油茶产业的发展，并以油茶为主发展区域特色农业产业。全市2016年已有油茶林面积95万亩，"十三五"期间（2017—2020年）计划新增种植55万亩，总面积达150万亩。全市各县（市、区）都要建设1个相对连片面积1000亩的标准化高产示范基地。通过高标准投入，高规格、高质量建设管护，实现4年开花结果，5年试产，亩产茶油10公斤以上，7年进入盛产期，8年进入达产期，达产后平均亩产茶油40公斤以上的目标。

河池市"十大百万"扶贫产业工程项目中关于油茶产业的规划布局，以11个县（市、区）千亩标准化高产油茶示范基地为重点，并把东兰、天峨、都安、凤山、巴马、罗城等列入自治区重点推进的油茶种植示范县。规划期内全市新增油茶种植面积55万亩，低产林改造35万亩。

表4-1 河池市"十大百万"扶贫项目油茶规划表（2017—2020年）

项　目	2017年	2018年	2019年	2020年	合计
新增油茶（万亩）	15	15	13	12	55
低产林改造（万亩）	5	10	10	10	35

罗城县2016年有油茶面积3.5万亩，预计在2020年新增至13.5万亩，并在东门镇、四把镇和兼爱乡建立三个市级示范点。2016年罗城县在四把等11个乡镇已完成油茶新种植面积12000亩，占总任务8000亩的150%。共为群众调油茶苗120万株，其中县林业局调苗20万株，县扶贫办调苗100万株。上半年共完成标准示范基地建设3个，分别为四把镇里乐村塘秀屯1000亩连片县级标准化高产示范基地，四把镇四把社区各地屯230亩连

---

①"十大百万"扶贫产业指的是推进百万亩的核桃产业、油茶产业、"三特"水果、糖料蔗、桑园、板栗、肉牛肉羊、香猪、淡水生态养殖、"长寿·生态·富硒"农产品。

片乡级标准化高产示范基地，怀群镇耕尧村耕尧屯 200 亩连片乡级标准化高产示范基地。已完成投资共 960 万元。其中：财政专项资金投资 340 万元（林业部门油茶专项资金 100 万，县财政扶贫专项资 240 万），业主或林农自筹 620 万元，财政资金主要用于油茶苗木购买。

为保证农村扶贫产业稳定发展，当地政府坚持以市场为导向，加强政策扶持，强化科技支撑，通过示范带动，推动油茶高产栽培和低产林改造，努力提高单位产量和质量，着力研发和推广油茶加工新工艺、打造新产品。通过科学经营和管理，河池市从育种栽培到产品深加工建立油茶科技产业化体系，促进农业增效、农民增收和农村发展，加快推进广大群众脱贫致富步伐。具体措施如下：

（1）加强领导，落实责任。市、县两级党委、政府高度重视油茶产业工程建设，将此项工作纳入重要议事日程。市林业、财政、科技、水利、扶贫等部门根据职能分工，认真履职，密切配合，建立信息共享机制，共同抓好油茶产业发展工作。各县（市、区）成立相应的领导机构，加强对此项工作的领导。实行绩效考评制度，把油茶产业工程纳入各县（市、区）年度绩效考评范围。

（2）科学规划，合理布局。根据不同区域的条件优势，科学规划油茶种植基地向最适宜区，特别是群众积极性高的地区布局。把集中连片规模发展与分散发展相结合，荒山种植与耕地种植相结合，矮秆作物与油茶间作相结合，突出重点，以短养长，统筹发展。政府扶持资金向规划科学、积极性高、规模化、标准化和产业化经营好的地区倾斜，各县（市、区）根据规划任务按年度将种植计划落实到乡镇、村屯。凡列入工程任务的连片造林地块面积不小于 3 亩。

（3）整合资金，加大投入。一是各县（市、区）把油茶产业投入纳入财政预算，进一步加大对油茶产业的扶持投入力度，建立稳定长效的投入机制。二是有效整合涉农项目资金，支持油茶产业建设。三是积极引导私营业主、外来资金和社会资金投入工程建设。四是积极与国开行、农发行、农村信用社等金融机构衔接，引导银行信贷资金扶持油茶产业发展。

（4）创新模式，多头并进。一是鼓励林农群众大力发展油茶。鼓励林农群众积极参与种植油茶，林业部门协调做好良种苗木供应。二是重视扶持油茶种植大户。支持有实力、懂技术、善经营的生产经营者兴办油茶林基地，充分发挥种植大户在发展油茶产业上的辐射、示范和带动作用。三是支持企业建立油茶林基地。鼓励油茶加工企业自建或按"企业＋农户"方式，投资营造高产油茶林，使企业与农户成为利益共享、风险共担的经济利益共同体。

（5）强化培训，提升管理。依托自治区、市现有科研机构、高等院校、企业等单位中的相关科技资源，引进区内外油茶产业优秀人才，强化本地技术人才培训，免费为贫困户培训高产油茶栽培实用技术，传授实用技能。积极开展科技下乡活动，通过开展多种形式的技术培训，提高广大群众种植油茶的积极性和主动性，增强群众种植、抚育管理、病虫害防治的实际操作能力，切实提高油茶集约经营管理水平。

（6）示范引导，规模发展。按照政府引导、市场为主的原则发展油茶产业。着重抓好示范引导工作，重点抓好各县（市、区）千亩标准化高产油茶示范基地建设，通过高产栽培和低产林改造，实现平均亩产茶油40公斤以上的目标。以示范基地的规模发展和经济实惠来调动林农的积极性，带动油茶林的高效规模栽植，促进油茶产业规模发展。

（7）扶持龙头企业，培育品牌。各级政府支持有实力的企业开发质量优、附加值高、科技含量高、具有一定规模的茶油品牌产品，努力提高品牌茶油的知名度和市场占有率，打造河池茶油核心品牌，不断提高茶油产品在区内外、国内外的市场竞争力。

（8）强化督导，严肃问责。把"十三五"期间推进150万亩油茶扶贫产业列入全市绩效考评范畴。要求各县（市、区）党委、政府及主管部门进一步建立健全日常监督、重点督查相结合的督查机制，按照确定的目标任务，建立督查和通报制度，对重点工作按照时间进度抓好督导落实，特别是对重点工作及时跟进督查，随时掌握工作进展情况，查找存在问题，确保顺利推进。对在油茶产业发展工作中完成较好的单位，给予表扬奖励；对工作进展缓慢、落实工作不到位的单位通报批评，并责令整改；对工作不作为、整改措施落实不到位的相关责任人进行问责。

罗城县主要通过组织制定了一系列产业扶持政策来推动扶贫产业发展。

第一，是财政支持、资金补助。主要针对积极发展产业、主动争取脱贫的贫困户，包括"十三五"建档立卡贫困户（属产业扶持户），农业企业、农民合作社、家庭农场、种养大户等农业经营主体。确定产业项目规模和资金扶持标准。贫困户每户的项目扶持资金最高额度不超过 3000 元，不足 3000 元按实际完成量补助。贫困户实施多个产业，单个产业补助不足 3000 元的，可补助多个产业。如果涉及河池市的重点扶持"十大百万"扶贫产业的话，贫困户每户可申请最高达 6000 元（含产业发展启动资金 1000 元/户和 2016 年后政府发放产业的种苗、肥料等物资折价）的产业扶持无偿资金和 5 万元的小额信用扶贫贷款，主要用于发展糖料蔗、毛葡萄、核桃、柑橘、特色养殖、桑蚕、构树、猕猴桃、油茶等九大扶贫主导产业。

第二，制定农业产业发展扶持政策。罗城县以落实河池市"十大百万"扶贫产业工程为契机，结合实际实施"九大百万"扶贫产业，制定出台了一系列产业扶持政策，构建"长中短结合、新特优搭配"的扶贫产业体系，打造乡镇"一乡一业"、贫困村"品牌"、贫困户"一户一项目"的产业发展格局。对实施产业项目贫困户的扶持，采用"以奖代补"的方式给予补助。对已获得产业项目启动资金的贫困户，在年度脱贫验收时，产业项目规模达到要求且家庭人均收入达到脱贫指标的，一次性补足项目扶持资金；对未申请产业项目启动资金的贫困户，在年度脱贫验收时，产业项目规模达到要求且家庭人均收入达到脱贫指标的，一次性兑现项目扶持资金。截至 2016 年 7 月 12 日，共发放产业补助资金 2754.03 万元。据统计，2016 年上半年，全县共累计完成核桃种植面积 12.03 万亩，其中，林下套种农作物 3.45 万亩。糖料蔗种植总面积 15.1 万亩，油茶总面积达 5 万亩，猕猴桃总面积 3800 多亩；毛葡萄总面积达 8 万亩，柑橘总面积 4.1 万亩；新增养殖肉牛肉羊 1 万头（只）、禽类 65 万羽，初步形成了特色鲜明、品牌初显、规模增大的扶贫产业发展格局，为全县贫困户实现不可逆脱贫和持续发展奠定坚实基础。

表 4-2　罗城县各类种养项目补助标准一览表

项　目	条　件	补助标准
粮食种植	10 亩以上（含 10 亩）	300 元/亩

（续表）

项　目	条　件	补助标准
糖蔗种植	5 亩以上（含 5 亩）	500 元/亩
水果种植	2 亩	1000 元
食用菌栽培	年销售产值 3000 元以上	1000 元/栽培 1000 棒（袋）
蔬菜、西瓜、果蔗	年销售产值 3000 元以上	600 元/亩
中药材种植	年销售产值 3000 元以上	800 元/亩
种桑养蚕	年销售产值 3000 元以上	600 元/亩
油茶种植	每 2 亩	500 元
其他种植业项目	年销售产值 3000 元以上	600 元/亩

另外，农业企业、农民合作社、家庭农场、种养大户等农业经营主体的资金扶持标准如下：以劳务、入股、合作等形式带动贫困户发展产业，经验收贫困户年纯收入达到 3000 元/户以上，并经贫困户签字（按手印）认可，按带动贫困户数计算扶持数额，每户 3000 元。

第三，通过创新模式，推动建设。通过市场化运作，政策上引导，积极创新产业建设经营管理体制，现已经初步形成了以公司（合作社）连片租赁规模种植和农户分散经营两种主导经营模式，初步形成了市场牵龙头、龙头带基地、基地连农户的经营和管理体系。采取“互联网＋现代农业＋合作社＋基地＋贫困户”的产业链经营模式，大力发展农村电商扶贫，在全县 67 个贫困村建设 67 个电子商务服务站，全力打造“仫佬侬”地方农特产品品牌，以基地带动和辐射作用，形成产供销一条龙，带动贫困户 1200 多户 1 万多人增收脱贫，切实有效助推了扶贫攻坚工作的发展。

第四，制度先行，效率为本。鼓励农户积极探索土地流转新制度，在保证农户利益的前提下，积极鼓励林地使用权的合理流转，引导农户在具体产业发展过程中形成有利于自身发展和提高经营效率的制度。允许各种社会主体通过承包、租赁、转让、拍卖、合作经营等形式参与油茶产业发展建设，促进了油茶产业建设的规模化、集约化经营管理。

二、组织化：能带弱，富帮贫

在油茶发展大产业的背景下，产生了一种特别的农业发展合作社，说它比较特别的原因在于这个合作社承担了多种职能，这些职能很多是随着农村产业发展和农民的需要萌生的，它变成了农村有组织的扶贫中的一环，一方面通过自身发展需要间接促成农业产业化，另一方面承担社会职能，帮助农户摆脱贫困。

罗城 M.Y. 农业开发农民专业合作社于 2013 年 6 月注册成立。现有农民社员 1200 多户，其中建档立卡贫困户 216 户，社员主要分布在四把、天河等 2 个乡镇的 4 个行政村 16 个自然屯。合作社以"整合资源、综合开发、扶贫帮困、和谐共赢"为目标，通过土地流转，集中联合开发经营模式，盘活周边村屯荒废闲置的荒坡山地，经过统一平整改良后进行综合开发利用，采取"合作社＋基地＋农户＋贫困户"的经营模式，以万亩油茶树连片种植示范基地为主，通过家禽家畜生态养殖及幼龄茶树林下套种其他经济作物达到"以短养长"目标。2016 年，合作社已经完成 6700 多亩荒坡山地的平整、改良，种植岑溪软枝丰产 2、3 号油茶树 3200 亩，林下套种花生 2000 亩，"双高"糖料蔗基地 200 多亩，种植核桃 1000 亩；现存栏肉猪 50 头、茶香鸡 13000 羽、水库鸭 3000 只、种牛 70 多头。近年来，合作社结合全县精准脱贫攻坚工作，积极带动周边建档立卡贫困户参与发展产业，共同探求脱贫致富之路。截至 2016 年已累计带动 200 多户贫困户发展种养，解决周边农民工就近务工就业 400 多人，户均年增收 2500 元以上。目前基地已被列为"河池市油茶种植示范建设基地"，示范基地项目已投入造林资金 150 多万元，县政府努力扶持这类大户的生产，将符合贷款条件的罗城 M.Y. 农业开发农民专业合作社的示范基地 1200 亩，贷款额度 300 万元行文上报，积极帮助其争取贷款和贴息等补助。现已完成油茶基地造林面积 1200 亩，经县级自检验收，造林成活率均达 90% 以上，造林质量合格。

M.Y. 合作社秉承"致富思源、义利兼顾、发展企业、回馈社会"之宗旨，积极带动周边群众合作共赢。合作社带动的贫困户有三十几户，其中本地贫困户有二十几户，利用土地入股的形式，当前该社已经投入2000万左右。流转土地面积大约有4000亩种植毛葡萄以及油茶，每个月雇工的天数是20天，投资3年。平时的劳务需求是100多人，劳务入股分红按照6∶4分，即合作社占60%，农户占40%，如果是以土地入股合作社的形式，那么合作社与农户的分红比例是7∶3，同时林下养鸡和养猪养牛，一般养殖7000多只鸡，雇佣人数总共大约是100人（包括贫困户与非贫困户）。油茶每年推进2000亩，为了保证油茶产业顺利推进，该社社长特别重视对技术的研究和运用，同时研究毛葡萄的生长规律，利用石漠化山的特殊元素适宜毛葡萄生长的特点，发展毛葡萄种植产业，同时可以帮助进行石漠化治理，一举多得。

"现在是农业综合体时代，只依靠单一的农产品是不行的。市场的波动，天气的变化难以预测，都决定单一的农产品生产风险很大。而搞田园综合体有助于我们分摊风险，这也是未来智慧农业的发展方向。例如：种植毛葡萄需要葡萄杆，类似水泥杆，人工成本是非常高的；油茶的日常管护需要很多的人力投入，发展规模如此大的林业产业，没有村民的参与我们是完全做不出来的。"

合作社社长如是说，为了维护村集体和村民的利益，合作社刚开始推进油茶产业时，便采用"整屯推进"的方式进行开荒，每年先给每个屯10万元，然后由屯统一发下去，每家每户分。一个屯有10万，一共有7个屯，这也导致社长H.L.B当前资金压力比较大。为了补偿村集体前几年没有村财收入的境况，主要利用房地产进行抵押获得初期投入资金，利用其名下的5栋房子进行贷款，共贷款2000多万，每年的利息大约是80万，加上其他的，每年光是利息大约110万。目前，合作社总体投入大约是2000万。近三年给贫困户的劳务费用大约是300万，基础设施建设投入200万左右，总共大约是500万。给各个贫困村屯的自来水和房屋建设方面投入大约是110万，累计带动7个村屯贫困户大约105户。

油茶产业每年按照计划要推进2000亩，一共需要拓展到1万亩左右，油茶每亩的投入原来是3800元，现在增加1000元，成本大概是4800元每亩，油茶种植每亩有600元的造林补贴。雇工的费用是80~100元/人，同时加上中午午餐。算上这些成本和净补助，总投入600万~700万。通过投入成本的计算可以看出发展农业的成本之大，过程之艰难，而据社长所说，政府每年大约有 100 万的贴息，但是这部分的资金尚未到位。虽然起步如此艰辛，但他并没有理性谋算将市场风险转移到农户或者村集体身上，而是尽可能保护村民特别是贫困户的利益。

合作社通过产业扶持、资金扶持等方式带动农户脱贫致富。在发展产业方面具体的措施如下。一是土地入股油茶种植产业。合作社开发油茶种植的土地如果是集体土地，由合作社按 30 元/亩/年，一次性支付 5～10 年租金；如果是群众个人的土地，就以土地入股的形式进行合作开发，前三年由合作社单方投资不计成本，从第四年开始计入成本，以集体土地入股的分红比例为：合作社占 80%，村集体占 20%。以个人土地入股的分红比例为：合作社占 70%，个人占 30%，贫困户（无土地者）占 50%。二是扶持贫困户发展养殖业。贫困户自愿到合作社投工投劳养殖鸡、鸭的，合作社按 2000 元/月支付工资，养殖成功后合作社按 3 元/只提成作为贫困户福利。另一种方式是合作社免费提供已养殖 2 个月成活率较高的鸡鸭种苗，每户每批领取不低于 100 只，一年养殖两批，6 个月后由合作社按 60 元/只进行回收销售。还有分栏养殖土黄牛。合作社免费提供种牛、饲料和养殖技术，由农户进行分栏养殖本地土黄牛，养殖利润与农户按 3∶1 比例分红。三是发动基地周边村屯贫困户共同参与油茶种植，利益分成。具体做法是：合作社提供种子、肥料、土地，贫困户供劳务，所得收入五五分成。通过创新经营模式，提高了贫困户发展生产的积极性。仅 2017 年就有周边的四把镇新安、马安、大同村 100 多个贫困户和天河镇金城村、北安村的 230 多户参与种植油茶树 300 多亩，并在幼龄油茶林下套种花生，第二年可实现户均增收 1000 元以上。

在资金扶助上，合作社自愿对口帮扶贫困村——四把镇长春村。一是每年无偿捐款 5 万元给村集体作产业发展扶持资金，连续捐赠 20 年。二是安排长春村有劳动能力的贫困户 120 人左右到合作社油茶示范基地务工，每人每月工资不低于 2000 元，油茶树至收益期按管护面积可得到 5% 的红利。另外还免费为参与基地种植的村屯农户安装净化自来水工程，目前已帮扶 7 个自然屯安装饮用自来水，受益群众 3000 多人，并且免费为贫困种植户提供水泥、红砖及钢筋等建筑材料，已帮扶 107 户建好新房，累计投入资金

167 万元。合作社还出资 160 多万元修建从宜安至马六屯约 6 公里长、6 米宽的乡村公路，贯穿四把镇里乐村的 7 个自然屯，极大方便了村民劳作交通；出资 100 多万元修建水柜，无偿为塘屯的 130 多户、马六屯和塘秀屯 56 户、上岭屯 42 户、下铁屯 80 多户农户修建了 7 个各 100 立方米的储水柜，并为以上农户免费提供水管安装引水系统；出资 40 多万元物资和建筑材料资助附近村屯特困户修建住房；免费为贫困户提供油茶苗 9 万株，带动周边贫困户种植油茶 1000 亩以上。合作社累计投资近 500 万元用于基地周边村屯基础设施建设，极大地改善了当地村民的生产生活条件。合作社与贫困户结成了互信关系，农户信赖他们，愿意为他们做事，同时合作社也尽可能帮助贫困户脱贫致富，这种合作共赢的促成有赖于农户的朴实，也有赖于该社长慷慨大方，热心为民与公益奉献的精神。

三、制度化："自下而上"的基层探索

在油茶产业发展过程中，从顶层设计到基层实践，我们可以总结出几条重要的经验。其中不管是全产业链的建设，还是资金后备库保障，抑或是产业发展的主体作用的发挥，都涉及风险的分散。很多人做产业习惯于将风险转移，但是风险转移的结果必定是有一个"替罪羊"，在农业领域这个"替罪羊"通常是农民，最弱势、最脆弱的农民。令人欣慰的是，该油茶产业发展，从上到下，思考的方向都是"风险控制"，当然最终产业发展相关制度形成的前提需要基层的有效探索，需要有实实在在地做事业、做产业的农业群体，这一切都还在生成。广西的油茶产业如果从产品的周期规律上看，至今仍然在发展期，尚未达到成熟期，形成一种切实有效的制度仍然需要很长的一段时间。

1. 建立完整的产供销一体化产业链

一个产业要发展，不能仅仅是从某个节点上进行突破，必须形成一条具有联系的、相互促进的链条，这样才能具有持续性和稳定性。油茶产业要发展，不仅应该发展油茶种植业，重要的还在于第二产业油茶的深加工，或者第三产业服务业、旅游业的建立，在深加工提高产品附加值的同时，还必须考虑到市场要素，即销售渠道的问题。油茶从树苗种植开始，到茶油的制成销售，从生产、交换到消费，里面有许多个过程需要跨越，任何一个跨越如果不成功对于油茶产业都是打击。当前广西各地的油茶产

业才初见端倪，进行的还是最低层次的生产构建，但是并不能因为它处于初级的阶段，就不去考虑发展的其他阶段，这是一个连续的过程，是一条环环相扣的链条。当前必须对油茶未来发展有一个中长期的规划，不仅仅是追求种植的亩数和数量，而应该进一步规划深加工的产业园区，联系企业入驻，开拓市场，保证销售。在大面积种植油茶的这场产业发展的过程中，若没有形成规模效应，最终只会导致种植的农户、合作社和企业各自为政，导致相互扯皮和效益低下。因而在产业初建立之时，将产业进行一个彻底而完整的规划，既可以引导产业可持续发展，也可以最大限度地提高效益。

目前，由于技术受限，导致油茶产业经营方式比较粗放。现代化的生产经营方式尚未形成，油茶生产大部分采用传统的经营模式，种植分散，管理粗放，集约化程度很低。罗城县现有老油茶林3万亩，占全县油茶总面积的85.7%。由于老油茶林长期疏于管理，荒芜严重，品种混杂，树龄老化，大部分油茶林亩产茶油不足5公斤，平均产值每亩不到300元，经济效益很差，严重影响了群众发展油茶的积极性。产业发展，特别是贫困地区的农业产业发展，一靠政策，二靠科技，三靠投入，要在这三方面制定总体的配套方案，利用各种资金，增加对产业生产的重点投入。要进一步调动广大农民参与的积极性，改善农业生产条件和基础设施建设，通过适度放松各项制度性的限制，给予土地产权制度创新更多的空间。同时，也要全面考虑产前产中产后的一体化产业链的建设，建立和健全流通渠道，使流通与生产相适应，培育和完善市场体系。

2. 后备风险保障资金应形成安全阀作用

后续资金不足一直都是困扰林业发展的一个重要的因素，不仅仅是油茶种植，林业发展一直都是一个投入长、见效慢的过程。但是油茶却也有自身的更为特殊的原因，6年才可达到丰产期，每亩的投入金额达到3000元，补助资金一般是500~800元，同时加上土地流转、土地整理费用，每年的管护费用等等都是不小的支出。一个企业或者合作社如果在其发展中能自行消化这部分成本，自然不成问题，比如国家的贴息贷款，贫困户的小额免息贷款等等优惠政策的补助，加上企业自身用其他产业反哺该产业，这种种情况都是可以的。但是我们必须考虑到另外的情况，即该企业无法自行消化这部分成本时应当如何给予它们基本的保障。因而建立一个后备风险资金库，用于给这些企业以最后一条防线的保障具有重要意义。但是记住这是最后一道防线，如果不是到了非补不可的地步，不必进行这部分保障。风险资金的来源可以是国家的政策性保障资金，针对的受众和对象也必须进行严格的审查。笔者在多地调研后感受到，做林业的人最初都本着自己的初心在爱护这片土地，但是有很多时候事与愿违，投入大量资金、精力和感情血本无归的也是大有人在。既然愿意投入那么多，终归无论是为了利益也好，为了情怀也罢，都直接或间接推动林业发展，且林业相对其他产业而言确实相对弱势很多。

油茶栽植后，5 年挂果，7 年后才真正开始有可观的收益，从整地到收获，每亩投入资金在 3000 元以上，投入大、周期长、见效慢、变数多、风险大。油茶产业持续发展需要大量后续资金，而国家的补助资金又相当有限。县级油茶新造林补助标准 2016 年只有 500 元/亩。资金投入不足是制约油茶产业发展的最大瓶颈，更是广大油茶经营户渴望解决的难题。加上目前县级油茶造林融资困难，得不到贷款支持，造林资金严重不足。例如，资金问题成为制约合作社发展的困难，M.Y. 合作社社长将自己的全部房地产进行抵押，为了当初看到的青山绿水，为了乡民的发展，为了油茶这个有希望、有未来的产业，但自己却看不到未来的方向。这对一个致力于农业产业的经营者的积极性是严重的打击。访谈中，社长表示在合作社发展方向与政府扶贫政策相结合后，原来具精准扶贫指挥部计划将 1000 万元贫困户委托小额信贷放给合作社，因为各种原因却仍未落实到位，导致合作社运营十分被动。

3. 发挥新型林业经营主体能人效应

中国自古以来就是一个重视人才的国家，许多有能力的人在各个领域发挥他们的作用，带动不同领域的群众进步，也促进国家的发展。同样在林业产业发展方面其作用也是十分显著的。笔者在走过全国多省多地调研中发现，凡是经营得当的村民合作社、林业企业或者家庭林场，都必然有一个能够肩挑重任的能人，一般是合作社的发起人、具有一定商业头脑或具有一定经营基础的本地归乡企业家或生意人。他们具有敏锐的观察力和市场敏感度，热心于帮助村民，经过前半生的风雨奋斗后回乡发展，渴望带领村民摆脱现状，这些人成为林业产业发展的前锋和带头人。鉴于林业发展的特殊性，一般在山区农村，当地村民受制于知识水平和眼界局限，能跳脱出来的极少，没有市场经济的意识，没有产业发展的想法，那也就无法摆脱贫困的现状。

能人的效应是吸引村民主动进入产业发展的因素，人们总是愿意去效仿或者亲近那些他们心目中的成功人士，而衡量成功的标准，财富是重要一方面，心理学上称之为"名人效应"，因为这些人的带领才把松散的村民整合起来，把闲置的资源利用起来，把绿水青山变成金山银山。罗城 M. Y. 合作社的 H. L. B. 其实也就是能人的一个代表。他把农户带动起来，农户也感激他。"这个老板人很好啊，这边的路都是他修的，我们盖房子他也出力。"Z 某（里宁村一贫困户）这样对我们说。云南昆明市禄劝忠义核桃种植专业合作社的社长也是林业产业发展的能人，他建立了一个合作联社然后带动几个村农户建立合作社，采用"公司带协会，协会带大户，大户带农户，基地示范，供种苗，包回收"的模式运行，将分散的农户联结起来，提供市场，形成产业链条，保证生产和销售。此二人能够做得起来，合作社能够成长壮大，产业发展持续稳定，能力是一部分，最重要的是农户的信任，信任和配合使得这个产业顺利发展。

因此，林业产业要发展，广西的油茶产业要形成规模、建成产业链，培养和发掘具有公益精神、有群众基础、有发展能力的新型林业经营能人有其当前的意义和价值。

这种返乡精英和乡村能人作为新型的农业经营主体推动乡村产业振兴的案例还有很多，与之相类似的还有福建省将乐茂业生态休闲农业发展有限公司董事长 Y. M. G. 。作为该县"回引工程"的重要代表之一，他原为将乐厦门商会的荣誉会长，在厦门从事水泥经销，公司每年销售额上千万。但在政府的引导和支持下，Y. M. G. 放弃已经建立起的成熟而稳定的经销工作，毅然返乡从事农业产业的发展，成立了福建茂业生态休闲农业发展有限公司，并建立了蛟湖生态休闲农业观光园。2015 年至今，该生态园已经投入资金 5000 万元，建成以辣木、台湾水果、浙江兰溪杨梅等为主要品种的农业科技示范园 500 亩，设计了观光采摘区、农事体验区、辣木茶加工区、民俗文化展示区、水上娱乐健身区、餐饮住宿服务区等。园区将农业生产、农村生活、民俗文化融为一体，打造出一个原生态的集农业旅游、农事体验、休闲度假、娱乐健身于一体的新型综合体。

从商业销售行业转型到农业产业，对 Y.M.G. 来说，不仅要在经营思维上有所转变，而且在心态和理念上也需要进行相应的调整。一方面，农业是周期性长且风险性极高的行业，不同于以往成本和效益可以短期内计算和获取，资金的流动性和资金链延续性相对较强的销售行业，巨额的农业基础设施的投资以及较长的作物生长周期可能造成资金回收青黄不接的危机。因此这些返乡精英通过他们敏锐的市场感知能力，从事多元化的复合型的农业产业经营活动以此降低经营风险。另一方面，从返乡投资的动机来看，单纯的经济利益最大化导向已经转变为以经济利益、社会价值乃至象征性资本多重资源的获取为中心，因此以这类返乡精英为代表的新型农业经营主体在从事农业产业过程中将乡村社区的公共性需要、推动乡村农业产业发展视为企业发展的重要价值追求，而这也成为乡村产业发展的资本积累和乡村内部市场对外链接的重要前提。蛟湖生态休闲农业观光园在建设中，通过实施土地流转和吸纳农民就业千方百计地提高农民收入。据 Y.M.G. 介绍，他还将继续投入 5000 万增强基地的生产加工能力，预计项目全面建成后，通过"公司＋农户"方式，可幅射带动当地及周边地区土地流转 500 多户，面积达 5000 亩，可吸纳 300 多个当地农民就业。其目的是通过综合性农业产业融合发展的形式促进当地经济发展、农民就业增收和提升农村建设水平。

返乡精英从事乡村农业产业已经成为一种趋势，并显示出在乡村产业振兴中的巨大优势和重要的功能。他们利用自身的经济资本和社会资本优势将内部村庄与外部市场进行空间上的嫁接，将本土资源与外部资源整合起来，实现资源的内外联动。在此基础上，返乡精英通过遵循经济利益和社会道义的双重法则，一方面使得他们更好地获得农民信任，并建构自身的社会关系网络，另一方面，这些村民间以人情、信任和承诺为内容的非经济理性的社会关系成为实现农业产业化和乡村产业振兴的重要社会资源。返乡精英参与乡村振兴的过程如果从更深层面上探究，实际上是一种互惠的村民间的合作行动，通过这种精英主导的再组织和再合作行动，原本分散的个体利益被相关联了，创造了一种以产业发展为中心的新的社会联结，松散的村庄被重新聚合起来，社会秩序得以重新构建，基层村庄得以实现有效治理。

蛟湖生态休闲农业观光园中的深呼吸驿站

第三节　合作社＋公司＋农户＋村集体：福建将乐县金森公司多主体利益分享模式

一、以自然资本塑造生态文明

随着工业文明的日渐衰亡，生态文明将逐渐取而代之成为人类社会新的文明形态，生态农业的兴起是生态文明思想进入农业生产领域所形成的一个伟大成果。生态农业是按照生态学和经济学原理，运用现代科学技术和管理手段以及传统农业的有效经验建立起来，以期获得良好的经济效益、生态效益和社会效益的现代化的农业发展模式。[①] 通过强调多元主体共享农业产业发展过程中的利益均衡，笔者将以福建金森公司苗木托管模式为例展开阐述。

将乐县林地总面积283万亩，森林覆盖率超过80%，森林单位面积蓄积量和年生长量均居全省第一。1997年4月，时任福建省委副书记的习近平到将乐县常口村调研时强调，山区要画好"山水画"，扎实抓好山地开发，做好山、水、田文章。2002年6月，时任福建省省长的习近平在三明市调研时指出"青山绿水长远看是无价之宝，将来的价值更是无法估量"。多年来，将乐县牢记习近平同志这一指示精神，牢固树立"绿水青山就是金山银山"的生态发展理念。在扶贫开发实践中，将乐县立足良好的森林生态资源，把深化林权制度改革与创新扶贫体制机制统筹起来，走出了一条生态产业扶贫的新路子。全国首家纯营林上市公司福建金森林业股份有限公司担当全县改革排头兵，探索建立公司、村集体和林农市场化、集约型等多种新生态扶贫模式，带动13个贫困村和710多户贫困户增收脱贫，分别占全县建档立卡贫困村、贫困户的39.4%和71.4%。每年全县贫困村、贫困户增加收入310多万元，为全县脱贫攻坚注入新动能，实现经济、社会和生态效益相统一。

金森公司为国有林业企业，其发展历史可追溯到20世纪50年代。公司于2007年11月依法改制成立，注册资本1.04亿元，拥有5家全资子公司和一家村民企合资公司；2010年末资产总额33069.72万元，净资产总额16339.84万元，森林经营面积44.2万亩，林木蓄积量362万立方米。公司经营范围有林木的抚育和管理，造林、花卉的种植，木材、竹材采运、销售，林业、农业项目的投资，木、竹产品销售及相关技术、设备进出口业务，中草药种植，购销农畜产品等。公司始终坚持可持续发展理念，敬畏自然，呵护自然，顺应自然；始终坚持以人为本理念，求贤若渴，唯才是举，为员工营造人尽其才的内部软环境；始终坚持科技兴林理念，依靠自身技术力量，依托林业高校院所研发优势，开展原始创新、集成创新、吸收创新和技术创新，以提升公司核心技术。在三大理念指引下，通过不断拓展延伸林业产业链，形成以用材林为主体的商品材基地建设、以珍稀绿化苗木为特色的林业种苗繁育、以金银花和草珊瑚及芳樟为主的医药与香料原料林培育、以户外木制品为主打的精细木制品加工四大林业产业。

金森公司曾荣获福建省省级林业产业化龙头企业、海峡两岸最具魅力林业品牌企业、重合同守信用企业等荣誉。凭借产业政策、核心技术、新兴产业、市场优势、创新经营、社会责任的支撑，公司努力实现"国家得生态、企业得发展、林农得实惠"的公司发展战略目标，实现"创建东南森林资源培育基地，打造国内精品林业企业"的公司发展定位，科学规划，聚智集力，强势打造海西生态林业产业。

二、契约式权能托管的实施机制

为发展林业产业，推动林企发展和林农增收，金森公司探索建立以公司为代理人的契约式权能托管机制。金森公司与村集体、林农开展股份制合作造林，村集体、林农以采伐迹地、宜林荒山的林地使用权入股，公司以资金和技术入股，负责更新造林和营林管理。通过公司运营，林木主伐年龄由 26 年缩短到 21 年，每亩出材量由 7 立方米提高到 10 立方米以上。由金森公司、村集体和林农三方以资金、林地、林木折股合作，成立股份制营林公司，订立合作章程，明确股权比例，实行公司化运作，充分发挥上市公司资金、技术、人才等优势，大幅提高林业生产效率。

营林公司每年根据林木的具体状况科学安排轮伐指标，确保村集体和林农年年分红，实现循环收益。截止到 2018 年底，与金森公司合作办营林公司的有 4 个贫困村 980 户林农，营林面积 10 万多亩。例如：万全乡上华村是典型的偏远山区，有数万亩山林，在与金森公司合作前是"靠山不吃山"的贫困空壳村。2009 年，在全县深化林权制度改革的促动下，金森公司与村集体、全村林农合作组建金森上华林业有限公司，经营林地 2.75 万亩，三方分别占 54.8%、31.64%、13.56% 股权，经营期限为两代林生长周期，每年安排 3000～4000 立方米的林木采伐指标，每年村集体林地使用和林木收益约 55 万元，公司收益约 150 万元，林农人均固定林业分红约960 元，实现了村、民、企三方共赢。公司每年等额预付给合作的 13 个贫困村和 79 户贫困户林木主伐时 80% 的预期收益，每个贫困村年均可增收2.6 万元，每户贫困户年均可获林业分红 1300 多元，有劳动能力的年人均可获取劳务收入1100多元。解决了贫困村、贫困户生产资金短缺、林业投资回报周期长和收益不均衡等问题，形成贫困村和贫困户以林地入股，参与公司分红的资源收益长效增收脱贫机制。

合办公司林地托管造林经营面积达7.2万亩，涉及85个村3700多户林农，其中贫困村、贫困户分别占全县建档立卡贫困村、贫困户总数的51.5%和15.8%。实际与公司合作造林的村53个，面积21168亩，涉及300户贫困户的900个人口。其中有10个贫困村，合作造林面积2598亩，有61户贫困户210人口。10个贫困村每年每亩预付90元的林木采伐收益，计需23.36万元，其中61个贫困户按每年每户预付1300元计算，合计7.93万元，每年累计31.29万元。若按300户贫困户预付计算需39万元，每年累计62.36万元。

合办公司在以下5个地方进行相应林木托管造林的试点：

（1）福匡村：2015年种植苗木，面积100多亩，苗高80～100厘米。

（2）公司细胞中心：11亩，1万多株苗木，苗高30～50厘米。

（3）整好地的圃地：8～10亩，可以马上播种培育杉木苗。

（4）坊头村：农田50～100亩，适合种植苗木。

（5）目前公司温棚里存有70亩35万株苗木，苗高10～15厘米。

具体措施如下：

措施一："家庭式"苗木托管。建立企业、科研院校和农民合作共赢的生态链机制。金森公司与南京林业大学合作，运用单细胞繁育技术（获2016年国家科学技术进步二等奖）培育杂交鹅掌楸，通过"公司＋基地＋贫困户"的订单链条模式，公司、科研院校和农户形成了利益共同体，实现多赢式良性合作。一是苗木托管。金森公司免费投放幼生产物料和技术指导，贫困户投入田地和劳动力，合作建立"家庭式"苗木管护基地。每户贫困户托管苗木3～5亩，苗木达到技术标准后，公司按保底的规格等级价格回收，每年亩产值6000～8000元，每户贫困户年均收益2万多元。二是家门口就业。公司优先聘用周边乡村贫困家庭劳动力到基地务工，通过专业培训和员工互助掌握一技之长，人均月收入约2000元。这一模式已带动11户贫困户发展生产与家门口就业增收。

措施二："公司＋基地＋贫困户"苗木托管。以金森公司细胞工程种苗繁育中心和万安 1700 亩紫薇产业园为依托，建立"公司＋基地＋贫困户"的生态产业扶贫模式，与贫困群众建立多维、多要素利益联结机制，带动群众增收脱贫。一是贫困户投入土地和劳动力，金森公司投放单细胞工程温棚幼苗，合作建立"家庭式"苗木管护基地，双方订立圃地苗木托管协议，基地用工以贫困劳动力为主，公司免费提供生产物料和技术指导，育成苗木保底价回收，带动万安镇及周边乡镇 31 户贫困农户加盟，每户年均育苗纯收入 2 万多元，基地常年用工 30 多个贫困劳动力。二是组培中心的洗涤、接种等普通工序和紫薇园苗木管护岗位，优先安排企业周边 20 多个贫困家庭劳动力稳定就业，人均月收入 2000 多元，实现家门口就业脱贫。

三、村民企三者合办营林公司

建立合作社为代理人的公司与集体合作经营机制。金森公司与村集体、林农签订股份合作协议，村集体、林农以采伐迹地、宜林荒山的使用权入股，占 30％的股份。公司投入资金对采伐迹地、宜林荒山进行更新造林和营林管理，占 70％股份。在森林资源培育过程中，公司实行良种造林、工程化管理、集约化经营，村民代表和村干部参与作业设计的审核、质量检查验收和日常管护，村集体、林农和金森公司按三七比例分成林木收益。这种合作模式突破了传统的林业经营体制，解决了村集体与私人分散造林管理水平低、经营效益差的问题，促进林业产业化经营和可持续发展。形成村集体和林农以林地入股，参与公司分红的资源收益长效增收脱贫机制。

该县林业部门的工作人员向我们说明了当地综合性服务基地对农民在营林的全方位支持和保护，以下是林业局领导 L. G. Q. 的经验介绍和总结：

我们尝试建立了林业综合服务总部基地，这个基地主要是把公益性的服务和经营性的服务相结合。在公益性的服务方面，我们引入了"空中农人"公司，负责所有的产前、产中和产后的专业化服务。通过 App 形式管理，农民需要拿农活、买种苗、基建服务都可以通过 App 直接获取，后期的加工、冷链也可以在 App 上购买到相关的服务。我们一个职业经理人一般管辖的面积有一千多亩。一千多亩按照传统模式，一个人是干不下来的，但通过 App 购买这些服务可以有效满足生产的需求，减少管理成本。

公益性服务主要是指林权管理方面的服务，比如林权流转、抵押贷款。这个经验来自崇州，一种林业共营制。2015 年崇州的林业共营制的模式在全国复制推广，我们就借鉴了崇州的改革经验。

综合服务只是我们林业共营制的一个组成部分，我们将其分为三大板块。第一板块是林业新型经营主体，即林地股份制的合作社，农业上叫"三权分置"。林地还有两权——地表附着的所有权和使用权，因而也可以说"五权分置"。我们将经营权剥离出来，单独办理一个林地经营权证，经营权作为一个要素就可以流动了。老百姓拿这个权证就可以入股我们的合作社，每个人都是股东，都能享受到我们产业化经营的收益。合作社通过统一经营的模式，用适度规模化的经营来发展现代林业的第一、二、三产业。第二板块是谁来生产的问题，即培育林业职业经理人。每年开展培训，学员经封闭式的学习以后，取得认证证书，证书分为初、中、高三个等级。学员结业后服务于我们的林业经营新型主体，他们扮演的角色是生产厂长，负责制定生产计划和执行生产计划，但是怎么种，谁来种，还是合作社社员说了算。林地流转本来是外部动力促成的关系，外面企业进驻赚钱和老百姓一点儿关系都没有，但是通过我们这种林业共营制的机制和体制创新以后，就把老百姓的利益和林地产出效益紧密地连在一起。产出多了以后，老百姓享受的收益就多了，乡村振兴，生态美，产业兴旺，百姓就能增产增收。第三板块是林业综合服务，除此之外还有科技服务、品牌服务。就科技服务来说，我们与高校结成院校合作的战略关系，每年这些院校会带着项目为合作社做科技服务。签订协议之后，院校为我们做项目，项目完成经第三方评估，符合要求的，由政府给予资金上的扶持。即由政府买单，合作社享受科技服务。

2016年3月份开始，我们组建了53家林地合作社，都在正常运转。林业生产有个很大的特点，就是前期投入特别大，生产周期特别长，不像农业，当年就见效了。目前我们还在改革阶段，明年我们也想搞林业履约保证保险，实现林业价格指数有保险。就像牛尾笋，每年的价格不一定，比如今年几毛钱，老百姓就不愿意采了，我们就有一个基础价格，比如一块二一斤，如果市场价格低于这个价格，保险公司来兜底。这个保险在农业上已经有突破了，农业比较单一，我们是大小村，小村是油菜、小麦，大村是水稻，水稻有保护价——一块两毛八一斤。但林业产品没有保护价，今年中药材种出来是200块一斤，但是三年之后呢？风险对于合作社很大，合作社代表老百姓的利益，因此应该推行履约保证保险。[①]

金森公司作为一个国企是国家经济力量的代表，通过发展林业产业将集体利益和农民个人利益紧密联系在一起，同时在产业振兴过程中始终秉持利益共谋、价值共享的原则，村集体、企业和个体农户在产业发展中都能得到属于自己的那份"果实"，而金森充当一个中介人和委托者，在这里它代表着国家意识形态的基层的实施，并通过这种方式落实国家政策，传播国家声音。其实，从另一面我们也可以看出，党和政府尽己所能开展扶贫攻坚、乡村振兴，这代表党对人民的使命和初心，也是履行政府责任的体现。

四、"产业＋金融"扶贫模式

为推动林业产业扶贫，帮助贫困户脱贫致富，金森公司建立贫困群众参与生态产业发展新机制。由县扶贫小额信贷促进会为贫困户贷款提供担保服务，合作金融机构向每户贫困户发放5万元贷款，财政通过贷款贴息、风险补偿等措施降低贷款风险，贫困户获得贷款后将资金投入金森公司合作发展林业生态产业。金森公司以6％的年固定红利方式给予贫困户分红。贫困群众入股金森合作经营新机制，新增扶贫小额信贷691户3455万元，提高了贫困群众对金融扶贫的可及性，扩大了生态产业扶贫的覆盖面。福建金森万安紫薇苗木基地于2012年12月开工建设，项目总投资约2600万元，分两期建设。基地与北京林业大学合作，从日本、美国、欧洲等地引进符合市场需求的紫薇新品种，通过驯化、本土化繁育、嫁接等方面的措施，推广培育新品种。基地广泛应用控根快速育苗技术、容器育苗技术、高位嫁接改冠换头育苗技术等先进的育苗技术，目前已建成占地2000亩的集生态景观、绿化苗木产业及紫薇品牌为一体的现代化绿化苗木基地。该基地有以下几个特点。一是增加农民收入。一方面农民把地租给金森公司有地租收入，另一方面，农民可以到基地务工增加收入。二是增加村财收入。通过土地流转，村集体可以收取部分土地管理费用。三是带动花卉苗木产业发展。通过基地的示范作用，带动农户种植花卉苗木，目前已成立了2家苗木合作社，有68户农户共种植各类绿化苗木700余亩。四是促进

---

① 2017年1月10日访问将乐县林业局领导 L. G. Q. 。

乡村休闲旅游发展，利用花季开展乡村旅游。

为建立林木能担保融资的"金融＋"扶贫机制，金森公司注资 1.3 亿元成立林业小额贷款公司和鑫绿林业融资担保有限公司，小贷公司承办林权证抵押贷款，重点支持对贫困村贫困户带动作用较强的森林资源培育、林产品深加工、花卉苗木生产等企业，扶持合作林场、家庭林场等新型林业经营主体。发展林下经济、森林旅游等新业态经济已累计帮助 143 家林企、林业合作社和林业生产大户等经营主体融资 4.1 亿元，增强了全县林业产业扶贫后劲，已带动 25 个贫困劳动力实现就业增收。金融公司重点支持金森公司上下游对贫困村、贫困户带动作用较强的林产品深加工、花卉苗木生产、森林资源培育等企业，带动 310 多户贫困户通过发展生产和实现劳动就业增收脱贫。金森公司同时发起成立金晟林权收储有限公司，与全县所有金融机构签订合作协议，开展森林资源收储管理和林权处置相关服务，实现生态扶贫与金融扶贫融合发展，这一做法得到了国家林业部门的充分肯定。截至 2017 年 1 月，金森小额货款公司已累计投放贷款 7.3 亿元，帮助 76 家企业、126 家林业合作社与家庭林场解决了生产资金问题；鑫绿担保公司累计为企业、林农提供贷款担保 5.2 亿元，全县林业发展后劲进一步增强。

通过金融支持林业产业的方式，金森创新发展融资方式，扩大产业融资面，帮助林业企业获得更多的资本来源，这对林业的发展是至关重要的。前文中我们也曾经在广西罗城 M. Y. 合作社参与扶贫的案例中提出后备资金的重要性，在市场化的大背景下，没有有效的金融资本支持，对一个初生且需要长期发展的产业来说，举步维艰，金森公司通过成立林权收储公司、小额贷款融资担保公司等金融公司对接金融机构，来实现融资、抵押、担保和兜底等经济行为，为林业产业发展提供坚实保障。

第四节　合作社＋农户：广西龙胜县
"三产融合"互惠式产业发展实践

一、基于体验的融合型田园综合体的构建

英国经济学家阿·费希尔教授在 1935 年所著《安全与进步的冲突》一书中提出三次产业的不同功能。他认为三次产业的分类与人类对各产业提

供产品的需要的紧迫程度有关。第一次产业为人类提供满足最基本需要的食品，第二次产业为满足人类生活的其他需要，第三次产业为除满足人类物质需要以外的更高需要，如生活中的便利、娱乐等各种精神上的需要。随着人们生活水平的提高，需求层次上升，要求社会提供的产品也必须与之相符合，从一产到三产除了受市场因素影响之外，也受资源、文化、社会和历史传统的制约，广西龙胜梯田从粮食种植到景观开发反映出农业现代化过程中的目标更新与结构变革。以合作社带动农户的发展，实现农户依赖合作社进行二者的利益分享，我们将以龙胜龙脊梯田田园综合体为例来做具体的阐述。

龙胜各族自治县位于广西北部，是湘西南、黔东南与四川进入广西之咽喉与物资集散地，是我国中南地区最早成立的山区少数民族自治县，也是革命老区县、国家扶贫开发工作重点县和滇桂黔石漠化片区区域发展与脱贫攻坚试点县。全县辖 5 乡 5 镇共 119 个行政村，主要有苗、瑶、侗、壮、汉族等 5 个民族，总人口 17 万，其中少数民族人口占 80％。全县农村人口 150581 人，占 88.58％，是桂林市唯一的国家级贫困县。全县总面积 2538 平方公里，其中山地面积占 87.2％，森林覆盖率达 76.21％，是一个"九山半水半分田"的典型山区县。"十三五"期间全县有贫困村 59 个，有 2015 年底建档立卡贫困户 7685 户 29538 人。2016 年以来，龙胜县完成了自治区下达的 12 个贫困村和 8600 多人贫困人口脱贫摘帽任务。立足县情实际，按照"生态立县、绿色崛起"的发展战略和"生态、旅游、扶贫"的发展思路，扎实推进脱贫攻坚各项工作，取得了阶段性的成果。近年来，国家高度关注龙胜县扶贫工作的开展，并持续定点帮扶龙胜县。

龙胜县推进三产融合式田园综合发展模式，形成三产梯度布局。第一产业为主的"两果一茶"，种养结合；第二产业形成龙头企业为主体的农产品加工；第三产业以发展旅游为主，结合民族特色、生态观光的旅游优势，将龙胜打造成为田园综合式的产业发展模式。多元的发展，意味着多重的保障，农业经营本来就风险极大，变动迅速，三产之间相互的融合，相互的支持，在一定程度上降低风险，提高经济效益。

首先，将传统农业产业作为基础。传统种植业具有基础的保障作用，市场条件下，迎合市场需求的，特别关注产品周期和消费倾向。龙胜首先充分发挥其生态优势，着力打响龙胜生态、环保、绿色、有机的特色农业品牌，初步形成了以"两茶一果（油茶、茶叶、罗汉果）加特色养殖"和新品种水果为主导产业的特色生态农业产业。目前，全县发展了油茶 20 万亩、茶叶 1.5 万亩、柑橘 4.58 万亩、罗汉果 2.1 万亩、百香果 2.3 万亩，年养殖凤鸡、翠鸭 160 万羽，新品种水果 3 万亩、高山蔬菜 1.5 万亩。对于这些种植业龙胜县都有按照相应的标准进行补助，种植罗汉果、百香果每亩补助 500 元，最高补助 2000 元/户；农户种植茶叶每亩补助 1000 元，最高补助 3000 元/户。[①] 在第二产业的加工销售上重点扶持扶贫龙头企业、专业合作组织、农户加强烘干加工设备的投入。计划增建大型真空脱水机 5 台，电恒温型烘烤房 10 座，大型微波真空脱水机按照全套设备造价 1/3 给予奖补，最高不超过 10 万元；电恒温型烘烤房，每座以奖代补 5 万元。在加工销售上重点扶持扶贫龙头企业、专业合作组织、农户加强冷链保鲜加工设备的投入。计划增建保鲜库 5 座，按照全套设备造价 1/3 给予奖补，每座以奖代补 8 万元。

其次，第二梯度上以"绿色""有机"为战略，形成核心竞争力。在生活水平不断提高的同时，国民的消费层次也逐渐提升，产业发展要迎合消费的需要，产业的战略定位更要有超前的市场眼光，它在第二梯队上是整个产业发展的主要推动力，形成承上启下的作用，因此定位必须高瞻远瞩，要有敏锐的市场趋向的嗅觉，抓住未来的发展方向，才能抢占先机。龙胜致力于抓好农产品"三品一标"认证管理和宣传推介工作，推动龙胜的绿色有机农产品走向高端市场，与中国有机绿色食品实业有限公司（以下简称中绿公司）签订了战略合作协议，积极打造"中国绿色有机示范县"。目前，获得有机产品认证和有机转换产品认证的农产品达 5 个。茶叶、凤鸡、翠鸭、龙脊辣椒、地灵花猪五个产品获得国家农产品地理标志认证产品，其中龙胜凤鸡被列入国家级畜禽遗传物种保护名录，是广西禽类唯一获此殊荣的品种。

---

①另外对于发展特色养殖业也有相应补助，凤鸡、翠鸭，户养殖规模 100 羽/批次，每羽补贴 5 元；猪 3 头以上/户、羊 5 头以上/户，每头补贴 200 元；牛 1 头以上/户，每头补贴 800 元；养鱼 0.2 亩、500 尾以上/户，每尾补助鱼苗 2 元；养蜂 10 箱以上/户，每箱补助 200 元。

最后，通过制度机制改革推动模式构建并促进农业产业现代化。制度创新是农业产业现代化的一个相对稳定的因素。一个先进的、符合时代发展的制度能够促进生产力的发展，推动产业变革。正如诺斯所提出的，一般来说制度创新的目的是追求利润的最大化，[①] 任何主体在推动制度变迁的过程中都带有这个目的，当然也只有这样的诱发性因素，才能促使各类主体努力去推动制度的变革。也正如马克思关于经济发展的论述中指明，一定意义上生产关系的变革推动生产力的进步。龙胜县政府进一步加大扶贫龙头企业、农民专业合作社和种养大户等新型农业经营主体的培育力度，对其带动贫困户发展给予一定的贷款贴息和基础设施建设投入等扶持，引导贫困户以土地、劳力、托管等方式参与合作经营，形成以"龙头企业、农民合作组织、种养大户"为一体的经营模式，其目的也是提高经济效益，促进生产力发展。

如马堤乡东升村是全县最贫困村之一，通过"龙头企业带动，村级组织助力，贫困群众托养，按劳分配收益"的发展模式，许多贫困户在中绿公司的带动下，以托管方式养殖龙胜本地品牌土猪（泉水猪），经过半年时间，每户获纯利 7000 元左右。政府为了进一步壮大全县主导产业，缩小非贫困户与贫困户享受政策的差距，每年安排 2000 万元以上支农资金，对非贫困户发展在全县主导产业上予以扶持，为全县扶贫产业规模化打下良好的基础。同时，县财政还每年安排 100 万元作为农业产业发展风险基金，对遭受重大自然灾害和遭遇市场严重冲击的农产品实行补偿，最大程度减轻农民的损失，增强农户抗风险能力。这些措施都是为了有效保证整个模式在一定的制度框架内运行，同时这种运行必须是高效的，这样群众才能在这个体制内感受到公平和效率，并自觉去维护这个体制，从而形成一个相对稳定的模式。

从这整个模式构建的过程中，我们发现政府的作用至关重要，它似乎充当一个设计者、参与者、协调者和监督者。但是政府并非农业发展过程的主体，政府的能力过分凸显会导致农业产业发展中真正的主人翁——农户的退位，政府应该成为"上帝之手"，一双看不见的手，关键时候施以帮

---

①《经济史中的结构与变迁》，第 7 页。

助。在体系建构之下，每一个细微的结构都应该有自身协调发展的小系统，以发展旅游为主的龙脊梯田可以说是这个大综合里的小系统，它可以自行发展，也属于这个宏大的农业三梯度体系。接着我们通过几个简单的案例，来透视龙胜梯田这个偶然的三产融合产物有着何种得天独厚的条件发展为一个田园综合体，借此梯田生存的代代壮寨儿女是如何在当前乡村振兴的背景下摆脱贫困、发展产业、生活富裕的。

二、从物质生产到景观生产："三产融合"的自然禀赋

龙脊梯田分布在海拔 300 米至 1100 米之间，最大坡度达 50 度，前往梯田几乎都是盘山公路，一直升到海拔约 600 米以上，到梯田时海拔达 880 米。2018 年 4 月 19 日中国南方稻作梯田（包括广西龙胜龙脊梯田、福建尤溪联合梯田、江西崇义客家梯田、湖南新化紫鹊界梯田）在第五次全球重要农业文化遗产国际论坛上，获得了全球重要农业文化遗产的正式授牌。梯田处处有，可像龙脊梯田这样大规模集中的实属罕见。

亲眼见识过这个奇特的地方，才会发现传闻不虚。在寨子里悠闲游荡之时，偶遇壮族老太太，告诉我们有关梯田的许多故事，据说当地曾有一个苛刻的地主交代农夫说，一定要耕完 206 块田才能收工，可农夫工作了一整天，数来数去只有 205 块，无奈之下，他只好拾起放在地上的蓑衣准备回家，竟惊喜地发现，最后一块田就盖在蓑衣下面。这个传说可以很好地说明龙脊梯田的特点，细碎、狭窄、坡度高、耕作难，可见耕地的珍贵。我们眼前的美景，是多少代人努力的成果，又留下了多少代人的希望。据统计，龙胜梯田共有大小各异的梯田 15862 块，最大的梯田只有 0.62 亩，最小的梯田只能插 3 株禾苗，有"青蛙一跳三块田"和"一床蓑衣盖过田"之说。在这里，凡是有泥土的地方就有梯田，代代相传的农民们用辛劳和汗水，凭借自己的智慧和力量去改造自然、建设家园。据说龙脊所处的南岭山地距今 6000 年至 12000 年前就出现了原始栽培粳稻，是世界人工栽培稻的发源地之一。秦汉时期，梯田耕作方式在龙脊已经形成。唐宋时期龙脊梯田得到大规模开发，明清时期基本达到现有规模。龙胜梯田距今至少有2300 多年的历史，堪称世界梯田原乡。

在漫长的岁月中，人们在大自然中求生存的坚强意志，在认识自然和建设家园中所表现的智慧和力量，在这里被充分地体现出来。然而在当前，

盛夏的龙脊梯田与平安壮寨

如果不转变发展的方式，开垦种植、精耕细作已经成为一种过时的方式，机械化水平的提高，规模经营成为主要方式，不进步不改变只能被淘汰，幸运的是他们再次找到适合的道路，发展景观式旅游，转变生产的方式，改变生产的目的，创新经营模式。

龙脊梯田具有原始的美丽和真实的自然。梯田坐落在越城岭大山脉之中，四面高山阻隔，至今仍未通公路，经济性质仍然是自产自给为主。龙胜最高峰福平包（海拔 1916 米）坐落在小寨屋后，在福平包海拔 1500 米以上仍然保持茂密的原始森林。这里溪流众多，水源充足，山上植被四季常青。山寨的房屋是清一色的吊脚楼，错落有序的山寨与大山融为一体，古朴清雅，画意十足，来到龙脊金坑梯田大有返璞归真、回归自然之感。

这里景色秀丽、如诗如画。龙脊梯田整齐有序，线条丰富多彩，线条形状以曲线为主，曲线赋予梯田一种动态美。金坑梯田比较有层次感，由于金坑地势陡峭，梯田呈带状的较多，它的高低层次较多，远近层次也很丰富。再就是金坑梯田有音乐般的美感，它体现在梯田的节奏与韵律感之中。而这些都成为龙脊发展农业第三产业的绝佳条件，农业第三产业注重娱乐、休闲和服务，特别是当前对旅游的需求特别重视体验感和独特性，恰恰龙脊梯田就具备这些独特的东西，吸引游客流连驻足。

龙脊的美丽令络绎而至的游客折服，龙脊梯田的种种独特孕育了发展旅游业的基础，这些都成为它独一无二的"卖点"。或许只有当传统打上了"商品"的烙印之后，才能得以继续传承和维持。现代化的过程意味着传统被打碎，一旦不再具备可以出卖的价值之后，传统将被抛弃，将消失。在"资本逻辑"统治下的时代，没有融入这个浪潮，也将没有生存的空间。以一种新的方式让传统继续留存，毫无疑问，融入商业、融入市场、融入资本是有效的方式，让景观成为一种消费品，让文化成为可以被消费被需要的东西，那么它的价值就可以体现出来。龙胜龙脊梯田景区主要是以农业梯田景观为主体，融入壮、瑶等少数民族传统民族风情为一体的、集合自然景观与人文资源因素的综合旅游景区。龙脊梯田景观被誉为"天下一绝"，梯田景区被誉为"诗境家园"，而它所蕴含的浑厚的梯田文化则具有巨大的开发价值。

三、经济性与道德性统一：共享型利益分成格局

龙胜把旅游业作为支柱产业、核心产业、品牌产业和生命产业来打造，利用"世界梯田原乡、世界滑石之都、多民族生态博物馆、中国红玉之乡、康寿养生胜地"五大特色旅游品牌的优势，将旅游与扶贫结合起来，通过开发生态观光游、民族文化游、民族节庆游、农耕体验游等形式，把群众身边的一草一木和特色民族文化推向旅游开发一线，率先在全国开辟了旅游扶贫的成功之路。据统计，2016 年，龙胜县旅游直接从业人员已达 2.5 万人，间接从业人员达 5 万人，全年共接待游客 647.57 万人次，旅游总消费达到 66.58 亿元，当地群众直接或间接享受到了旅游发展带来的红利。旅游扶贫已经起到了明显的、生动的带动作用，许许多多群众走上了致富道路。比如，2016 年正月初六广南村举办的"闹春牛"活动，吸引游客上万人，当天就销售旅游产品达 48 万元。

目前，龙脊至温泉百里沿线成为"旅游扶贫热线"，涌现出金江、周家、张家等一大批乡村旅游扶贫示范点。此外，当地积极引导贫困群众以特色民居、梯田、林地入股合作的方式，创新实施了"景区辐射""支部引

领""党员带头""能人带动"等为主的旅游扶贫模式，实现了旅游扶贫从
"粗放型"向"精准型"转变，产生了良好的效应。如，龙脊镇的大寨村民
以梯田和民族村寨入股发展旅游，仅 2016 年参与"旅游合作社"分红就达
到 473 万元，分得最多的村民达 4.35 万元，最少的也有八九千元。因此，
很多群众成为"拿起锄头种田、穿上服装演出、演出结束经商"的"多栖
农民"，增收能力不断增强。实行这种模式的还有金江黄洛、白面瑶寨、平
安壮寨等，旅游扶贫已经成为龙胜最有效的扶贫模式之一。

龙脊景区大寨村的旅游扶贫模式尤为典型。龙脊大寨村曾是龙胜县典
型的贫困片区之一，2003 年正式发展旅游以来，群众收入连年翻番，全村
293 户 1204 人，绝大部分过上了小康生活。政府组织动员群众成立合作社
并以梯田景观资源为股份，与公司签订旅游发展协议，共同发展旅游。在
平安、龙脊、大寨三个核心村，公司每年按门票收入的 7% 返还给各村的旅
游管理委员会，由村旅管委分红给群众。仅大寨村，2014 年分红 297.2 万
元，2015 年分红 403 万元，2016 年分红 473 万元。当地还通过"公司＋贫
困户"的模式助力困难群众家门口就业。索道公司、运输公司、电瓶车观
光专线、保洁公司等企业根据各自的特点和经营范畴，吸收了大量的群众，
特别是贫困群众从事旅游业，在保障群众切身利益的前提下开展旅游经营
活动，取得了良好的效益。2016 年，仅龙脊公司就吸引当地贫困群众就业
120 多人，保洁公司吸引贫困群众就业 60 多人。

龙胜县旅游扶贫模式的主要亮点是：一是可操作性强。旅游扶贫模式
属投入少、回收快、收益高的脱贫模式。二是产业间交流性强。通过旅游
扶贫开发，发展贫困地区的养殖业、种植业和食品加工业，扶持困难群众
开办农家乐等，从而培育新的经济增长点和主导性产业，改善贫困地区的
产业结构。三是就业面广。企业就地、就近吸纳劳动力可以扩大就业面，
提高就业机会，有利于安置贫困群众劳动力，减少民工盲目外流，消除社
会不安定因素，并对周围贫困地区群众解决就业问题起到示范作用和带动
作用。

龙脊梯田的这种集体合作发展的模式是一种有效的发展模式，梯田为
村民集体所有，通过合作的方式开发梯田有助于实现公平，有助于保护土
地整体产权。恩格斯指出，在小农占优势的国家中实现农业的社会主义改

造，必须坚持农民自愿的原则，通过合作制的形式进行。农业合作制是一种既区别于土地国有制、又区别于土地私有制的所有制形式，在所有制上把小农的私有制转变为合作社集体所有制，在生产上把分散的家庭生产转变为合作社的合作生产，在分配上把家庭自我分配转变为合作社统一分配。

龙脊梯田通过发展合作制经济有如下几点经验：首先，发展合作制经济使得要素分布达到经济最优配置，实现土地和劳动力的优化组合。寨子中的村民共有土地，共同耕作，利益分配按照份额比例分成。其次，农业合作制经济组织为农户提供信息、技术、加工、营销等方面的信息和服务，及时指导农户调整农业结构，根据市场供求信息来指导农户生产。从稻田的种植到旅游公司的运营都在共同体的框架下实现，而且面对外来公司以集体形式进行合作，保护集体资产的同时也增加了面对外来资本的实力。最后，发展农业合作社经济，实现农业在纵向和横向上的专业化。前者指农产品的生产、加工、营销等各个环节有机结合起来，形成完整的农业产业链，产业链上的每个环节都趋于专业化；后者指因地制宜发展特色优势产业，以产业优势提升合作组织的整体竞争力和专业化水平。

同样的通过产业结构之间的相互补充振兴乡村的还有厦门市同安区的白交祠村，通过"文塑形，产铸魂"形成独特的乡村产业振兴特色。以文塑形，结合白交祠村自身文化、延续历史文脉（红色文化、闽南建筑文化、山水文化、茶文化等），以整治改造为契机，改善居住环境，全面提升村人居环境质量，达到"塑形"的目的。兴产铸魂，结合白交祠村自身产业特色，激发乡村活力。打造特色的"一产促三产，三产带一产"产业振兴思路，从而实现宜居宜业、产业兴旺。

白交祠村隶属福建省厦门市同安区莲花镇，位于市域北部山地。在地形地貌上该村地处高山地带，海拔在 900 至 1000 米左右，村庄建成区地势多变，高差变化明显。在气候水文上，村庄常年多雾，湿气大，夏季凉爽，是典型的山区气候。因地处山区，海拔较高，温度较山下偏低，适宜夏季避暑度假。在人口概况上，目前，白交祠行政村下辖 9 个村民小组。截至2018 年 6 月，白交祠村总人口 1326 人，330 户。在村域经济上，白交祠村产业以农业为主，村民收入来源主要靠茶叶生产加工、地瓜种植和外出务工。村财主要来源于蓄水电站与财政补助。2017 年，村庄财政年收入 15.2

万元，村人均纯收入 17218 元。白交祠自然资源极其丰富，有杜鹃石寨、竹园、百丈崖、光明顶、徐水垵水库、蛟龙瀑布等。习近平同志曾于 1986 年 4 月 7 日和 1998 年 10 月 16 日两次到该村考察调研，为其脱贫工作开出了"药方"，指明了方向。习近平提出"山上戴帽，山下开发"的要求，具体而言是指山上植树造林，山下种果种茶，实现民富村美。在特色资源上，白交祠村古厝文化、宗祠文化、茶薯文化、民俗节庆文化丰富，村中不仅保存有比较集中完整的、独具闽南特色的古厝民居，还存有许多地方宗祠，至今仍保留着许多民俗节庆，如在杨六郎公庙举行的每年正月十六的"拜杨六郎"活动和三年一次的十月二十八的"趙火节"等。

首先，厦门市政府和同安区政府结合该村的实际情况，对白交祠的产业情况进行了分析和定位，着力打造厦门西北部以红色文化为底蕴、以自然生态风貌为承载发展乡村旅游为主的休闲观光型富美乡村。乡村产业发展的六个基本面向的定位为：一是文化功能定位，打造厦门市红色文化、闽南山区民俗与建筑文化、茶文化展示平台，以及党建文化交流平台。二是产业发展定位，围绕休闲农业主题布局农业，拓展乡村旅游业，实现三产融合。三是旅游发展定位，发展红色文化主题、休闲农业、养老养生等旅游产业。四是生态功能定位，建设同安北部生态功能区，厦门市山地生态屏障。五是社会功能定位，通过旅游产业带动白交祠村村民产业转型，"提高村民收入"。六是目标客群定位，将厦漳泉区域周末度假游客、党政机关与企业集团团建游客与外地观光游客纳入人群定位中。

其次，围绕着"文以塑形，产以铸魂"来开展整体规划，在文化资源的利用上充分挖掘白交祠村文化资源，如红色文化、闽南建筑文化、山水文化、茶文化等，将文化内涵应用到对村庄整体风貌的提升上。对红色文化的运用主要体现在，在村庄重要节点、道路等位置设置宣传栏、红色文化浮雕等标志物，烘托白交祠村的红色文化氛围；建筑文化的应用主要体现在，将当地特色建筑元素运用到建筑改造中，如平改坡的手法、建筑的色彩与白交祠原有建筑呼应等；对山水文化的应用主要体现在，控制白交祠村建筑的体量，不对其进行大拆大建，保留村庄原有的山水格局。通过将文化融入白交祠村貌提升的方方面面，提升村域发展的特色，打造"一村一品"，从而达到乡村振兴的目的。

接着，在产业兴旺上，以"一产促三产，三产带一产"作为振兴思路。"一产促三产"即改变原有的农业小规模种植和生产的模式，通过农业转型吸引城市游客，改变原有的农业小规模种植和生产的模式，向农业生产的规模化、专业化、品牌化经营转型，推动特色品牌创建，优化提升观光农业，该村农业以茶叶（铁观音）、地瓜、果树种植（以桃树为主）为主，茶园美景、茶采摘、果蔬采摘等乡村体验项目，可吸引城市游客前来体验观光，繁荣旅游业。"三产带一产"即通过白交祠村观光旅游品牌的打造，提高农业收益，繁荣农村经济。如红色文化乡村旅游、高山气候、休闲旅游等特色旅游项目可吸引大批团队和个人游客，旅游的繁荣宣传了白交祠村的第一产业，拉动了白交祠村第一产业的产品输出，起到了三产"反哺"一产的作用。

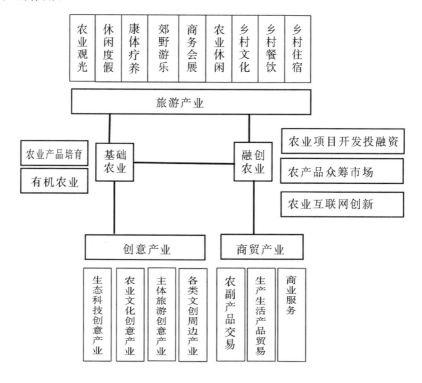

白交祠村 2019－2024 年产业发展规划图

在农产品生产的初始产业上，依托当地生态农业，以茶叶、地瓜、番茄、蓝莓种植为特色，发展其他农产品生产。农副产品加工作为升级的第二产业，茶叶与地瓜加工等可以向农副产品加工产业化拓展。在第三产业上发展乡村旅游业，向乡村旅游方向拓展，吸引厦门市区人流前往。白交祠村还融合第一产业和第三产业发展农业体验旅游，引导农业与旅游产业融合，提供农业体验项目，拓展农户收入源。发展旅游配套产业，拓展旅游产业带来的相关服务需求，带动就业。

在产业链的构建上，白交祠村产业链的构建可概括为：两大龙头产业＋若干延伸产业。两大龙头产业——第一产业、第三产业，若干延伸产业——创意产业、商贸产业、融创农业。在两大龙头产业上植入相关产业，引入相关社会资本，落地村落，促进乡村发展，具体包括：农业产品培育、农业观光、乡村住宿、有机农业、郊野游乐、休闲度假、康体疗养、乡村文化等。

表 4-3　白交祠村"三产"发展思路

项　　目	农业生产	农产加工	旅游服务	其他服务
需求条件	农业设施	生产原料	旅游目的地	基础产业支撑
产生收益	绿色产业	生产能力	吸引人流	大量就业

将文创融入乡村建设之中，改造生产方式使之融入大的产业发展背景中，消费的转向促使生产也发生改变，在基本的利益驱动的经济规律下，农业生产与乡村产业发展都应该与这个目标相契合。在打造"一产促三产，三产带一产"的过程中利用互联网和大数据时代信息的高速聚散，将新技术融入乡村产业发展，建设"乡村平台＋""乡村品牌＋""乡村旅游＋""乡村共享＋"[1]等新型模式。具体的可以通过以下过程实现。其一，村集体成立农民合作社，集体管理能力较强的村可以直接由村集体成立农民合

---

[1]"乡村平台＋"：两个村甚至多个村共同打造产业、产品、资源、主体的组织平台、综合服务平台。例如，农业合作公共信息平台、农业研究促进培训综合平台、区域农业物联网平台。

"乡村品牌＋"：统一区域品牌形象，强化品牌组织，形成品牌体系，保护知识产权，避免恶性竞争，逐步将农特产品、文化产品、旅游产品也纳其中。

"乡村旅游＋"：完善国家乡村旅游扶贫制度，规划开发具有区域特色的乡村旅游项目，开展乡村旅游创新创业行动，大力发展乡村旅游电商，发展乡村旅游品牌。

"乡村共享＋"：即通过房屋共享、土地共享、资源共享等手段整合闲置房屋、土地等资源，实现资源高效率转化。

作社，合作社需要以公司的形式运营并招聘相关专业人员开展工作。其二，外来企业介入，村民入股。村集体能力相对较弱的村庄，在村民同意的情况下，可引进企业。但为避免社会资本的强势介入而使村民失去本属于他们的乡村增值，可以成立股份公司，村可以以使用权、资源开发权等入股，使企业与村民实现共赢。其三，运用整体租赁模式，将乡村旅游的所有权与经营权分开，授权给一家企业进行较长时间的控制和经营管理，成片租赁开发，统一建设、经营、管理，并按约定比例由所有者和经营者共同分享经营收益，村民参与收入的分红，村民住宅可以获得房屋保护补贴。以上几种模式都需要公益组织监督和政府调控，不管是运营主体还是组织形式，公益组织和政府在运营过程中将起到非常大的作用。

第四章 / 乡村产业振兴与产业发展保障机制

乡村产业振兴需要具备与之发展相适应的产业发展保障机制，这个保障包括组织、人才和制度等等，党的领导是乡村振兴的根本，党的基层组织是乡村振兴坚实的政治堡垒。党的领导具有天然的政治优势，可以协调各级政府、主要部门的职责，加强工作的领导，有效支持资源要素，创新制度供给，整合和动员乡村产业振兴的多方力量，使之形成正向合力。乡村产业振兴人才是重点，加强"三农"的队伍建设，强化人才支撑，把更多"懂农业、爱农村、爱农民"的人汲取进入队伍中，提高农民的职业化、专业化和技能化，进而让社会各行各业中优秀的人才投身乡村建设。制度建设贯穿整个乡村产业振兴的过程，除了农村土地制度、经营制度和产权制度的改革之外，与农村发展相关的制度创新都是推动乡村发展的重要保障。本章从组织、人才和制度三个方面探究乡村产业振兴中的保障机制。

第一节 "拍板"的支书带头人

一、山东莱阳市濯村：全国首批美丽乡村的典范

濯村，位于莱阳市南 20 公里处风光秀丽的五龙河畔，全村 1600 户，5000 人。自 1996 年以来，濯村党委带领全村党员群众，认真谋划、科学发展，把昔日一个既无区位优势，又无任何资本的偏远山村，一举发展成为远近闻名的"全国新农村建设示范村""全国文明村镇""国家级生态文明村""全国农业旅游示范点""全国美丽宜居村庄""中国美丽乡村"。今天的濯村，街道宽阔整齐，楼房鳞次栉比，园区厂房林立，三季鲜花飘香，

四季树木常绿，被誉为"田野上的都市"。

濯村党委敢于解放思想，转变观念，充分整合土地资源，通过土地流转，积极发展现代农业，彻底改变了传统农业种植模式，在胶东半岛率先走出了一条农业对外开放的新路子。全村9成的土地建成了现代高效农业示范区，过去面朝黄土背朝天的农民已变成农业产业工人，土地的产出效益提高了十几倍。占地76公顷的莱阳第一个农村工业园——濯村工业园，主要产品已发展到包括机械、服装、花卉、食品加工、鞋帽等8大系列460多个品种，不仅畅销国内市场，而且远销美国、韩国、意大利、西班牙等8个国家和地区，可安排3600余名农民就业，年可增加劳务收入2000余万元。

在工农业生产良好发展的同时，濯村又把发展的目光聚焦在发展特色产业上，将生态旅游这一绿色朝阳产业作为重点优先发展的方向，依托中国美丽乡村这一品牌和美丽宜人的良好环境，进一步发展绿色、生态旅游和乡村游，结合濯村实际，制定了"一河两带三山一园"的创新发展规划。在全村规划建设了11处景点，借助现有的大梨园、生态园、花卉园以及具有胶东特色的农家乐旅游，开发农业观光乡村游项目，吸引游客前来观光休闲、享受农村独特的自然风光。2015年，举办首届莱阳濯村樱花文化节。通过举办樱花节，给濯村各项事业的发展带来无限的商机和更多的发展空间。

如今的濯村经济发展、管理民主、村容整洁、政通人和，已经变成了梨乡大地上一座美丽的樱花小镇，一步一景、一步一诗、一步一画。漫步在濯村，犹如穿行在一条如诗如画的绿色长廊中，田野、河流、村居融为一体，成为人人向往的"世外桃源"。展望未来，濯村正努力实现"农民生活现代化、农业生产企业化、农村生态自然化"的目标。

二、一条可复制的道路

2017年10月，党的十九大作出乡村振兴战略的重大决策，2018年中央一号文件制定了《关于实施乡村振兴战略的意见》，指出到2050年实现乡村全面振兴，农业强、农村美、农民富的目标全面实现。但我们在调研中发现，各地相继树立的一批乡村振兴的典型，大多原有经济实力很强，其中的一些做法在当时当地行得通，却不具有普遍的指导意义，全国320多万个村庄的真实状况与这些乡村振兴的典型还有很大差距。这就提醒我们，美丽乡村建设的典型应当好看能学，让不同区域的农村能够复制和借鉴。带着这样的思考，我们来到了胶东半岛的濯村，用两年多时间沉浸在这里，感受这个真正从黄土地上站起来的村庄，在过去数年间所发生的历史性变化。

濯村所探索的农业生产企业化、农民生活现代化和农村生态优美化道路，为新农村建设提供了一个可以复制的样本。濯村位于山东省莱阳市，距市区 20 多公里，耕地面积 9600 亩。这个既无城区拉动又无资源优势的村庄，1996 年之前村集体经济为"零"。全村人一直过着"泥土里扒食"的生活，垃圾到处有，污水满地流，脏乱差的景象是贫穷落后农村的一个缩影。20 年后，2016 年 11 月，当我们第一次踏上濯村这块土地的时候，一个草如茵、树成行，楼房鳞次栉比、园区厂房林立，花园式村庄呈现在眼前。参与调研的领导和专家都感受到了前所未有的震撼，触摸到了深藏于大家内心的一个梦想。

1. 农业生产企业化

濯村在胶东半岛率先走出了农业对外开放的一盘活棋。土地是农民的命根子，但自清朝中期以来，农民以传统村落为单元，农地零散化、细碎化耕作一直没有发生根本性变化。就我们掌握的数据看，全国农民人均耕地面积仅有 1.39 亩，平均每个农户的经营规模大约为 7 亩。在这种大背景下，大量的农村富余劳动力滞留在有限的土地上，土地回报率再高，农民收入也难有大的增长，农村面貌也难有大的改变。1996 年之前，濯村与大多数农村一样，村民都认为有地种才能有饭吃，总是守着自己的承包地分散耕作，夏种玉米，秋种小麦，起早贪黑，摸爬滚打，一年忙活下来也就够个温饱，人均收入只有几百元。年年种地年年穷的现状，沉重地撞痛了村里每一个人的心。

1996 年，土生土长的 G.Y.J. 担任村支部书记，由此开始了他的实践探索，探索出了一条独创性的新农村建设之路。他凭着自己的直觉认识到，濯村的穷根子在于农村固有的孤立、分散和规模狭小，特别是缺乏资本聚集和现代科技应用的内生机制。为了摆脱贫困，尽早过上好日子，这个山东汉子决心冒着风险，依法流转土地承包权，开展适度规模经营，破除不适应濯村生产力发展的体制性障碍。要做到这一步，G.Y.J. 必须首先尊重村民的意愿，改变村民头脑中的固有观念，对传统农业进行一次彻底变革。也就是从这一年开始，G. Y. J. 带着濯村人从整合土地资源、发展高效农业破题，像经营企业一样经营村庄，找到了一条破解三农问题的新途径。

濯村村前有一片 20 世纪 50 年代种植的 1500 亩老梨园，联产承包责任制后一直由 40 个农户分散承包，但由于品种老化、疏于管理，效益越来越差，一些承包户甚至产生了放弃梨园的念头。为了走好脱贫致富的第一步，G. Y. J. 决定以老梨园进行试点，引进新加坡客商的资金整体租赁开发。我们在调研中看到了这份租赁协议的内容：每亩租金 980 元，每 3 年递增 3%，合同期 20 年。其中还有一个附加条件，就是承租方必须优先选用本村劳动力务工。我们粗略地算了一笔账，这个老梨园让濯村集体收入当年增加到 147 万元，300 名务工村民还可以每年增收 160 多万元。也就是这一步，让我们深层次地意识到，把农村承包土地直接交给村集体统一开发，可以让农民直接分享土地的增值收益，从而为新农村建设提供起步阶段的资金来源。一石激起千层浪，老梨园的租赁收益让濯村人看到了农业生产企业化经营的前景，看到了由此带来的收入增加，也因此更加坚定了对村集体的信任。他们把世代耕作的土地，仅用一天时间就签订了合同文本，全部交给村里整体招商引资。从 1997 年到 2000 年，濯村共引进外资 1.3 亿元，建起了 7200 多亩大梨、葡萄、花卉和园林等国际一流的果品林园基地，仅土地收益就是租赁前的 8 倍。濯村把国际农业搬到了身边，带来了一个又一个闻所未闻、见所未见的惊喜：村集体每年创收 480 万元，1500 名劳动力成为农业产业工人，每年增加工资性收入 1200 多万元。濯村把村民世代耕种的土地租给外商经营，这一历史性跨越做实做强了农业基础，提高了农业科技含量、产出效益和市场竞争力，在胶东半岛率先走出了农业对外开放的一盘活棋。

2. 农民生活现代化

濯村让面朝黄土背朝天的父老乡亲过上了有尊严的幸福日子。把传统农业推向一个新的高度之后，仍有一部分富余劳动力需要提高生活水平和质量，这是濯村的一道必答题。怎么办？农业有土地做基础，工业却是白纸一张。G. Y. J. 和他的班子成员为此投入了巨大的精力，先后聘请 20 多位专家和技术人员，办起电镀模具、汽车修理和饲料加工等 12 个工业项目。

2001 年，濯村规划建设了莱阳市第一个农村工业区，全村 2000 多名村民上工厂、进车间，实现了离土不离乡的身份转换。全村人均收入由 1996 年不足 900 元上升到 2009 年的 10000 元，翻了 10 多倍。目前，濯村工业产品已拓展到机械、服装鞋帽和食品加工等 8 大系列 460 多个品种。在村民 G. X. F. 家里，她乐呵呵地告诉我们，她和村里的 300 多位家庭妇女在企业上班，做一名牌鞋的裁料工作，每个月能挣 2400 多元工资。

濯村变了，变化在涌动的时代脉搏上，村民租赁土地有了一份收入，进企业上班又多了一份工资，真真切切地活出了尊严，活出了自信，活出了一份幸福感。新农村建设的基础是生产发展和生活宽裕，只有让农民感受到看得见、摸得着的好处，才会得到他们的拥护。

在濯村，每个村民凭着自己的粮油供应证，可以到村粮店领取各自所需的粮油食品，每逢春节、中秋节等传统节日，全村每家每户都会领到福利，60 岁以上的村民还享受到每年 500 元的生活补助费，考上大中专院校的学生，都能获得 1600 至 2000 元不等的奖励，大龄青年结婚还一次性补助 2000 元。濯村的生活现代化就是这样不加雕琢，不带修饰，人人都有好工作，家家都有好收入，天天都有好心情。新加坡客商啧啧称赞："中国农民有这样的生活不多，了不起，了不起。"走进濯村，我们时时感受到一股和谐文明的清风扑面而来。

新时代农村建设在这里的执行、落实和推进，一步一个脚印地提升了村民的思想、文化和道德素质。在濯村，每年都进行一次"好子女""好媳妇"和"好婆婆"评选活动，大张旗鼓地奖励获奖者，以此引导全村积极向上、平安健康的现代生活。82 岁的 G. R. T. 老人向我们讲述了这样一件事：早在 10 年前，村里就制定了《村规民约细则》，当时家家户户，人手一册。《细则》对家庭和睦、邻里相处、夫妻关系和赡养老人等进行了严格规定，违反者，无论干部群众都会受到处罚。但 10 年多来，这个《细则》的处罚条款几乎没有派上用场的时候。因为村里没有发生过一起打架斗殴，没有发生过一起火灾，没有发生过一起邻里纠纷。如果有时间，老人还会告诉你更多的"没有"。一位在濯村投资的日本客商告诉我们，他十几年前第一次进村办事时，看到妇女们在自家门口编草提篮，一天只能赚五六元。他心里不禁打了个问号：中国农民这样的劳动价值，什么时候才能富裕？

而今天，他见证了濯村告别贫困的全过程。村里投资 1000 多万元，建成了高水平的文化活动中心，设有大型图书室、娱乐室和党建活动室，满足村民日益增长的文化生活需要。投资 100 多万元，建成了全市一流的小学，所有适龄儿童都免费在绿树环抱的校园里上课。村里的庄户剧团经常自编自演节目，宣传新人新事，展示良好风貌。

3. 农村生态优美化

濯村创作了一幅城乡一体、工农并举、自然生态与现代文明协调融合的美丽画卷。美化村容村貌，改善人居环境，建设好农村这个最大的生态屏障，是新农村建设的题中应有之义。濯村人用智慧和巧手，描画了一个美丽的家园，给人们强烈的视觉冲击。笔直宽阔的街道，灯火辉煌的路灯，整齐划一的居民楼，一排排一团团的浓绿，让人赏心悦目。这片钟灵毓秀的土地，诗一般地书写着新农村建设的风景。走进每一户人家，庭院花团簇拥，屋内窗明几净，处处散发着家的温暖。我们很难想象，20 年前的濯村曾经人畜混居，蚊蝇肆虐，破旧栏厕、残垣断壁随处可见。当时，村民见养鸡赚钱，就一哄而上家家养鸡，鸡粪随便堆放，雨天脏水流，晴天苍蝇飞，连亲戚都不愿来串门。到过濯村的人都摇着头说："村名倒是起得干干净净的，但一来这里就让人失望。"G.Y.J. 告诉村民一个朴实的道理：把濯村环境搞坏了，还不够以后看病的。为了让村庄像村名一样的干净，濯村人先后投入 2800 多万元，拆迁了占全村四分之一的 468 户、2000 多间房屋，拆迁数量之大，速度之快，称得上是一个奇迹。

濯村人对美好环境孜孜以求，一刻不停，大规模的旧村改造还在进行中。不久的将来，村民们会全部搬进统一规划建设的二层小楼中。这里的一砖一瓦，都渗透着全村人的心血，都凝聚了全村人对美好生活的向往。台商 W.S.C. 回忆说，在濯村的 10 年，他亲眼看到了这里发生的变化。他第一次携夫人到濯村时，夫人要用村里的旱厕，没进门就捂着鼻子跑回来，拉着他直说要回台湾。但现在，他把 103 岁的老母亲接到了村里来，老人家再不愿意回去了。我们在濯村看到，全村硬化路面 30 公里。绿化美化空地 45 亩，栽植绿化苗木 42 万株，养护草坪 8.6 万平方米，人均绿地面积达 24 平方米。安装路灯 1160 余盏，街街亮路灯，路路有照明。建成 300 幢配套设施齐全的二层别墅楼，以最低成本价格出售给村民。我们在濯村走访时看到，不少村民用对联描述自己的感受："铺水泥路奔致富道开心，用自来水住平安屋舒服""旧貌换新颜墙白院宽空气清新，环境大变样整洁卫生身体健康"，广大农民对幸福生活的诠释，在濯村一一变为现实。给所有参观者印象特别深刻的是，濯村街道两旁，种满石榴树，石榴树年年开花，年年结果。到了果熟季节，除了自然掉落的，树上石榴一颗不少。我们在濯村调研时，为这一情景由衷地伸出了大拇指。但在濯村人看来却很平常，他们这样解释："石榴挂在树上，才是美景。摘下一颗果，固然自己得到了些实惠，但你失去的东西却更多！"满树的红石榴，见证着濯村人对家园发自内心的爱，也折射着濯村人深植内心的文明。濯村人热爱自己的家园，守望自己所营造的这一抹抹温暖。他们有一个发自内心的心愿，在如诗画般的环境里生活，就要有与之相匹配的行为，这样才能让生活的枝头结满甘甜的果实。

三、坚强的基层战斗堡垒

濯村乡村振兴有一个好的带头人，有一个好的发展思路，有一个好的创业氛围，对全国具有重要的借鉴与示范意义。濯村经过十余年的探索，从一个贫穷落后的农村成为全国文明村庄、全国工农业旅游示范点、山东省最秀美乡村和新农村建设示范点，实现了农村产业大发展，生活质量大提高，文明素质大提升，生态环境大改善，民主管理大推进，公共服务大覆盖。其中所积累的宝贵经验，特别是把传统农业改造为具有市场竞争力的高效生态农业，把传统村落建设为现代文明的新型社区，把传统农民培育为有文化、懂技术、会经营的产业工人，丰富了农村改革发展的理论和实践成果。这一探索紧密结合濯村实际，走出了一条既符合中央精神，更适宜不同区域的乡村振兴之路，值得重视和推广。

1. 提升基层的组织力以引领乡村善治

扎实稳步地推进乡村振兴，需要一个好的带头人。引发濯村巨变的，得益于农村改革发展的大气候，更得益于以 G. Y. J. 为带头人的基层组织的开拓创新、锐意进取。从 1996 年 1 月起，G. Y. J. 相继担任了濯村党支部书记、党总支书记和党委书记，成为班子的主心骨和村务的当家人。面对乡亲们的厚望，他从创业之初就把自己的意图告诉全村人，有事与大家商量，工作向村民交底。应该说，濯村所发生的变化离不开全村人的理解和支持。鉴于财务收支是村民关注的焦点，村里大到百万元以上的固定资产投资，少到几元钱的办公用品，都公布上墙，向村民交代清楚。整治村容村貌牵扯几百户人家的切身利益，许多村民由于认识不到位或个人利益受影响，拒绝拆迁。G. Y. J. 就带领班子成员分段包干，一家一户做工作，动之以情，晓之以理。当第一条"示范街"建成后，全村人从心坎里服了。

尽管村官不是官，但 G. Y. J. 与全村人结成了休戚与共的血肉感情，是濯村思想上的发动机。上任伊始，G. Y. J. 就和班子成员一遍又一遍地演算着村里的收入。全村人均 1.3 亩地，只能种小麦、玉米和芋头，刨去化肥农药，一年下来满打满算也就两三百元，还得搭上一家人的劳动力。G. Y. J. 告诉大家必须自救，沿用老祖宗传下来的那套种田方法，永远走不出贫穷落后的怪圈。也正因为如此，当 G. Y. J. 酝酿把老梨园整片租给新加坡客商时，全村人最终都给予了支持。在经济实力不足、资金短缺的情况下，村民的这份参与热情显得尤为宝贵。民心所向，必然代表了正确的方向，这是濯村乡村振兴的一个重要启示。在历年换届选举中，G. Y. J. 都以 98％以上的选票当选，同时兼任村委主任。近年来，G. Y. J. 相继被评为山东省优秀共产党员和劳动模范，荣获全国三农工作标兵和中国农村十大致富带头人。

84 岁的 Z. M. L. 老人动情地告诉我们，没有 G. Y. J.，就没有濯村的今天。作为书记，G. Y. J. 必须把带领村民致富的担子挑起来，干给村民看，带着村民干。在与乡亲们摸爬滚打的奋斗过程中，G. Y. J. 既是濯村的设计师，又是一个实打实干的木匠、瓦匠和铁匠。他曾孤身一人外出学习先进经验，没有钱就常常在车站过夜，吃的是窝窝头，喝的是凉开水。正是有了 G. Y. J. 这样一个好的带头人，才带出了一个好班子，形成了一种好风气，生动实践了农村发展与生态文明理念，有力推动了村集体经济又好又快发展。我们深刻地体会到，一大批像 G. Y. J. 这样的基层组织带头人，是我国农村改革发展的中流砥柱，是支撑乡村振兴的脊梁。

2. 画好蓝图才能有序系统推进乡村振兴

扎实稳步地推进乡村振兴，需要一个好的发展思路。濯村乡村振兴的实践告诉我们，经济落后地区也可以建设新农村，而且照样能够取得成效。"不求最大，但求最特色；不求最富，但求最和谐"是濯村乡村振兴的一个务实做法。各地发展水平不同，乡村振兴的起点有差距，过程有快慢，水平有高低。这就要求我们不能脱离实际，急于求成，必须坚持因地制宜，从实际出发，宜工则工，宜农则农，宜商则商。濯村立足自身条件，从开放农业到兴办工业，做足了经营村庄这篇大文章。先进的生产方式、科学的消费方式和文明的生活方式，在润物无声中悄然形成，呈现出村庄整洁、环境优美、民风淳朴、经济发展的崭新面貌，村民的生活幸福感越来越闪耀出人性关怀的光彩。

乡村振兴是一项系统工程，需要有步骤、有重点地推进，需要准确把握和处理长远与紧迫、希望与现实等重大关系。濯村乡村振兴的成功在于，把规划作为重中之重，实现规划全覆盖。这种一张蓝图绘到底的做法，在起点上就保证了乡村振兴的连续性和前瞻性，保证了领导班子能够做到一任接着一任干、一任干给一任看，保证了循序渐进的梯次发展。尤其值得肯定的是，濯村在规划中引入生态文明的理念，按生态规律行事，顾及生态、资源和环境的承载力。我们高兴地看到，濯村所改造的每一条街道，都坚持不规划不设计、不设计不实施，杜绝"只见新房，不见新村"的现象。这对于长期不讲规划的农村来说，具有十分突出的现实指导意义。

乡村振兴的成败得失，取决于农民心中一杆秤。濯村乡村振兴的一条宝贵经验，就是把主动权交到村民手中，在没有政府补贴的情况下，坚持群众自愿、量力而行和分期实施。我们在调研中了解到，全村重大决策都放在阳光下，摆在桌面上，确保村民真正享有知情权、参与权和监督权，不搞强迫命令，不做表面文章，真正体现"党委领导、农民主体"的原则。濯村首先从改路、改水、改厕、改塘起步，从符合农民意愿、带给村民实惠、得到村民拥护的实事入手，渗透了以人为本的精神实质。现已完成的村庄整治，村民受益率达90％以上。村民看到了实实在在的成效，就有了自觉自愿参与的积极性和创造性。

3. 有序引导市场进入农村活跃经济

扎实稳步地推进乡村振兴，需要一个好的创业环境。在激烈的市场竞争中，相对偏僻的农村能有效地招商引资并不是一件容易的事。在濯村，人们时刻都能感受到，这个环境优美、生活甜美、社会和美的村庄，有一个民气旺、社会稳的人际氛围，有一种诚信、互利、共赢的招商理念。俗话说："不栽梧桐树，引不来金凤凰。"我们在濯村工业园看到，区内水、电、路、通信、排污和供热等基础设施完善，新加坡、日本和加拿大等12家客商在这里落户，投入资金近6亿元，随处可见百姓创家业、客商创大业、干部创事业的红火场面。对于打造一个以钱生钱的创业环境，濯村人的认识越来越清晰，思想越来越统一，行动越来越坚定。

笔者在老梨园听客商介绍说，当年租赁时，纯朴的濯村人如实地介绍情况，帮着算清每一笔账，分析到底有多大利可图。村里还成立了专门的一条龙服务机构，形成协商、签约、建设、投产和生效的梯次推进态势。对需要办理各种手续的客商，濯村人亲力亲为地做好每一个细节，让初来乍到的客商如沐春风。在这个5000多人的大村，1500亩梨园竟从未丢失过一个梨。客商称赞说："真了不起，到濯村做生意，我们放心，要投资就到这里来。"2009年2月，有位客商需要拆除所租土地的铁丝棚架，但又缺少人手。这是一项大工程，村里及时组织60多人分忧解难，历时一个月拆除棚架1000多亩，保证了春季育苗的顺利进行。

濯村良好的创业环境，让前来投资的客商切实感受到了一片真诚。台湾客商W.Q.L.春节回家，忘记了锁门。一个月后，他回到濯村，发现别墅中没少一件东西。直到今天，他们一家人还保持着夏天不关门窗的习惯。W.Q.L.逢人就说："我到过很多地方，治安像濯村这样好的，几乎没有。"很多客商就是从W.Q.L.所亲历的这类"小"事中，发现了濯村的美丽和濯村人的品格。于是，他们一拨又一拨地来到濯村，与淳朴好客的村民们做邻居。走进濯村的每一个人都会怦然心动，这里表里如一的民俗民情、浓郁的乡土文化色彩、美丽的自然风光，成为城里人体验乡村生活的首选地，也吸引着中外客商纷至沓来。

濯村的乡村振兴重点在村庄，主体为农民，内容包括让农民口袋鼓起来、村庄面貌美起来、社会风气好起来、生活质量高起来和基层班子强起来。这是一幅美不胜收的蓝图，外在的生态良好、环境优美、布局合理和设施完善，与内在的社会和谐、产业发展、生活富裕和文明提升互为表里，完整构成花园式的美丽村庄。我们相信，这个培育于濯村、创新在胶东的乡村振兴道路，是9亿农民共同的梦想、期待和未来，一定会越走越清晰、越走越宽广、越走越精彩。

第二节　知识下乡之农民的职业化

一、农民的职业化

"谁来种地"和"怎样种地"是农业现代化的关键。发展现代农业，培育产业链，必须依靠人力资本投入。习近平总书记用"爱农业、懂技术、善经营"九个字勾勒出新型职业农民的鲜明特征，具有重要的导向意义。热爱是最好的老师，农业是一项技术活儿，农业也是一个可以赚钱的行当。新型农民与传统农民的差别在于，前者是一种主动选择的"职业"，后者是一种被动烙上的"身份"。现在，大量的农村青年外出打工了，主动选择离开农村的土地。这是大多数"身份农民"脱贫奔小康的道路选择，是时代的进步，历史的必然。富裕农民，必须减少农民。"职业农民"概念的提出，意味着"农民"是一种自由选择的职业，而不再是一种被赋予的身份。从经济角度来说，它有利于劳动力资源在更大范围内的优化配置，有利于农业、农村的可持续发展和城乡融合发展，尤其是在当前人口红利萎缩、劳动力资源供给持续下降的情况下，更是意义重大。从政治和社会角度来说，它更加尊重人的个性和选择，更能激发群众的积极性和创造性。

实施乡村产业振兴，要把人力资本放在首位，畅通智力、技术、管理下乡通道，造就更多乡土人才，聚天下人才而用之。[1] 要实现农业供给侧结构性改革，就需要培育新型农业经营主体，包括农村的职业农民，也包括返乡下乡的农民工、大学生、科技人员和退伍军人，农业企业和农民合作社也要发挥适度规模经营对结构调整的引领作用。考虑到农民工与农村和农业的天然联系，可以因势利导，吸引农民工中的"能人"回到农村，据统计，截至 2019 年 12 月，农村各类返乡入乡创新创业人员累计超过 850 万人次，新型职业农民超过 1500 万人次，"田秀才""土专家""乡创客"等本乡创新创业人员达 3100 万人次。目前，农村创新创业人员平均年龄 45 岁左右，高中和大中专以上学历的占 40％，创办的实体 87％在乡镇以下，成为

---

[1]《中共中央国务院关于实施乡村振兴战略的意见》，2018 年 1 月 2 日，新华社，2018 年 2 月 4 日查阅。

乡村产业发展的源头活水。[1] 他们把资金和发达地区的市场观念、管理经验带回家乡，引进先进的农业技术，带领农民搞好农产品营销、开发未利用资源、创办农产品加工企业，成为提升农民整体素质的"种子"和推动欠发达地区经济发展的"草根"力量。

新型农业经营主体的主要特点在于：

其一，具备一定的市场敏锐度，能够将农业生产与市场需要相结合，并根据自身的优势，发展因地制宜的农业。习近平指出，我国农业农村发展已进入新的历史阶段，农业的主要矛盾由总量不足转变为结构性矛盾，矛盾的主要方面在供给侧。要坚持市场需求导向，主攻农业供给质量，加强绿色、有机、无公害农产品供给。这意味着，现代农业，不仅是数量农业，更是质量农业；不仅要提供大路货，更要生产农业精品。在物质生活不断得到满足的今天，消费者更加注重食物的绿色、有机和安全，尤其是大城市中的中高端消费者。我们欣喜地看到，一些新型职业农民正在努力开拓这个市场空间，有的也取得了较好的效益。但是，离市场的需求依然有相当的差距，因而期待更多的职业农民跟上去，为市场提供更加丰富多彩的高质量的绿色有机农产品。

其二，注重科技手段，创新经营方式。舒尔茨表明：农业发展的新要素需要被农民掌握，才能实现农业经济的增长，这就需要对农民进行必要的投资，以使他们获得新技术和新知识，农民的技能和知识与其生产的效率是存在强烈的正相关的。农业农村部副部长在2019年"两会"期间指出，我国农业农村经济发展已经到了必须更加依靠科技实现创新驱动、内生增长的历史新阶段。他强调农业农村部高度重视，始终把培育新型职业农民作为现代农业的基础性战略性工程。要让一大批能创新、敢创业的"新农民"，成为农业转型升级的新生力量，引领现代农业的发展方向。新型职业农民要在经营中创新，扩宽农产品销售途径，提高农产品附加值，用互联网销售农产品，打造农产品品牌，农业一、二、三产业融合等等，这些创新经营不仅为生产者增加了收入，也让消费者买得更加放心。

---

①《"三农"工作这一年》，新华网，2019年12月21日，http：//www.xinhuanet.com//2019-12/21/c_1125371627.htm，2019年12月23日查阅。

其三，热爱农业，带头示范，帮贫致富。新型职业农民具有鲜明的示范功能、组织功能和服务功能，既能发挥传导市场信息、运用新型科技的载体作用，还可以把分散的农户组织起来，整合金融、科技、土地等各种要素资源，提高全要素生产率，推动农业农村改革综合效应的形成。

我国台湾地区在推进青年学生返乡务农方面做出了很多成绩，值得我们学习和借鉴。首先，他们为职业化农民提供大量专业化培训和学习的机会。有意向返乡的大学生都可以"学做农民"，这种是专业化的培训，一般采用阶段推进的方式，一个阶段就像上选修课一样，需要几个月或者大半年，授课的教师是知名大学从事相关研究的教授，他们对于最新的生物技术、未来的发展方向都有相对比较科学的知识，这种培训模式在生物科技在民用领域的推进方面也具有意义。具备高学历和丰富知识的青年大学生对于理论接受和吸收能力也相对于传统农民更强。其次，实践式开放式的学习。不仅在理论上充实他们的学科知识，在实践上则聘请农业"达人"来亲自传授经验，并亲自指导种植、培养的全过程，这些农业行业的佼佼者会亲自传授作物种植在水分、阳光、土壤、肥料、防虫、采摘、保鲜、运输方面面的注意事项。最后，政府还为这些返乡的青年农民提供农业启动资金，推动"青年从农创业贷款"及"农民组织及农企业产销经营及研发创新贷款"，据统计，2015 年台湾为 4.2 万名农渔业者投入 209.8 亿新台币贷款，以支持其营农所需资金，分别为 224 名青年农民提供 3.6 亿新台币贷款资金，而这部分的新型农民在推动台湾"农村再造"和"乡村更新"上面的作用显著。

二、精英引领产业振兴新路径

乡村产业振兴通过吸引和鼓励社会各界人士共同投入乡村建设，汇集更多的人力、物力和财力，破解人才瓶颈的制约。近些年来，台湾农会为辅导青年农民取得创业资源，于 2015 年建立青年农民创业入口网站，为青年农民提供技术、资金及土地等信息。青年是最有朝气和希望的人，青年返乡支持农业生产可以把他们的活力带进乡村。下面，借由一个 80 后工程高才生走向新型农民道路的例子来展现这个过程。

H. Y. Q. 原是台湾科技精英，从台湾中山大学材料系到东海大学工业工程所硕士，他的求学之路，一路走来十分顺遂，毫无意外成了科技精英，进入新竹科学园区知名电子公司担任生产工程师。直至他的同学疑过劳骤逝，当年28岁的H.Y.Q.备受冲击，不禁反问自己："这是我想过的生活吗？"几经取舍，他毅然辞去令人称羡的工作，返乡从事水稻育苗。

H.Y.Q.表示，工程师是责任制，工作时间不固定，假日也是24小时随时待命，一天工作时数少说10至12小时，日夜颠倒，当时的他更在意该产业的发展前景。最后，他做出重大决定，毅然辞去了令人称羡的工作，也因此与家人吵了一架。事隔多年，他不认为这样的选择有何错误，或许是代沟或理念不合，于父母而言他们不舍得多年来辛苦求学、念到硕士的儿子，最后选择务农这条路。他也能理解父母的用心良苦，"一来不想儿子工作这么辛苦，二来也不想儿子赚钱赚得这么累！"H.Y.Q.说，父亲担心育苗事业没人接手，就此放手很可惜，但也担心儿子接棒后，从此成天与秧苗为伍。经过5年的测试，H.Y.Q.还是熬了过来，甚至建议父亲利用栈板及堆高机搬运种苗，节省人力，且引进输送带，让育苗作业自动化，工作起来更加有效率。

H.Y.Q.号召了年轻一辈同业子弟，在社交媒体上成立"水稻育苗互助团"社群，在此平台上除了提供彼此育苗、农机使用、苗价谷价信息及课程分享外，也在缺秧或多秧时，通过平台提出调度需求，减少供需失衡。他强调，农业是有前景、有未来性的，但同业间要良性竞争，而不是杀成一片"血海"！他一改传统单打独斗做法，认为彼此分享信息，可减少年轻人摸索时间，有了此平台，光在秧苗调度上，就可发挥不小的作用。

H.Y.Q.认为，传统农民长期光靠经验预测秧苗的需求量，不够精准。预测失了准头，绿化地上搁置1000、2000片秧苗，销不出去，并不是新鲜事。如经同业间的调拨，截长补短，既可降低损失，还可互蒙其利。实际参与运作后，他深刻体会农业与其他产业有很大差别，务农者多了点人情味，不像其他产业般恶性竞争，反而是良性竞争。而且农民和水稻育苗者不仅是伙伴，更像是朋友关系，长久以来，彼此都能体会对方辛劳。他说，秧苗有时赶不出来，延个一两天，或一周，也不打紧，农民都能谅解，因为双方合作并非一两年，已能互信且有默契。反观有的农民非得等到收割完毕，才有钱付秧苗款，育苗者也能够体谅。

H.Y.Q.自称，现在是父亲的"雇工"，也是领薪水的，一年工作5至

6个月，就属育苗期间最为繁忙，此时天气不是最热、就是最冷。以夏天为例，凌晨3点就得起床，一天得卷1000、2000片秧苗，从早到晚全身上下都是湿的，还好习惯就好。育苗期间，他也曾找过人帮忙，一天工作8小时，依其能力强弱，开出1200元至1500元的薪水（人民币300～400元），有人做不到半天就举手投降，高喊"赚这种钱太累了"，语毕调头走人，但还是有人撑了过来，甚至成了不可或缺的好帮手。H. Y. Q. 分析，现在的水稻耕作，多已自动化，也不乏代耕团队协助，相较之下，较为简单且省力。所以只要是有水的良田，就有人耕作，而且规模愈来愈大，未来的水稻育苗也一样，规模也会愈来愈大。目前他的育苗场一期育苗约达十七八万片，属中小型育苗场。H. Y. Q. 表示，如种苗健康，后续交给农民照顾，也会比较省工。因此，确保种苗的质量很重要，如能掌控供应数量，且能弹性调度，水稻育苗是有前途，看得到未来的。

H. Y. Q. 说，自从返乡务农之后，身体变健康，体能变好了，而且心情变开心了。一年约有大半时间可以自由安排，"从此开始学习过生活"。现在领父亲的薪水，在物质享受上或许不足以挥霍，仍比当工程师薪水来得好，多少还可以存钱。H. Y. Q. 说，30岁早一步就想通了，现在就过自己要的生活，不用等到40、50岁才想通。现在的他也能全心投入个人兴趣及从事休闲活动，生活过得多彩多姿。

从第一代祖父开始育苗，第二代的父亲也做了30多年，事业发展迄今，家族内可以独立作业的就有6个人。这样的人力资源，对中小型育苗场来说，已是个中翘楚，且有第三代的生力军加入，前景大有可为。然而，对培育及经营管理方式，他有自己不同的想法。也如同育苗场一样，H. Y. Q. 认为，如何培育出质量俱佳的健康秧苗，自然是最终目标。[①]

新生力量的加入无疑对于水稻育苗这种传统产业来说，是一种积极的刺激，还有一种新的吸引。传统农民一般是排斥革新，对于新事物是不信任的，所以传统社会结构一直稳定不变，新型2.0或者3.0版本的农民是高级版的农业经营者，他们是掌握新技术或者善于学习新技术的现代农业经营者，以科技驱动农业，以知识和情怀振兴农村，中国的农业农村逐渐从

---

① 2017年3月15日、2017年3月29日两次访谈台湾地区新型职业农民H. Y. Q.。

靠天吃饭的经验模式进入知天而作的数字时代。H. Y. Q. 与父辈祖辈不同的是他懂得运用机械力量，减少人力付出，利用新的网络技术，搭建新的信息共享平台，减少了因市场信息不对称造成的隐形成本。同样地，还有一些青年人看好精致农业的市场，积极投入其中，退役军人 Z. G. X. 就是其中之一。

退役的 Z. G. X.，在没有任何农业背景的情况下，一头栽进无毒农业领域，先后试过小黄瓜、西红柿等作物，累积失败经验吃苦当吃补。近年来种植芦笋，成立冠丰芦笋园，事业终于渐入佳境。

Z. G. X. 退役后先接受职业训练学室内设计与计算机绘图，与职训认识的朋友合伙成立工作室，在室内设计圈经营得举步维艰，撑了两年决定弃商从农。虽说要务农，但家人与亲朋好友都没人有农作经验，因而 Z. G. X. 亲身到高校请专业的农业专业教授教他种植精品小黄瓜，教授还同意让他在学校的实习农场跟着学。"练功"半年，他确定自己真的想从事农业，开始一步步打造自己心里的"梦田"。

找地整地，开启他从农梦想的第一步。他从村中叔伯手上以较低的价格流转了 2 亩地。要开始种植作物，考验才刚开始。Z. G. X. 在自己的农地种植的第一批作物就是他在农场学会种的小黄瓜，虽在实习农场种得不错，真正要自己独当一面，问题接踵而至。那是 2010 年 10 月，那一年的冬天特别冷，Z. G. X. 种下的小黄瓜苗接连遇到寒流来袭根本长不大，无奈之下只能全部废耕，改成种小西红柿。或许是和种苗业者沟通时鸡同鸭讲，种出来的小西红柿不是原先说好的品种，他只好送亲戚朋友尝鲜，权当是交了学费。一般人连续遇到两次挫折，可能就开始思索自己到底适不适合农业这条路，或许是军人生涯里训练的坚持与韧性，Z. G. X. 没有退缩，他把农地全部改种叶菜类，有种菜经验的人都知道，要在不施农药的情况下种叶菜类，要有和各种病虫害对抗的决心。他的叶菜每每被虫啃掉大半，即使能够收成，叶片上也遍布虫咬过的孔洞，看到这些孔洞，他只好安慰自己，"真的没有农药才会有虫咬"！

种叶菜的经验让他决定搭温室，2011 年 4 月，他接手朋友的二手设备，搭了 0.8 分地的温室种小黄瓜，在温室里的小黄瓜长得极好，却同样让 Z. G. X. 吃足苦头。种植技术没问题，老天爷也帮忙，气候条件极佳，小黄瓜丰收，但是丰收意味着所有的人都是一样的，温室大棚没有起到应该有的作用，对于从事较大规模农业产业的企业或者经营者来说，这是另一种灾难，市场上产品供过于求，那么价格自然暴跌。

Z.G.X. 形容，当时听到一斤 1.5 元，脑子里只有一片黑，眼看这么饱满漂亮的精品小黄瓜，卖不到成本一半的价钱，"心里真的在淌血，也觉得很对不起小黄瓜"！没想到传统农业常面临的"种愈多赔愈多"产销失衡问题，新型农民同样逃不过。从小黄瓜低价卖的惨痛经验中，Z.G.X. 学到"如果种植大家都有的作物，盛产期一到，除了要和别人竞争，难免也要自己打自己"，于是他改变策略，锁定中高价位的芦笋，采用温室和露天栽种同步栽种方式，2016 年起，不计自己的人工成本，收支已能打平。

Z.G.X. 成立冠丰芦笋园，通过微信、淘宝营销。每天清晨采收后，由母亲协助分级、包装，下午再载运至超商用宅配出货。他说，与先前的惨痛经验相比，芦笋透过接单再出货，销路稳定，今年光是二至四月的营业额，已超过去年全年的一半，让近 6 年的从农之路一路走得跌跌撞撞的他，心里稍稍觉得踏实了一点儿。他说，与大多数"农一代"一样，起初，他也为自己的从农之路编织过许多美梦：荷锄耕作，日出而作，日落而息，事实上却一点儿都无法浪漫。不只如此，经济的压力会让人不得不认真考虑是否要转行，他说自己能够比别人多坚持一点儿的原因很简单，因为有当职业军人时存的一点儿钱和退役时领的一些退役金，"前几年真的都在吃老本，如果没有这些，应该很难撑得下去"。

"种起来不代表成功，卖得出去才算数！"，Z.G.X. 说，其实有心投入农业的新农人不愁没地方可学到种植技术，但是，作物种出来、种成功，问题才真正开始。他说自己应该永远忘不了当初小黄瓜一斤一块五的经历，"那个价钱非常不合理，却又不得不卖，心里那种委屈与不甘愿，应该是很多农民共同的经历。但是，我们真的有办法改变这种不合理的现象吗？"他能用微信线上营销，许多客人吃过他的芦笋变成熟客，有了较稳定的客源，但是，用微信营销的农民愈来愈多，竞争也愈来愈激烈，而新农人都是小农生产，遇到需求量极大的连锁餐饮业者上门谈合作，却因无法供应对方需求的量只能放弃，Z.G.X. 说，"眼看大单上门却吃不下，这种两难与矛盾，也是大多数新农人都会面临的处境"！

Z. G. X. 至今不曾打过退堂鼓，他分析，因为是用"置产"的观念在务农，所以心情坦然，农地是自己的，没有贷款压力，就算种得不成功，地还是在那里。他也奉劝想成为新型农民的下乡知识分子，不管是为了什么原因投入农业，最好都不要有经济压力，否则不只会觉得辛苦，能坚持的动力也会被经济压力一点一点削弱。①

整体务农阶层的老龄化是台湾农业目前面临的一个极端严峻的挑战。据台湾地区相关机构统计显示，2015 年底从事农林渔牧业之经营管理者愈趋高龄，平均年龄为 63.2 岁，较之 2010 年增加了 1.5 岁，这使得近些年来培育"新农人"已经成为台湾农业的主要施政方向。主要是利用政策支持和从业条件创设等方式吸引年轻一代踏入农业，在进行农民更新换代的过程中，倡导农业经营者以"老人"向"新人"转变，通过推动青年返乡务农，包括成立单一咨询服务窗口辅导百大农青标杆，从生产精进迈向产销加工及服务加值，探索农校生进行职业生涯时长规划，缩短"学训用"落差，办理公费专班，精准培育新时代农业工作者，吸引青年学子投入农村。其实，这个过程实际上是乡村发展的精英驱动逻辑体现，无论是 Z. G. X. 还是 H. Y. Q.，作为拥有知识、技术的青年，他们或许从小生活在农村，祖辈都从事农业，拥有对土地天然的情感基础，或许基于各种原因对农业抱有别样的情怀和热爱。政府通过各种选择性激励，有意识地进行农业"精英塑造"过程，这使得自发的情感行动将转变为自觉的价值行动。在激发自主性、创造性和积极性中秉持"懂农业、爱乡村、爱农民"的原则，使他们具备农业生产经营能力和良好的个人品质，成为引领未来乡村振兴和农村再造的主导力量。

三、技术下乡：科技特派员

从 1999 年由福建省南平市开始的科技人才下派到农业生产一线，至2019 年科技特派员制度已经推行 20 周年，科技特派员从地方实践上升为国家层面的制度安排，展现出它与时俱进、服务当下的活力。在科技特派员制度推行 20 周年总结会议上，习近平总书记对此作出重要指示，科技特派员制度推行 20 年来，坚持人才下沉、科技下乡、服务"三农"，队伍不断壮

---

① 2017 年 7 月，访谈将乐县万安镇新型农民 Z. G. X.。

大，成为党的"三农"政策的宣传队、农业科技的传播者、科技创新创业的领头羊、乡村脱贫致富的带头人，使广大农民有了更多获得感、幸福感。[①] 20 年来，我国科技特派员制度取得丰硕成果。目前科技特派员们与老乡建立利益共同体 3 万个，创办企业 1.15 万家，平均每年转化示范 2.62 万项先进适用技术，带动农民增收超过 1010 万户，成为奋战在脱贫攻坚一线的创新"先锋队"，为科技兴农富农做出了突出贡献。[②] 科技特派员扎根基层，从需求中来、到需求中去，使人才下沉、使科技下乡，真正做到服务"三农"，推动乡村振兴发展，助力打赢脱贫攻坚战。

为充分发挥乡土科技实用人才在实施乡村振兴战略推进产业兴旺中的示范、带动作用，将乐县实施新型职业农民培育工程和建立"乡土科技特派员"制度，建立田间学校，定期组织培训，开展农业科技下乡活动以及成立"农业零距离服务队"并分发宣传资料。乡土科技特派员是由将乐县委按照一定程序从将乐县一、二、三产业从业人员中选聘的实用技术示范推广人才。目前，将乐县从制种、芙蓉李、食用菌、生态养殖、花卉苗木、农机服务、电子商务、机械制造、旅游民宿等 18 个产业中，选聘了 34 位乡土科技特派员，目的是要着力打造一支能积极投身农村一、二、三产科技创新创业，助力精准扶贫、精准脱贫，老百姓认可的本土科技特派员队伍。截止到 2018 年底，将乐县共建立 7 所田间学校，开展培训 7 期、460 余人次，认定新型职业农民 150 人，全县选聘的 34 位乡土科技特派员的职责如下：一是围绕将乐县优势特色产业技术进步和产业发展的需求，以机制创新为动力、政策引导为保障、项目平台为依托，促进人才、资金、技术和信息等要素聚集，帮带并培育壮大各产业创新创业主体，加速成果转化和新技术的推广应用。二是聚焦乡村振兴，聚力服务"三农"，围绕食用菌、果蔬、生态禽业、制种、林竹、花卉苗木、中药材等七大优势特色产业，领办、创办绿色农产品基地、农业科技示范园等，积极融入"一乡一业、一村一品"产业推进行动，助力农业产业转型升级、提质增效，助推产业

①"习近平对科技特派员制度推行 20 周年作出重要指示"，中国政府网，2019 年 10 月 21 日，http：//www.gov.cn/xinwen/2019－10/21/content＿5442820.htm，2019 年 10 月 22 日查阅。

②"让技术长在泥土里"——我国科技特派员制度推行 20 周年成果丰硕，新华社，2019 年 10 月 20 日，www.gov.cn/xinwen/2019－10/20/content＿5442640.htm，2019 年 10 月 22 日查阅。

扶贫和农村"双增收"。三是根据全县产业、经济发展的现状、特点，搭建产业联盟，组建行业协会。积极回应群众和企业的需求，通过讲座、实训等形式，开展产业政策宣传和技术指导、培训工作。

对于这一制度，将乐县委县政府高度重视，也让这个制度在将乐近10年的时间中生根发芽，科技特派员由县乡村振兴领导小组办公室负责全县乡土科技特派员工作的组织领导、重大事项的协调和决定，由县科技局、农业局牵头，具体负责全县乡土科技特派员的认定、管理、培训、考核等日常工作。各乡（镇）和农业、经信（科技）、林业、商务等部门相互配合，加强组织指导，负责所在乡镇和行业乡土科技特派员的跟踪管理，并建立一人一档工作档案。在选人上，乡土科技特派员实行选聘制，由县人民政府发给聘任书，每届聘用期原则上为2年，根据考核状况动态管理，工作成效明显的给予连续聘任。

在管理上，建立"服务日志"制度，乡土科技特派员每月在自办基地（企业）接受观摩、实训或上门开展技术指导服务不少于2次，真实记录服务情况，作为实绩考核的重要依据，定期或不定期向所在乡镇、主管单位报告工作情况。鼓励通过博客、微信等快捷方式提供技术、信息咨询服务。在待遇上，乡土科技特派员待遇由基础工资、绩效奖励工资、人身意外伤害保险和服务费构成。其中基础工资、绩效工资和人身意外伤害保险费列入县财政预算，服务费由接受服务的单位按有关规定支付。基础工资每人每月300元，按月发放；人身意外伤害保险费每人每年100元；绩效奖励工资根据年终考核评定的等级确定，即分别一次性给予年终考核评定为优秀、合格等次的乡土科技特派员5000元、3000元的绩效奖励工资，年终考核评定为"不合格"等次的不享受绩效奖励工资。

在培训上，县、乡（镇）和有关部门开展的各类讲座、培训等，凡专业对口、层次适应的，应优先聘请乡土科技特派员授课或指导，并按有关规定支付服务费用。政府购买服务的项目，同等条件下给予乡土科技特派员优先支持。最后，评价和考核由县乡村振兴领导小组办公室，各乡（镇）和农业、林业、经信、商务等部门对乡土科技特派员的工作表现、服务成效等进行定期或不定期检查，对乡土科技特派员实施年度考核。由县乡村振兴领导小组办公室牵头，会同各乡（镇）和经信（科技）、农业、林业、商务等部门进行全面考核。考核内容包括：领办企业（项目）发展情况及效益，对外服务次数，帮带成效，干部群众满意度等。考核结果经向本人反馈及公示后存入个人档案，年度考核评定等次分为优秀、合格、不合格三级。对于获得"优秀"等次的，在全县范围内通报表扬，大力宣传带头人创业服务行动成功经验和模范事迹，并在项目申报、资金补助方面给予倾斜支持。考核评定为"不合格"等次的，或在聘任期内违法违纪、不能坚持正常工作、工作难以胜任、工作成效不明显以及群众满意度低的，一经认定予以解聘，对创办、领办经济实体，为农户提供技术公益服务，或与经济实体开展实质性技术合作成绩突出、成效显著的乡土科技特派员及其团队，经所在乡（镇）和行业主管部门申报、县经信局（科技局）审核后，积极向省科技主管部门推荐，争取成为"双料"科技特派员。

第三节　福建将乐县安仁乡"产业联盟党委"：一种新的组织供给形式

一、以组织力提升带动产业振兴

历史和现实都证明了中国共产党领导的农村改革调整了农村生产关系，实现了农村生产力的一次又一次巨大的飞跃，从土地革命到改革开放，中国共产党赢得了农民，发展了农业，推进了农村的现代化，而这一切都彰显了农村坚持党的领导核心的关键意义。进入新时代以来，以习近平同志为核心的党中央提出了"乡村振兴战略"，是对农村发展新蓝图的描绘，党的领导是我国的天然政治优势，乡村产业振兴中应强化党组织的领导核心作用，提高领导能力和水平，更好履行政府的职责，凝聚社会力量。党的十九大报告指出，要以提升组织力为重点，突出政治功能，把各类基层党组织建设成为宣传党的主张、贯彻党的决定、领导基层治理、团结动员群众、推动改革发展的坚强战斗堡垒。

组织是为实现要素合理有效的一种制度安排的运行实体，党组织则是更具鲜明宗旨、科学手段、严明纪律的组织。在产业振兴的过程中，地方在探索产业振兴的实践过程中创造性地通过构建新的组织安排，凝聚各种资源，发挥政府、村社、合作社、企业、农户等主体的作用，促进区域产业的融合发展，推动区域经济的提档增质。对于乡村产业振兴中的领导问题，笔者在访谈安仁乡某乡镇领导时，他提出对于乡村产业振兴何以可能的几点把握，特别是乡村振兴中基层政府对党的地位和作用理解值得我们思考：

乡村振兴这一块，就是要求我们提升组织力，提升组织力最主要的是提升班子的合力和战斗力，关键是党建的引领作用。在乡村振兴或者农村工作中，党支部怎样起作用？首先就是心要齐，这样说过的话才有力，我们带动的东西有点有面，这才叫引领作用。尤其是换届选举，整个班子调整以后，好几个支部实现"一肩挑"了，整个战斗力明显增强。比如说年龄偏高的都已经退了，借着这个机会"换血"，实现新老领导班子接替。换届之前，所有的人选我们都有摸底，我们乡镇党委要先把好关，把情况了解过后，先考察一番，不是说你想选的都可以进入干部队伍，像有些候选人一点儿支持力都没有，或者说有违反条件的，我们是不会给机会的，符合条件的也需要竞选，我们这样一个一个把关。换届之后就会好很多，班子的力量大大加强，这是第一个方面——组织方面，战斗力大大提升。

第二个方面是产业方面，如果讲乡村振兴，实际上就是产业振兴。为什么要乡村振兴？回到问题导向，就是要解决两增收（村财增收和村民增收）问题，没有产业带动是不行的。目前来说，发展产业第一个问题是土地，现在土地是大量的抛荒，原来是家里有人还好，现在很多家庭都出去了。我们总人口是1.4万，现在县城内大概有6000人，其中乡村有1000～2000人在县城，离开乡镇到外面的大概有8000人。很多去过上海之类大城市的已经陆陆续续地回来了，因而可以考虑把闲置的土地流转给从外面回来有一些资金的人，这样最起码对老百姓来讲有点收入。

土地流转这一块，按照统包价来流转，比原来的会优惠一些。这样还可以吸引企业过来，企业过来以后会有地租，另外还有用工，这样村民就可以实现在家门口就业。如果没有这些的话，村民为了谋生还要出去。面对这样的情况，所以需要产业带动，这是从农民的角度来讲。如果从村里的角度，按照我的想法是"一鱼三吃"或者"一鱼四吃"，就是想方设法增加村财收入。

比如说在土地流转过程中总是有点差价，村里可以收点管理费，这是

"第一吃"。"第二吃"是，来这里的企业有时需要通过乡村两级去帮忙争取一些项目，例如高效节约水之类的，乡和村要帮忙争取的项目也要有助于村财增收和村民增收，以此做到村里和企业共同发展，一起做大。"第三吃"就是搞村财增收基地，类似一种投资入股分红的方式，这种方式不是说达到一定产出或者必须要两三年之后才能取得回报，而是每年都有固定的回报。这样，对于村里也是一种回报，相当于把前面投资的本钱慢慢拿回来，且每年都可以拿。为什么我说三吃或者四吃？还有另一个是县里面有产业扶贫资金或者产业振兴资金的话，这也是一块收入。但对于村里来说，用这个资金要有适度发展的可能，一个前提——要"稳"，个人的东西可以失败，但是公家的东西要慎重，不能亏。[1]

以农村基层党组织建设为主线，突出政治功能，提升组织力，把农村基层党组织建成宣传党的主张、贯彻党的决定、领导基层治理、团结动员群众、推动改革发展的坚强战斗堡垒。乡村振兴的根本是坚持党的领导，坚持党建引领，由党委牵头、协调、组织确保整个基层治理体系得以实现，党对农村工作的领导为乡村振兴提供强有力的政治保障。

二、产业联盟党委：一种新的组织制度供给

一般来说基层党组织是以建制村为基本单位设置党组织，但是安仁乡党委在深入调研、研判分析的基础上，创新制度设计、搭建平台载体，构建新的产业联盟党委，把乡和村的乡村振兴力量积聚起来，形成了党建大格局。产业联盟党委是基于多个行政村联合的创新型基层党组织。由于当前农村普遍出现人口外流，村落空心化等问题，在多数以农业生产为主的农村地区，在工业化时期，农业部门的劳动力逐渐向工业部门转移的过程中，劳动力从农村流入城市是一种必然的现象。而这直接导致了实际在村经营农业的人口大幅度减少，农村的生产、交换和消费的功能逐渐弱化，这使得农民面对市场的能力变得十分有限。美国学者施坚雅在分析中国乡村聚居地的功能结构和空间结构时，认为传统中国所有的中心地可能被安排在一个由经济功能界定的分散等级体系中。市场等级体系的一般理想形态是，更高层次的地方在一个更大的市场中服务于较低层次的地区网络，

向所有较低地区提供本地所不能提供的产品和服务。

因此，在一个萎缩的初级市场体系中，只有通过联合的方式才能达到原有的市场需要，独立的一个自然村或者行政村的市场功能弱化至不足以满足农民需要，在市场供给上就会出现层级推移的现象。原有的初级市场体系会消失，新的初级市场将由原有的多个初级市场体系联合而成。面对农村产业发展的时候也是如此，原有的农村基层党组织和村民委员会的能力已经不足以管理和引导规模化的产业发展，其实村庄的核心从以自然村为中心到以建制村为中心也反映这样的过程，建制村的联合或者兼并也是村庄形态变化的一个自然过程。在乡村振兴的过程中，组织的联合也是一种必然的趋势。按照马克思的观点，农村上层建筑的变革是由经济基础内在产生的。在产业振兴的过程中，生产力的推进显然会引发生产关系的变革，这体现在新的制度的产生上。从制度变迁的角度来看，新制度供给的动力来自制度的节约功能，即制度能够提升整体福利，可以获得更多的利益，而这种"诱致性"的制度创新有助于基层社会的良性治理。它与由上级政府为了服务部门利益或到达到整体目标强制"外加"的制度创新不同，它的变迁成本和交易费用都是比较低的。在调研中我们发现，为了实现自身非均衡获利的目的，很多基层在制度创新中的实践闪现了令人可喜的经验，比如安仁乡产业联盟党委的尝试，就是一个值得研究的基层党组织的新制度形式。下面，我们就探究一下这种制度安排的特色以及它是如何在推动乡村振兴中发挥其制度优势的。

首先，形成"乡联村企"四层组织架构。按照"党建引领、抱团服务、共建共享"的原则，由乡党委领导，余坑村党支部牵头，围绕共同目标取向，建立党建联盟，联盟下是各个具体村社、企业和合作社，推动共谋发展，实现互联互动。乡镇党委科学统筹区域内的产业布局，根据"党委领导、龙头引领、组团互联、全面提升"的理念，推动基层党组织"单打独斗"向"集团作战"转变，推动产业资源的有机整合、互相联动，实现发展共赢。乡党委在多方征求意见的基础上，坚持因村制宜，大胆创新村集体经济发展路子，启动多村捆绑壮大村集体经济方案，将余坑、泽芳、元洋、半岭4个村党组织和落户区域内的企业与合作社"捆绑联结"，推动组成产业党建联盟，实行组织统一建设、土地统一流转、服务统一提供、问题统一研究的方式，持续加强党建供给，构建新形势下符合本地实际的党建工作与发展新格局。实行定点联系制度，统筹指导各联盟建设，建立健全联盟议事、定期例会等工作制度，有效提升了党建联盟建设规范化水平。安仁乡产业联盟党委下辖4个村党支部以及雾野生态、博远嘉园、巨远生态、果富硒生态、康达森绿5家企业和农腾、鑫农植保、健辉、新粮农4家合作社。党委下设第一书记1名，党委书记1名和党委委员4名，企业代表和合作社代表直接对接政府，并在产业发展上畅通意见，实现了资源共享、优势互补、同步发展。

其次，通过区域组团有效配置要素。一是资源要素的合理配置，联盟党委采取"1+1+N"的方式组建，即在乡党委的直接领导下，在联盟党委的具体负责下，推动区域内农业产业单位组团，进一步放大龙头企业整体优势。通过"党员共育、设施共用、文化共建、发展共商"等形式，强化村级党组织、企业及党员联系互动，引导培育具有产业特点、区域特色、符合党建工作要求的企业文化，提高产业党建工作的影响力、凝聚力。同时，通过零距离接触，引导联盟企业更好地把握市场脉搏，形成抱团发展的浓厚氛围，提高生产效率，切实增加企业效益。二是吸引高技术人才要素，推行"党建＋产业发展"的工作模式，推动区域内资源连线成面、村与村之间抱团发展。围绕区域发展规划、建立"载体聚才、培训育才、定向储才"联动机制，通过区域内互调干部、集中培训和联系回引等方式，不断强化人才引领作用。三是政治要素的有效获取，土地流转完成后，产业联盟党委树立规划建设"一盘棋"的理念，将各村土地进行统一规划、统一平整，通过村企合作模式，实现经营主体、农户、村集体三方收益、三方共赢。村集体在实现收入增长的同时，紧盯民生热点难点重点问题，在进行连片实施、整体推进区域基础设施建设的同时着力增强区域内治理实效，促进乡村全面振兴。四是技术要素的获取和使用，发挥公司与合作社的技术优势，为农户提供全程种植、病虫害防治技术指导和农用机械的使用，提高农户的技术水平和防御灾害的能力。

最后，以组织变革带动村民致富。通过探索土地流转收益、政策项目资金入股分红、资金入股分红等方式增加村集体经济收入，增强村集体自身造血功能。开展技术帮扶、土地收益、用工务工等方式，千方百计增加群众收入，以整乡推进促村财增收。一是资源开发收益。村集体向项目区流转土地，再流转给实施项目公司，收取土地流转管理费作为村集体经济收入。由联盟党委流转土地用于发展优质稻、百香果、清语橙、芙蓉李种植等，按农田产量的2～3成干谷折合市场价计算支付流转费用。二是股份经营收益。产业项目落地后，乡、村两级积极向上争取相关农业资金项目如土地平整、滴灌、农业综合开发等项目资金，以此项目资金入股，让项目村享受分红收益，标准为100元/亩。三是资产盘活收益。根据村财增收整乡推进工作方案，各村出资12万元入股清语橙项目，前四年收益逐渐增加，从第五年起，各村收益可达6万元/年。通过股份制的方式可以让村集体分享更多的产业链增值收益，有效促进一、二、三产业融合发展。订单种养方面，联盟党委与落地企业和合作社采用"订单式"管理服务办法，实行统购统销，形成种苗、种养、销售为一体的生产经营方式，减轻农户负担，增加农户收入。特别在用工务工方面，项目落地后，由党委统一牵头，优先使用项目落地区域的农民进基地务工，增加农民收入。

产业联盟党委不失为一种基层党组织的新尝试和新突破，它有以下几个优势。一是破除各自为政障碍。无论是体制内还是体制外，都在联盟党委的统筹协调下开展活动，打破了行政隶属壁垒，破除了各自为政的障碍，拆除了相互封闭藩篱。抓一点、连一串、连一片，形成横向联合、纵向贯通、条框结合的格局，共抓基层党建，共商发展大计，有力推动"抱团发展"。二是打破资源分散僵局。有效将一个区域、一种行业的组织、人才、阵地资源统抓统管起来，促进优势资源互补共用，迅速补齐各村和企业的"短板"，推动高质量发展水平的整体提升。三是畅通协商协同渠道。通过平等协商、资质管理，事务"大家商量着办"，形成了高效、扁平的治理格局，把各区域的组织力量整合起来，实现了组织优势、服务资源、服务功能的最大化。四是延伸党建工作触角。由乡党委总牵头开展联盟党委活动，把企业与合作社全部纳入党的工作范围，在生产基地植入"红色基因"，把党的工作落到每个企业，党的声音传递到每个员工，保证基地企业始终坚持正确的发展方向，健康发展、行稳致远。虽然目前可以看出"产业联盟党委"这一新的制度所具有的效率和活力，但是也要看到新的制度可能导致的权力和资源在不同群体之间的重新分配，造成一部分人的利益受损，比如无地耕作的农民等。

虽然党的领导需要落实到基层最末梢，国家政权在基层需要有载体，才可以保证国家的意志可以尽可能真实而有效地传达覆盖到所有人，保证国家政策的红利可以惠及所有人，但是体制一旦固化就会缺乏活力。在社会有机体中，结构一旦僵化，容易造成"病理性"综合征，加强党在农村基层的领导核心作用，在具体实践中却容易跑偏，变成党管一切，大包大揽，导致体制固化僵化，造成新的问题，这就是接下去要讨论的，党委领导下的农村社区的治理问题。

三、"一肩挑"：基层政权的内卷？

从"一肩挑"到"产业联盟党委"，我们明显看出基层的政治结构正在发生悄然的变化，分析"一肩挑"也可以理解组织制度变革的价值所在，一个好的党委，领导班子当然可以成为产业发展和乡村振兴的领头羊，但是要警惕当前基层组织两委"一肩挑"导致的权力过分集中和监督困难的问题，"一肩挑"不仅对乡村产业发展造成影响，也会在基层组织上进行颠覆性的重组，它的影响是方方面面的。

我们了解到从 2018 年开始全面推行的农村支部与村民自治委员会两套班子大多数是同一人"挑大任"，即所谓的主任书记党政"一肩挑"。2018年中共中央以内部发文的形式在全国两委班子换届选举之际，对各地"一肩挑"的比例做出了要求，一般是 35% 左右，但是文件层层落实下去，层层加码，导致到了乡镇一般要求达到 50%，更甚者要求 80%，笔者在调研福建省某县时，该县领导在访谈中自豪谈到他们当年"一肩挑"可达到80%，下一届即可以达到 100%。在各级的重压下基层基本没有选择，无论是否符合实际必须推行一肩挑，这成为一种政治任务。且不论其程序上的问题和盲目推进导致的反弹，而仅仅从后果来看，即"一肩挑"落实下去给基层农村地区带来的后果将是不可预期的。

杜赞奇在研究中国乡村社会的政治与文化关系上，提出了一个概念，那就是"国家的政权建设"和"文化的权力网络"[①]，他认为二者是相互塑

---

①［美］杜赞奇，《文化、权力与国家：1900—1942 年的华北农村》，王福明译，江苏人民出版社，2008 年，第 2 页。

造的，而且国家政权在基层是以一种"内卷化"的状态呈现的。黄宗智将"内卷化"用于中国经济发展与社会变迁的研究，即投入与产出的关系在达到一个极点的情况下，产出的边际效益就会递减，特别是用来描述小农经济的发展，单个的小农家庭劳动力投入越多，其产出的效率却越低，但是生存的小农仍然继续投入的一个状态。[①] 这里用来描述国家权力在基层控制力不断削弱的一个过程。杜赞奇认为共产党基层动员的成功之处在于"基层自治"的提出，"自治"为国家上层和基层社会留出了缓冲的空间，使得基层政权得以巩固。基层在国家政权的建设中一直处于遥远的边界地带。很多地方在自治的过程中基层党组织弱化、虚化、边缘化，所以"一肩挑"是国家在基层自治中重建党的领导权威的有效方式。以下是福建省晋江市在基层治理中的创新的形式，这种"一肩挑"基层组织形式是推动乡村振兴、基层治理的有效模式。选择晋江市主要原因是其农村工业化比较明显，经济较为发达，相比较其他农业为主的农村呈现的问题更复杂，它的组织形式更具有前瞻性。以下是晋江市组织部门某领导对当地"一肩挑"情况的介绍：

我们总共有 395 个村社区，"一肩挑"从运转一年的情况来看，有两种声音，第一种声音是绝对好——"很好，这样子书记才是书记，工作才有力，才说了算"；第二种就是不行，不行倒不是权力分配不均衡，就是太忙了，太辛苦了，待遇又不好。但无论怎么看，这个方向是对的。要解决目前存在的问题就要谈到农村发展党员的结构性矛盾，我们从 2018 年开始出台了一个政策，农村党员的孵育政策。为什么有一些高素质的党员发展、培养不起来？因为以前一直是以村社区为主体发展党员，现在必须改变这个情况，以镇街道为主体来发展党员，抓农村党建，就是要抓乡镇推动村。

我们提出一个理念——"抓党建首先在抓党员，没有高素质的党员，就没有高质量的党建"。为什么会有些村选不出党员了？因为原来书记把持工作十几年，人都会有私心，若有公心的人很少，优秀的人肯定发展不了。主要是熟悉农村工作，有分量的这种人一般很难发展起来，为什么？因为这种有能力的发展起来了，就可能把书记取而代之，自己去当书记了。我

---

①《华北小农经济与社会变迁》，第 6 页。

们这里去年（2018 年）有出现过这样一种情况，一个村里原来的老书记当书记已经当了一二十年，村里有些年轻人就说村里这些年没怎么发展，要不我们也来出一份力。一开始他们想组织一个青年联谊会，然后这个联谊会发展得越来越好，这些青年人党得村庄发展不好根本还是村干部能力不足，所以想自己干。去年选举大家把这个会长选上来了，那个书记就懵了。这个年轻人如果一开始说要出来当书记，原来的书记肯定不会愿意，因为农村是这样的，如果书记老了说我想当都会继续让他当的，如果说他要退了，那么这时候想当的人就很多了。

所以镇里面建孵育机制，孵化这些党员的目的是要他们当书记，直接派下去。我们对这个事情有长远的考虑，从去年换届就开始考虑，不要以为选完就完了，还要马上着手筹备 2021 年的换届，因 2021 年要实现 100％"一肩挑"，我们现在的比例是 40％多，那 60％怎么补？党建引领我们首先通过孵育党员的办法来解决，第一个要点是浮上来，书记这个带头人怎么样拎起来。第二个是怎么落实下去，贯彻下去要有几个着力点，一个是老人会，一个是监委会，还有就是村委会，这几个配套组织要能够理顺。从机制上建立老人会、监委会、共青团这些配套的组织，这三个组织要列席两委会，这样就形成一个党的领导机制。另外，村支部的书记每个季度要召集本村的所有配套组织包括神委会、佛委会、公庙、寺庙等等组织开一个联席会，所有组织都要跟书记汇报工作。我们通过这个机制使党的领导能够落实到位。把领头人选好，才能把工作力量贯彻下去，这是第一个要点。

第二个要点是整个村级组织运行机制的改革。这项改革我们首先考虑今后农村应该按照怎么样的机制去运转，党的领导讲的是领导层面的意识，那么到运转层面就讲执行了，即这些工作任务怎么去落实。

我们构建的是"一个中心，若干网格"，具体指的是一个综合服务中心加上"管理岗位""窗口岗位"和"网格岗位"。管理岗位人员的配置：一是第一主任由镇里面下派，我们传统称下村干部来担任公共服务中心的第一主任，这样就形成"抓乡促村"的工作机制。镇里面的工作通过下村干部来传达、部署、推动、监督和检查，形成镇党委牵头管理农村事务的机制。二是设主任和副主任，这是"选任制"的岗位。现在还没有"一肩挑"

的，村主任就担任副主任，不然就一个主任就可以了。这样一来，一些优秀的村务工作者可以有机会"浮上去"，暂时不具备条件的可担任副书记或者副村主任，让他浮出台面。或者说已经是书记主任"一肩挑"的，还需要设置一个负责日常工作的副书记副主任的话，这个人也浮上来。这个管理岗位我们一般采用委任制。一般来说，村主任和书记直接担任主任，负责日常工作，这样就把"头儿"给拎出来了。窗口岗位我们就采用聘任制，这就是"村社区干部选聘分离"。

从推进机制上来讲，工作怎么推进、运转，明确了人事，这是一个框架。事情怎么做，还有一个方法，就是协商。这样就形成"德治、自治、法治"三治融合推进。我们认为协商是推动三治融合的基本载体和实现方式，因为我们讲三治和融合，融合的口子和融合的渠道在那里，因而需要协商。所以我们现在开展基层善治试验，推进基层议事协商，农村这些事情怎么做，所有的事情都必须通过协商取得一致，然后按规定需要村民代表大会和党员代表大会通过。

最后还有一个监督机制，这个工作的难点在于农村的权力在哪里，权力边界在哪里，该怎么监督，我们是以党组织领导的村委会主任和监委会主任，全部兼了也没关系，重点是谁来监督，怎么监督。这样我们就解决了谁来领导，解决了怎么运行、怎么推进和怎么监督的问题。[1]

从以上访谈可以看出"一肩挑"在基层农村社区中的影响是革命性的，它导致了农村各个机构的重塑，整个体系的重建。当然这是我们在进行本书主题"产业振兴"调研之后的进一步思考，因为它的影响如此巨大，以致我们无法忽略不计。由组织变革影响到治理体系，从人才配置到农村发展，最后立足于乡村全面振兴，当然产业振兴包含在其中，这是一条很清晰的脉络。据统计，该市有市场主体 10 万家，企业 3 万多家，有近 3 万家的企业在农村，相当于每个农村有 100 多家的企业。对于农村工业化展现出的诸多复杂的问题，如何有效治理，如何振兴乡村产业，这就不能不涉及组织的供给了。从晋江市的调研结果来看，该市为了配合"一肩挑"，将基层农村纳入党的领导之下，基层选举过程中出台相关的政策，比如"选聘

---

① 2019 年 7 月 8 日，调研组访谈福建省晋江市组织部门领导 S. J. Y. 。

分离"，党政社交叉任职。在村社党支部、基层自治委员会和村社服务中心实现交叉任职，形成管理岗位、窗口岗位、网格岗位三岗兼容，挑选下村干部（镇级公务员）来担任公共服务中心的第一主任，这就形成抓乡促村的工作机制，镇里面的工作通过下村干部来传达、部署、推动、监督和检查，形成镇党委牵头管理农村事务。通过加强党建的引领，改革农村治理新模式，平衡了政府、市场、社会三者关系，有效整合基层治理的多元主体的力量，协调各种治理力量的博弈，激发产业发展新活力。

有学者提出"一肩挑"在基层的全面覆盖，可能会导致国家政权内卷的再形成，政权内卷会进一步导致基层压力增大，活力减少，社会冲突加剧，乡村精英与群众矛盾扩大。但实际这种说法可能并不准确，严格意义上来说从基层开始建立了与国家政权相联结的各级组织就开始意味着国家政权"内卷化"的终结。"一肩挑"是党加强对基层领导的一种方式，这种领导是直接的，而非间接的，是主动的，而不是被动的，这确保基层各项事务也能在党的领导下，这中间究竟"弊大于利"还是"利大于弊"其实不好说，因为关键是落实的问题。

但是我们可以看到现在乡村工作时刻在镇的监督下，乡村自身的主动性和灵活性是否会受到限制，原有的村民自治的意义何在？乡村如何自我管理、自我服务和自我监督？镇党委对基层工作的介入应该到哪一个层面，二者之间的界限在哪里？从该市的经验来看，政府的管理已经深入到基层的治理当中，其结果如何，尚不可知。但是这二者间的冲突矛盾可能会呈现出一种新的形式，在村民自治的界限下要警惕和防止政府干预太多导致的乡村治理的低效甚至是无效。实践总在不断变化，这些问题留待读者继续思考。

第五章 / 以产业振兴助推农业农村现代化

　　一个现代化的国家，一定有现代化的农业和农村。如果没有农业的现代化，就没有国家的现代化。对于中国这样一个曾经以农耕文明立足于世界的文明古国来讲，农业现代化不仅是国家现代化的最重要内涵，而且也决定其成败。农业是国民经济的基础，农村是中华民族精神家园的承载，农民至今仍然是中国人口最多的群体，"三农"问题是中国现代化进程中的基础性问题。一般来说，人们研究现代化总是从宏观的角度出发，利用系统和整体的观点来研究这个过程，他们或者从国家整体现代化的角度来思考农业现代化，或者从农业本身面临的问题出发，探讨这个问题。但是本书的意图是通过微观的视角，从乡土中的人们出发，研究在这个社会变迁中他们的感悟和体会，他们的生产和生活，透过人的现代化展现乡村振兴的产业现代化，或者通过农业产业化过程中现代化与农民的联系、对农民的影响，来说明这个变化，核心始终是围绕着"产业—农民"此二者之间的互动和形塑。

　　本章将总结全书，从前文的案例分析上升到理论的探讨。习近平总书记指出乡村振兴的最终目标是实现农业农村现代化，这个现代化必然包括农业、农村和农民三者的现代化。农业产业化和农业产业现代化只是这三者的前提，由此引出本书的核心关注点——乡村产业振兴。在这章中，将从实践中总结出理论，包括总结全书中论述乡村产业振兴的三种研究视角，农业产业在产业链、价值链和利益链三者的构建中推动农业现代化，最后以农业现代化推动农村和农民现代化，实现乡村的全面振兴。

第一节　乡村产业振兴的三种分析框架

本书的一个主要研究视角是通过案例的形式呈现农业产业振兴过程中的经验和价值，当然也有问题和困惑。本节将总结全书农业产业化的几种研究方式，其目的是通过实践提升理论深度，同时反思农村田野调查中存在的不足。

一般来说，研究农村产业发展有如下观点：实体主义的观点——认为家庭式农场最主要的目的是适应生存的需要，这只说明了问题的一部分，因为那样的要求也能驱使贫农农场冒险集中种植经济作物。形式主义的观点——认为家庭式农场最主要的目的是追求利润，这也只说明了问题的一部分，主要指出经营式和富农农场的状况。事实上，农业商品化的动力，同时来源于为维持生计而耕种的贫穷家庭式农场和为利润而耕种的经营式农场[①]。马克思提供了一个根据客观因素，如技术、阶级冲突、生产方式和社会的经济结构理解历史变化的基础的模型。农业社会是否体现了"生产方式"发展的动力是生产力和生产关系的冲突，对农业变迁的研究，似乎突显了历史唯物主义作为社会科学研究纲领的价值。社会历史的发展是由社会生产力决定的，即"一定的生产方式或一定的工业阶段始终是与一定的共同活动方式或一定的社会阶段联系着"[②]，农业的发展取决于社会不可抗拒、不以人的意志为转移的生产力。

一、马克思主义中国化中的农业现代化

马克思主义不应该被理解为历史变化中的一个模板，不应该不加以经验研究就将其机械地应用到所有社会系统之中。马克思主义纲要中经得起检验的、仍能保证作为研究策略的东西是以所有权安排、剩余价值理论、阶级、阶级斗争来表达的理论分析框架。因而，这表明，历史唯物主义作为一种研究纲要能起到最佳的作用。经典马克思主义理论明显倾向于城市和工业化社会，历史唯物主义概念一直很少被充分地用于解释农业社会。

---

①《华北小农经济与社会变迁》，第 162 页。
②《马克思恩格斯选集》第一卷，第 160 页。

然而对历史唯物主义而言，农业社会似乎是一个独特而有趣的测试案例。农业社会的经济关系简单，阶级体系清晰，而且技术（耕种技术和手工技艺）明显影响了参与者的日常生活。马克思认为，在一种特定社会秩序中，当前意识形态的形式与现存所有权关系的稳定性之间，存在一种函数关系。尤其是唯物主义观点坚持认为，政治制度、文化现象以及意识形态的不同制度受到经济结构"需求"与所有权关系的强烈影响。马克思主义假定了在这种"上层建筑"与经济结构之间的一种函数关系。[①] 马克思主义认为整个现代化的过程是生产力和生产关系、经济基础和上层建筑矛盾运动的结果，当然对于具体的农业来说，农业技术的变革会导致生产关系和上层建筑的变革，进而造成农村社会结构、农民的社会意识、社区的文化价值等等颠覆性的巨变。

资本主义发展的一个前提是商品化，农业现代化必须以发达的商品经济为前提，在农业的变迁上马克思提供了一个根据客观因素，如技术、阶级冲突、生产方式和社会的经济结构理解历史变化的基础的模型。这一模型已被广泛应用于研究欧洲资本主义的出现及发展。技术的发展、生产的社会制度与政治、文化或意识形态制度的发展之间存在明显的因果规律。农业的进步和现代化是通过农业产业现代化的形式得以实现的，特别是生产技术的进步、生产力的推动，生产者与生产资料的分离，产品变为商品，农民变为雇佣工人，地主变为资本家。当然这是传统意义上资本主义的形成过程，在当前中国农业的现代化过程已经不是 19 世纪西欧的现代化了，传统的道路已经被舍弃，新的时代已到来。但是如果用马克思主义的分析方法，特别是经济分析法和矛盾分析法来分析整个农业变迁还是具有深刻的力量。

中国的农村家庭联产承包责任制的道路走了 40 多年，实践也证明，联产承包责任制具有最大的适应性，显示出很好的经济效益。马克思和恩格斯指出，在小农占优势的国家中实现农业的社会主义改造，必须坚持农民自愿的原则，通过合作制的形式进行。农业合作制是一种既区别于土地国

---

①［美］李丹：《理解农民中国：社会科学哲学的案例研究》，张天虹、张洪云、张胜波译，江苏人民出版社，2008 年，第 21 页。

有制、又区别于土地私有制的所有制形式，在所有制上把小农的私有制转变为合作社所有制，在生产上把分散的家庭生产转变为合作社的合作生产，在分配上把家庭自我分配转变为合作社统一分配。恩格斯在《法德农民问题》中将农民视为"未来的无产者"①，而现在的农民本身就是无产阶级的一员。违反小农的意志，任何持久的变革都是不可能的，家庭联产承包制是农村合作经济的新发展，恩格斯指出："当我们掌握了国家政权的时候，我们决不会考虑用暴力去剥夺小农（不论有无赔偿，都是一样），像我们将不得不如此对待大土地占有者那样。我们对于小农的任务，首先是把他们的私人生产和私人占有变为合作社的生产和占有，不是采用暴力，而是通过示范和为此提供社会帮助。"② 而农民也只有通过合作的形式走向规模化经营才能摆脱资本主义经济的剥削，"正是以个人占有为条件的个体经济，使农民走向灭亡。如果他们要坚持自己的个体经济，那么他们就必然要丧失房屋和家园，大规模的资本主义经济将排挤掉他们陈旧的生产方式。情况就是如此。现在我们来让农民有可能不是为了资本家的利益，而是为了他们自己的共同利益自己进行大规模经营"③。

在合作化的过程中，农民与家庭式经营的关系也是必须严肃认真对待的，家庭式的经营在我国由来已久，构成了我国古代封建统治的基础，自耕农和佃农的共同特点都是生产者和经营者统一在一个家庭中，在天灾人祸、苛捐杂税的摧残中农民长期陷于贫困之中。新中国成立后，结束了这种状态，完成土地改革，解除封建束缚。在新的历史条件下，合作制也是一种客观的历史过程，按照马克思主义的观点，这是逐渐实现劳动社会化和生产资料社会化的一个过渡阶段，这个阶段的长短并非一次性的变革就可以实现。家庭式经营在一定时期有其价值和意义，正如马克思所言"无论哪一个社会形态，在它所能容纳的全部生产力发挥出来以前，是决不会灭亡的，而新的更高的生产关系，在它的物质存在条件在旧社会的胎胞里成熟以前，是决不会出现的"④。任何的旧的生产关系，在它的生产力还未

---

① 《马克思恩格斯文集》第四卷，人民出版社，2009 年，第 513 页。
② 《马克思恩格斯文集》第四卷，第 524 页。
③ 《马克思恩格斯文集》第四卷，第 525—526 页。
④ 《马克思恩格斯文集》第二卷，第 592 页。

充分发挥出来之前是绝不会灭亡的，家庭式经营也是如此。合作制作为新的生产关系体现在与旧的社会关系的冲突中，马克思主义认为社会化生产与资本主义私人占有之间的矛盾的解决只有通过"国家真正作为整个社会的代表所采取的第一个行动，即以社会的名义占有生产资料，同时也是它作为国家所采取的最后一个独立行动"①。作为国家占有的初级形式，集体合作是一种过渡性的经济形态，具有承前启后的作用，可以有效将个人利益和集体利益结合起来。列宁指出"使俄国居民充分广泛而深入地合作化，这就是我们所需要的一切……现在我们发现这种私人利益服从共同利益的合适程度"②。家庭承包制包括家庭经营和集体统一经营两个层次，形成"统"与"分"相结合的中国特色的社会主义经营体制的基本形式，"分"就是以家庭为主要的生产经营单位，充分发挥劳动者个人在农业生产中的积极性；所谓"统"，就是以基层农村组织为依托，帮助农民解决一家一户解决不了的问题。

家庭联产承包责任制解放了农村的生产力，使得传统农业开始从家庭自给自足走向市场化和商品化的道路。这意味着农业逐渐走向了以小家庭为核心的，以乡村集体经济为主要形式的中国特色社会主义农业产业化和农业现代化的道路。

二、农业产业化中的形式主义分析框架

黄宗智曾经在《华北的小农经济与社会变迁》一书序言中，将对农民研究的主要方法和流派划分为三个类别，一个是实体主义，一个是形式主义，还有一个是马克思主义。他采用形式主义来界定利用传统西方经济学来研究农民或者农业社会的流派，笔者认为有其合理的地方。形式主义和实体主义都起源于古希腊，智慧的古希腊人对于世间万物都抱有一颗好奇之心，他们在生活中发现问题，甚至开始思考世界的本源与自然的规律。古希腊出现了一批著名的哲学家，其中便有以毕达哥拉斯和柏拉图为代表的数学形式主义以及与之相对的，以泰勒士和德谟克利特为代表的自然实体主义。无论是自然实体主义还是数学形式主义，其实质都是在追求事物

---

① 《马克思恩格斯选集》第三卷，第812页。
② 《列宁选集》第四卷，第768页。

的本源，但是区别在于，前者更重视找出所谓万物的本原的某种"物质"，而后者则是力求寻找在无尽变化之后不变的东西，而西方的"抽象思维""理性"以及"概念"等等更多的也是源于后者。按照笔者的理解，形式主义和实体主义都可以认为是一种世界观，实体主义的观点认为经济的理性决定农民行动，行为的动机和结果都是确定的。而实体主义则关注于地区的社会结构、文化传统决定农民行为。

在研究中国农民的问题上，几位学者是用典型的形式主义的方法进行研究。舒尔茨认为，农民在现有的条件下可以有效配置他所掌握的生产要素，这些"现有条件"包括自然的资源、市场、制度和文化，生产的方法、要素和产品都严格不可分割。农民对市场价格的反应是很敏锐的，因此在他看来农民都是有效率的企业家和商人，对资源的配置效率之高不亚于发达国家的现代农场主和企业家。[①] 传统农业之所以稳定，在于农业知识的单向传递，生产环境的封闭性，以及对商品、制度、信仰、文化的动机和偏好都是稳定的。波普金关于动机的核心假设是，小农是使其个人福利或家庭福利最大化的理性人。他们主要出于家庭福利的考虑而不是被群体利益或道义价值观所驱使。"这里的理性，我指的是，个人对基于其偏好和价值观的选择所可能产生的结果进行评估。在此过程中，他们根据对结果概率的主观估计来预估每一次的结果。最后，他们做出自认为能够最大化其预期效用的选择。"[②] 波普金在这里将经济学的分析工具运用到分析农民行为上来。理性经济人的假设是，在假设人们理性地追求他们的目标的情况下，推出人们如何在提供一定选择的处境中行动的结论。波普金运用了博弈论中的例子、循环多数问题（cyclical majority）以及"柠檬市场"的理论。他指出农村的制度与惯例具有相当高的可塑性，很容易让位于一套新的社会力量与经济力量的到来……当地的习俗、制度以及惯例，在面临经济环境与社会环境的大规模变化时，几乎发挥不了约束作用。个人在新的环境下追求私人利益与家庭利益的过程中，会改变习俗与制度。[③]

---

①《改造传统农业》，第36—39页。

②S. Popkin, *The Rational Peasant*，University of California Press，1979，p. 31.

③《理解农民中国：社会科学哲学的案例研究》，第39页。

按照这样的解释框架，在乡村振兴的过程中，有两点值得探讨，其一是经济力量应该放在首位，农村的社会习俗和文化变迁取决于宏观的经济社会环境，农民的行为受利益最大化的思维驱使和制约。其二是家庭经营的合理性，既然小农生产效率最高并且可以实现利益的最大化，那么形式主义的观点供我们的借鉴之处在于当前我国农业经营方式仍然以家庭经营为主的合理性。当前世界各国无论是发达国家还是发展中国家，土地要素资源丰富还是稀缺的国家，都还在普遍实行家庭经营制度，不可否认集体经营能够获得规模效益，但是生产关系必须符合生产力的发展，集体规模性经营仍然是未来发展的必然趋势，但是针对当前的生产水平来说，家庭经营仍然是高效的。那么农业产业的现代化就可大力推进农业经营方式的现代化，促进小农户与现代农业发展的有机衔接，统筹兼顾培育新型农业经营主体和扶持小农户，采取有针对性的措施，把小农户引入现代农业发展轨道。由于单个农户的生产技术有限，除了提高农民的农业生产的社会化服务的能力和水平之外，国家和政府还应加大教育培训。教育是促进农业发展的关键因素，是促使传统农业向现代农业转型的重要手段，现代农业是一种技术化的和市场化的农业，农民必须能够适应这种变化，将技术作为手段成功转型为现代农业经营者。

三、产业振兴中的实体主义分析框架

斯科特在研究东南亚农民时，认为使农民大众成为一个整体的是共同的生存伦理——一种道义经济，正是这种道义经济保护了所有村民的生存需要。斯科特还认为，这个系统切实地塑造了个体行为。这是一种生存伦理——即一套规范，小农借此预测风险与进行生存保障，从而以这些规范来评价其周围的制度和人。这种伦理包含生存权利以及一套与互惠联系起来的权利与义务。借鉴斯科特典型意义上的实体主义方式，在分析中国当前的农村问题时，应该引以为鉴的有几点：一是乡村的文化基础，不同区域的独特农民的独特文化与植根其内心深处的传统价值观和道德情结。二是农民可承受的风险临界点，受资源禀赋、不确定自然条件的制约以及市场不安全的威胁，农民所能承受的破产边缘线。三是国家和村社的保护功能，在国家和村社所管理的资源允许的范围内，将保证所有村民家庭都得到起码的生存条件。要求"普遍的均衡"和"最低保障"，并非一切人完全

平等。

当前农业风险特点出现新的变化，从风险分散到风险集中，农业风险对农户造成的冲击更为剧烈。由地租、赋税的压力转向价格、利润的风险，蕴含着对农民的管理能力由政府向市场转移。市场介入，一定意义上激发了社会经济的活力，但却也导致社会保险模式逐渐衰弱与式微。在乡村振兴的过程中，产业发展的风险应从集中再走向分散，中国各地的实践表明，或者通过合作社，或者通过大型农业企业，或者政府，或者是其中几个的结合来分散太过于不确定的农业风险。

例如将乐县安仁乡在整乡推进清语橙产业的过程中，利用政府的力量进行信贷兜底。该乡 11 个村全部列入扶持项目，以资金入股联合社，由联合社捆绑整合投资建设清语橙村财增收基地，联合社按照种植面积每年收取固定分红，并按照各村股份占比分配收入，3 年后开始分红，5 年后可以回收成本。这要求每个村自行筹资 12 万入股，由于各村村财薄弱，所以一般以贷款的形式筹资。为了规避风险，给村集体增加保障，该县农业基金项目承诺为该项目做担保，一旦项目失败，农业基金将承担全部风险，无偿为各村偿还所有贷款，确保村集体无后顾之忧。

将乐县万全乡的烟叶种植是典型的订单农业，也是风险分散的典型，是安全性相对比较高的产业。首先，烟农种植的所有烟叶均由烟草站统一收购，按照质量划分等级，分等计价，烟叶销售不会过多受市场波动影响，一般按照定价收购。其次，烟叶一般情况下由烟草站统一进行保险，在受到极端天气影响的情况下，回收成本也不成问题。

乡村产业振兴在不同的地区有着不同的表现形式和不同的目标达成方式，一个地区的政治传统、民众气质、文化习俗、社会惯习多与这一地区的环境、气候条件、社会文化传统相关，"社会—区域"是具有系统性、整体性关联的，其间种种行为基础是复杂的而非单一的，是联系的而非孤立的。农民所处的社会和文化，为他提供了既定的道德价值，一套具体的社会关系，一种对于他人行为的期待模式。在东部较为发达的地区乡村振兴更侧重工农互促的关系，以发达工业带动农业发展，农村发展多数都是以体验式经济作为突破口发展第三产业。

我们用一个案例来展现实体主义研究的一个过程，资源和文化禀赋是如何在乡村发展、产业振兴的过程中成为核心推动力的。福建省厦门市海沧区青礁村利用近郊优势发展"城市菜地",构建平台经济,打造体验旅游的乡村振兴和乡村营造的新模式。调研的结果呈现了该村的四个特点:一是坚持统筹城乡,科学规划布局乡村旅游产业,打造特色乡村旅游目的地;二是坚持因地制宜,发挥资源禀赋和交通区位优势,开发特色乡村旅游产品;三是坚持融合发展,充分调动政府、市场和社会力量,构建区域经济社会综合治理模式;四是坚持共建共享,创新乡村旅游开发的体制机制。该村得以振兴,建设得以完善,得益于该村的文化信俗和社会氛围,该村是闽南民间第一大信俗保生慈济文化的主要发祥地,是一个文化底蕴非常浓厚的闽南古村落,基于这样的文化传统,形成人民"共同缔造"的一个"望得见山、看得见水、记得住乡愁"的闽台生态文化村。

除此之外,在中西部地区,乡村产业振兴多依靠政府力量,按照国家产业布局,实行规模产业整体化推进。在产业振兴上,运用实体主义观点,我们确实看到了不少典型和不少成功案例,但是如果在深度上我们还不能底气十足,这里的根源是实体主义之下的一个弊端,就是缺乏强烈的对比,有了对比才知道孰优孰劣。在研究中国本土农民的过程中,如果只知道在时间的纵向上进行比较的话,很难了解当前中国的农业水平在世界所处的位置。尽管有横向对比,但是多集中在国内范围内,须知国内的长板和短板只能表示国内的水准,中国农民的生活应该处于一个怎样的水准是合适的,中国的农业生产应该发展到哪一个程度是现代合理的,这些都是通过一个二级比较对象形成的标准,比如农民和市民的对比,城乡差别的消除。但是其缺乏更具代表性和跨越性的对比,发达国家或者国际上绝大多数的农村的现状如何,农民处于何种地位,他们面临的问题是什么,与我国有何差异,这些都是我们用于对比的一个重要的标准。当然,国情不同、禀赋不同势必在很多方面不存在可比性,但是在某些公认的标准上是值得去探讨和借鉴的,在农业技术上面比如食品安全的问题,提高农业生产效率的问题,在农民生活方面比如农村环境和农民收入方面等等。

当前,在农业产业研究上需要选择国际化的视角,还有另一个原因,农民立场的研究多年来进入一个瓶颈期。中国农村百村调研、全国范围内大规模的田野式调查,一定程度上了解了当地的农民生活和农村现状,这些固然有其价值所在，但是在更高层次上却没有显著的成果，对于农民富裕和农业进步没有一些实质性的推动作用。举个简单的例子，除了 1978 年的改革，生产关系的大调整之后，农民获得制度的红利，后来工业化过程中，资本的转移导致农村衰弱和农民外流，而这些问题到现在仍然没有得到有效解决。村庄都没有发展生产的劳动者了，谈何创造价值，谈何振兴发展？而这些调研在反映问题上可以说是比较极致，但是在解决问题上心有余而力不足。笔者通过多年的田野调查，直接接触和面对农民和农村，一直也秉持着真实进入农村，接触农民，客观看待问题，从田野中获得灵感的原则。而最真实的问题就是，怎么样改变这些农民的生活？怎样提高他们的生活质量？他们满意吗？农村生活还可以更值得期待吗？农业生产要怎样更高效？如何提高利润？生产达到了普遍的高等均衡状态了吗？这些问题一直以来没有得到很好的解决，这可能不是农村的问题，应该是研究方法的问题，或许我们应该用更具有普遍意义更具有影响性的方式，在更为广阔的世界范围内去研究整个农村社会的未来走向。或许正如马克思所说的，"人体解剖是猴体解剖的钥匙"，对更高阶段的社会的研究可以成为帮助理解较低发展阶段社会的基础。而这也是本书在研究方法上可能存在的不足，在这三种分析框架之下，笔者认为还应该具备一种国际化的视角，乡村的产业振兴乃至乡村整体振兴的标准，是不可能毫无参照物地自说自话。本书通篇都是通过案例的方式呈现当代中国农民生活中的农业产业发展，没有国外其他任何国家乡村产业振兴的案例对比，这虽是由于本书的落脚点是中国的乡村产业振兴，但整体研究上仍然存在可以进一步发挥的空间，将话题往更深更广处延伸是为了给读者和未来的研究者一个方向。

第二节　农业产业化推动农业现代化

一、农业生产重组建设一体产业链

传统农业由于生产技术进步缓慢，生产率水平低下，决定了传统农业基本上是自给自足或半自给自足的自然经济。在这样的农业社会中，农民不仅要从事农业生产活动的全过程，而且还要参与农业产品的进一步加工以及制造生产工具等等，可以说传统的农业对农民的要求是"全面"的，它要求农民具备综合的本土性知识和多样的技能以应付不同时空下的问题。在微观个体生产上，农业生产的组织和管理极为简单，家长是生产者也是管理者，家庭成员共同承担劳动任务，生产成果也由全体成员共享，但是当农业经营逐渐向专业化和市场化方向发展，生产者的角色将会发生转变，体力劳动较之管理劳动将居于次要地位，农业劳动者要求具备更多核算的知识和经济意识。从宏观上看，传统农业向现代农业的过渡中，随着生产力的不断发展，劳动者和生产资料出现分离，农业的专业化和分工不断精细化，这意味农业走向工业化过程，即农业产业化过程。在现代农业的发展过程中，工业化的农业需要利用市场进一步创造自身部门的资本积累。然而，像对待工业问题那样来对待农业问题，必然会陷入一些无法解决的矛盾或得出一些被自然的社会进化过程远远超越了的解决方法。如舒尔茨的观点，改造传统农业必须通过对农业传统要素的改造，必须改造结构本身……农业产业链的培育和发展道路不失为一种值得尝试的改造方式。

在世界农业产业发展的历史中，农业产业链最早产生于20世纪50年代的美国，然后迅速传入西欧、日本等发达国家，农业产业链对整个国民经济的推动作用是不可忽视的。[1] 一般来说，农业产业链是按照现代化大生产的要求，在纵向实行产加销一体化，在横向上实现资金、技术、人才和信息等要素的集约化经营，形成生产专业化、产品商业化、服务社会化的经营管理格局。一般认为，农业现代化不仅包括物质装备和生产手段的现代化，还应该包括技术变革和制度变革。从发达国家农业现代化的普遍结果来看，现代生产技术和农业装备水平明显提高，形成了完备的农业组织、农业社会化服务体系、支持保护政策体系等，专业化和商品化生产水平高，农业生产经营者和劳动者文化水平、农业科技知识水平提高，追求食品质量安全、生态平衡、环境保护、资源可持续利用和促进农村综合发展。[2]

以亚当·斯密为首的古典经济学家们指出"一个工业民族，当它一般

---

[1] 宋建晓、郑晶：《闽台农业产业链整合研究》，中国林业出版社，2009年，第85页。
[2] 《中国特色农业现代化道路研究》，第3页。

地达到它历史高峰的时候，也就达到它的生产高峰"①，虽然这样的说法似乎是经验式笼统概括，但是其中生产的地位显而易见。在农业产业发展中，农业生产的作用也是不言而喻的，它既是起点也是终点。似乎很多人认为产品的周期是始于生产终于消费，实际上，它们是一个整体，消费和生产彼此融合，直接统一，生产的过程实际上是生产资料的消费，生产行为本身就是消费行为，而消费会创造新的需要，形成新的生产，马克思所说的"生产直接是消费，消费直接是生产"②就是这个意思，那么这两者中谁是主导？很显然，生产是实际的地点，是起支配作用的要素，显然无论如何消费是被生产创造的。

回归到具体的农业产业化过程，组成联合的产业链是产业发展中提高生产能力和生产效率的一种方式。在市场经济下，"农业"生产者在讨价还价中还处于很弱的地位：他们出售的一些产品，其生产是很不稳定的和难以预料的，其消费是没有弹性的，而且这些产品通常保管得不好，难以贮存。再者，他们处于生产周转过程的起点，这种地位使他们很少具有讨价还价的可能。最后，他们非常分散，意见分歧很大，经济影响力很弱。

通过建立大型农业产业链，构建农业互惠合同或协议系统，并让农业生产者中的联合管理层成为决策的制定者不失为一条有效的途径。最好的方式应当与其他的生产单位联系在一起，共同处于一个更大的"横向"或"纵向"组织。组成一个生产联合体，可以是以一种产业链的状态，也可以是其他的方式，把单一的生产与加工联系在一起，或者跨越领域合作。在我国，随着农业产业化龙头企业实力的不断增强，农业产业化集中经营的趋势更为明显。首先一些大型农业综合体可以通过实施纵向一体化，逐步将一些农产品产业链的生产、加工、销售集中在自己手里而不受反垄断法的限制。其次，有效解决农产品质量和食品安全的问题，在纵向一体化企业内部，企业采取命令、指挥等行政管理方式来组织生产。生产部门必须严格按照企业要求的质量标准进行生产，产品质量才能得到保证。在企业内部，生产部门节约成本并不能给自己带来收益，为了节约而粗制滥造的

---

① 《马克思恩格斯全集》第三十卷，第27页。
② 同上，第32页。

激励不足。因此，一体化经营可以保证农产品的质量和食品安全。最后，获得规模经营效益，降低成本。生产设备得到充分利用，单位成本降低，盈利能力进一步增强。

二、农业结构变革提升多层价值链

有学者认为一个国家的现代化，是一个农业结构不断演变的过程。在不同的经济条件和不同的农业发展阶段，农业结构显著不同，一般来说农业结构变化是从生产效率较低的演变到生产效率较高的结构，从产出低的过渡到产出高的。从宏观上看，这种演变表现为不同类型产业之间的替代和重新组合，以及不同地区产业结构的变化和重新组合；从微观上看，这种演变表现为农户对不同资源分配及要素投入之间的替代和重新组合，以及农户生产经营组织方式的替代。[①] 由于不同的国家和地区，生产条件、技术发展、社会制度、文化禀赋的差异，农业结构呈现不同的特色，当然其更替或者演变的路径也存在或多或少的差异。

从微观而言，一是农业经营结构由个体小农的家庭经营走向家庭经营与规模经营多种经营方式相互补充的局面。农业生产是一种生命物质的生产，不论是庄稼还是家畜、家禽都是有生命的东西，因而农业生产和普通工厂不一样，它是生物工厂。家庭经营一分耕耘一份收益，利害直接。家庭经营，由于以血缘为纽带，所形成的长期共处、相互依赖关系，具备最大限度节约交易费用的优点，它适用于管理农业。农业生产的基本特点是空间分散，且必须对自然坏境的微小变化作出及时反应。农业既是经济再生产，又是自然再生产，生产的季节性，使其受气候变化制约，往往遇到难以预测的自然风险，劳动和收益不可能等价对称，但家庭成员共同经营，农户家庭成员之间的经济利益是高度一致的，不需要进行精确的劳动计量和监督。由此可避免过度计算经济成本，降低制度性耗损，做到利益共享，风险共担。

在目前的条件下，我国主要的农业经营方式仍然不能完全脱离家庭经营模式，但随着农村劳动力持续向外转移，必然伴随一个土地不断向种田能手集中、土地经营规模逐渐扩大的过程，这是我国农业现代化的必然趋

---

① 《中国特色农业现代化道路研究》，第144页。

势。因而可以探索规模经营与家庭经营有效融合模式，在延长产业链条之际，在销售、加工等环节上组织农户之间的有效联合，搞订单农业，倡导土地有偿规模流转，使土地相对集中，打造规模经济。在此过程中可以促使农业从粗放经营向效益经营转变，使传统农业向精细农业转变，推动一、二、三产业的联动发展，实现工农贸一体化，增加农产品的附加值。

二是农业生产结构的调整会引起整个农业结构的变化，提高生产效率。黄宗智在研究长江三角洲农业时，提出农业增长并非传统农业的商品化过程，而是乡村工业和副业的增长，他指出一种在人口压力下"过密化"的投入，即生产的边际效益递减。盲目地投入是无法获得新的突破性增长的，也就是整个农业结构仍然是固化的状态，只有在新的产业用以代替旧的产业，并将"溢出"的劳动力用于新的领域的生产，结构演变的过程中，才能促进生产的发展。

三是农业消费结构变化同样也会导致整体结构的变化。当生产不断发展之后，产品供给增多，人们追求更高质量的农产品消费，促使农产品的消费结构升级，反作用于生产结构、组织结构，迫使新的结构用于迎合人们的需求，并使得资源得到重新组合配置。

宏观而言，农业现代化就是农业产业化的过程，从传统农业走向现代农业的关键在于农业现代化，农业现代化意味着农业生产率不断增长，生产率的增长来自具有现代性的新生产要素投入的增加，在于农业与工业逐渐融合为一体，形成农工商贸一体化的大农业时代。按照美国农业发展经济学家约翰·梅勒的观点，传统农业向现代农业转变有三个阶段，分别是技术停滞阶段、劳动密集型技术进步阶段（低资本技术动态农业发展阶段）、资本密集型技术进步阶段[①]。在第一阶段传统农业阶段，技术停滞，对生产率的影响较小。第二阶段是传统农业向现代农业过渡阶段，技术创新和应用以提高土地生产率为主，偏向资本节约和劳动使用型。第三阶段是农业现代化阶段，以提高劳动生产率为主，技术进步和创新围绕着劳动力节约和资本节约。采用他的分析框架，我国处于从传统农业向现代农业过渡的第二个阶段，技术创新和制度变革的目的是节约资本和劳动使用，

---

① 《农业发展论》，第 203—204 页。

在这个阶段,"农业能够在整个发展中发挥关键的作用"①。目前我国农业产业化过程就是构建农村一、二、三产业融合发展体系,推动农业从增产导向向提质导向,通过实施农产品加工业提升行动,鼓励企业兼并重组,推动生产要素的合理配置,扩大农业部门的资本占有,开发农业的多样化功能,通过深加工、分级、包装、营销提升农产品附加值,推动农产品生产、交换、流通、消费现代化的过程。

具体而言:一是打造更高效更合理农业生产力布局,立足各地农业资源禀赋和自然生产条件,发展比较优势的农产品主产区,建构优势区域布局和专业化生产格局,以地区个性为核心,围绕着区域独特自然地理、历史文化、先进技术等等,划分农业发展的先行区,开发特色农产品优势区,做大做强做新优势特色产业。二是培育名优农业品牌,提高农产品的附加值。引入现代要素改造提升传统名优品牌,塑造一批强优新的农业品牌,同时加强对品牌的市场营销。三是中国农业面向国际,走向世界,增强我国的农业自信,支持农产品出口贸易,提升我国农业的国际竞争力。

三、农业制度变迁形成共享利益链

传统农业向现代农业的过渡,就社会历史的发展阶段来看,是由于生产力的发展推动生产关系的变革,但在某些关键的节点上,又是因为生产关系的调整释放农业生产力。用马克思主义的观点看,生产力和生产关系之间谁主导?哪一个要素起决定性作用?究竟是"鸡生蛋,还是蛋生鸡"②?可以确定的是它们之间密切的联系。从严格意义上来说,生产力和生产关系总是纠缠在一起的,生产力发展到一定程度必然引起生产关系的变革,而生产关系的调整总是在一定程度上对生产力起到释放或者约束的作用。从更广泛的意义上来看,农业的制度变革(即农业生产关系调整)对于农业生产力的进步和农民收入的创造性提升产生作用。从微观的角度出发,从现代福利经济学看来,市场的功能是使资源得到合理的配置,制度安排是为了让行为的主体获得最大的福利,这里的制度当然就是生产关系在具

---

①Mellor, Jhon W., *The Economics of Agricultural Development*, Connell University Press, 1966, p. 225.

②Peter Singer, *Marx: A Very Short Introduction*, Oxford University Press, 2000, p. 51—52.

体农业中的微观实践。总之，无论是宏观还是微观，整体历史的发展总是使得农业制度在改造、调整、变迁中提升农民的福祉。

近代以来，农业生产的衰弱实际上从清晚期就开始了，其原因是多方面的。封建剥削的土地制度与近代商业买办资本、高利贷资本及繁重的赋役相结合，形成一个巨大严密的剥削体系，共同榨取小农，造成他们的贫困和破产，使他们失去发展生产的兴趣和能力，很难扩大再生产。人口在高基础上增长，耕地面积却没有增加，造成农业生产超负荷。中国并未发生任何技术革命来为农业生产力的发展开辟新道路，近代工业带来的进步生产力难以在农业生产中发挥效用。战争和自然灾害也给农业造成无法估计的损失。在整个 20 世纪前半期，中国很少享有和平与安定的环境，农业生产元气大伤。以上诸因素，共同把中国农业推向衰弱的道路，农业产量锐减，农村危机日重。在这种情况下，传统的农业经济系统功能已经达到极限，中国农业的唯一出路是改变旧的经济组织结构和技术结构，也就是说，只有进行重大的土地制度的变革，改革技术，并控制人口增长，加速农业人口向工业部门转移，才是解决问题的根本应对之策。

在中国共产党的领导下，中国完成了土地改革、解决了土地问题。近代中国，封建或半封建的土地制度是一种落后和腐朽的制度，是国家民主化、工业化、独立、统一和富强的基本障碍，只有改变这种落后的生产关系，才能解放农业生产力和全部社会生产力。土地改革使广大农民从封建土地关系的束缚中解放出来，生产积极性大增，他们在自己的土地上增加投资，改善经营，提高技术，辛勤耕作，促进了整个农业生产的迅速恢复和发展。与 1949 年相比，粮食产量在 1950 至 1952 年分别增产了 17%、28%和 45%，[1] 短短三年，农业生产的迅速恢复和发展，其根本原因在于土地改革解放了农业的生产力，制度变迁下生产关系的变革推动生产力的飞速发展。铂金斯在研究中国农业发展时发现，传统中国的农业生产率并没有出现显著提高，而是到 20 世纪 60 年代中国政府施行的农业政策以推广农业机械、改变传统耕作方式的现代化农业生产技术的推行，促使农业生产率获得大幅度的提高。他特别指出 1957 年中国的粮食单产等于或者稍超过

---

①成汉昌：《中国土地制度与土地改革：20 世纪前半期》，中国档案出版社，1994 年，第 638 页。

日本明治初期，是印度和泰国的 2～3 倍，[1] 中国当时粮食单产的提高与当时土地制度改革引发的生产关系的调整密不可分。

改革开放是我国生产关系调整的另一个重要节点，在农村体现为家庭联产承包责任制的确定和施行。从 1982 至 1984 年中央连续颁布了 3 个中央一号文件确定了家庭联产承包责任制。1982 年 1 月，我国第一个关于农业农村工作的中央一号文件《全国农村工作会议纪要》正式出台。《纪要》指出，目前农村实行的各种责任制，包括小段包工定额计酬，专业承包联产计酬，联产到劳，包产到户、到组，包干到户、到组，等等，都是社会主义集体经济的生产责任制。家庭联产承包责任制是所有制关系的一次重大调整和改革，体现在土地产权制度上，集体的土地由家庭承包经营，取代过去集体统一经营，这是产权制度的大变革。林毅夫认为制度具有两个基本的功能：节约和再分配，而节约是让一个或更多的经济人增进自身的福利而不使其他人的福利减少，或让经济人在他们的预算约束下达到更高的目标水平，在他看来产权是具有节约功能的重要制度。[2] 人民公社为何会失败，一个普遍的观点是其对劳动者的激励太低，特别是物质激励方面，努力勤奋的劳动者无法得到同等的回报，这说明强制的合作化无法有效保证公正，维护农民利益，此时的人民公社制表现出来的是僵化和无效。后来的家庭联产承包制被证明是有生命力的，包产到户兼顾了农民个人的利益和集体利益，将公有土地交给农户承包经营，完成上缴和提留后，余下归自己，提升了农民的主人翁意识，激发了群众建设社会主义的积极性和发展生产的热情。

家庭联产承包责任制是一种合作制的新形式，一是把集中经营和分散经营结合起来，公有化的优越性和农民自主的灵活性、主动性同时得到发挥。二是专业化的社会联合，生产专业化产生更精细的社会分工，也产生更高级的农业的生产联合，自下而上地向纵深方向和横广方向发展，形成多层次联合。三是兼具公平和效率的分配制度，统筹国家、集体和个人之间的分配，"利益直接，责任明确，方法简便"。合作制成为家庭经营和共

---

①［美］德·希·铂金斯：《中国农业的发展（1368—1968 年）》，上海译文出版社，1984 年，第 43 页。
②《再论制度、技术与中国农业发展》，第 17—19 页。

同经营之间的一种过渡阶段，农业经营方式既有分散又有联合，产权既有专业化又有社会化。作为一个客观的历史过程，之后的"三权分置"又是一项新的制度安排，坚持了土地集体所有权根本地位、严格保护农户承包权、加快放活土地经营权，土地能自由流动、使用权进入市场，优化要素组合，促进结构调整，为农业现代化注入新动力。

第三节　农业现代化带动农村农民现代化

一、以城乡融合推动农村现代化

农村现代化无疑就是城乡一体化的方向，乡村和城市是共生共存、互促互进的，现代化是由农村的现代化和城市的现代化共同组成的，农村是城市发展的根基。马克思认为以社会分工为前提的资本主义发展，引起工商业劳动同农业劳动分离，导致城乡分离和城乡利益的对立。[①] 随着社会历史的发展，生产的发展越来越能满足多数人的需要，并且城乡的对立将逐渐消失，从事农业和工业的将会是同一些人，城乡融合发展是社会主义发展到高级阶段的必然结果，是共产主义联合体的必要条件。[②] 当前乡村要实现振兴，关键要坚持城乡融合发展，要破除旧的体制机制的弊端，使市场在资源配置中起决定性作用，推动城乡要素自由流动、平等交换，推动新型工业化、信息化、城镇化、农业现代化同步发展，形成工农互促、城乡互补、全面融合、共同繁荣的新型工农城乡关系。[③] 从发达国家的农村发展道路来看，特别是从古代社会进入现代社会以来，大多经历从城乡一体，到城乡分离再到城乡融合的过程。

按照马克思的观点，随着生产力的发展，城市行业之间开始出现分工，特别是交往和生产的分离，导致商人产生，不同的城市之间的通商扩大，城市彼此建立了联系，新的劳动工具从一个城市运往另一个城市。生产和交往之间的分工随即引起了各城市之间在生产上的新的分工，这种分工最

[①]《马克思恩格斯选集》第一卷，第147—148页。
[②]《马克思恩格斯选集》第一卷，第308页。
[③]《中共中央国务院关于实施乡村振兴战略意见》，（中发〔2018〕1号），2018年1月2日。

先开始于农业领域，后来优势的工业部门就会形成，城市成了人口、生产工具、资本、享受和需求集中地，而乡村则是完全相反的情况：隔绝和分散。城乡之间的对立随着野蛮向文明的过渡、部落制度向国家的过渡、地域局限性向民族的过渡，贯穿着文明的全部历史。毫无疑问，城乡之间的对立把一部分人变为受局限的"城市动物"，把另一部分人变为受局限的"乡村动物"，而且时刻生产着二者之间的对立。这是资本主义私有制的造成的一种异化形式，当然这是社会发展的阶段性特征，是资本生成的必要过程，社会主义需要克服这种对立和矛盾走向融合和共生，"消灭城乡之间的对立，是共同体的首要条件之一"①。

在我国，实现城乡融合是社会主义建设和发展的内在要求。毛泽东同志指出："城乡必须兼顾，必须使城市工作和乡村工作，使工人和农民，使工业和农业，紧密地联系起来，决不可丢掉乡村，仅顾城市。"② 能够解决农业农村农民问题是社会全面进步的必然要求，是全面建成小康社会的必由之路。家庭联产承包责任制的确定和实施，极大地调动了农民的生产积极性，解放了农村生产力，推动生产关系进一步变革和调整。农业生产率的提高和农民收入的增加，使得农村劳动力得以有选择地自由流动，农业劳动力向工业部门转移，农村人口向城市迁移。原来20世纪80年代以前的城乡户籍管理制度无法适应新的工业化和城市化的发展需要，特别是在城乡二元的结构之下。据统计，当时约有1.2亿农村劳动力转移从事第二、三产业，非农产值比重迅速提高，非农劳动力比重也有相当程度的提高，可能高达40%以上，农民被"离土不离乡，进厂不进城"固化在乡村，为了引导规模巨大的农村剩余劳动力，中央鼓励发展乡镇企业，其实就是推进乡镇工业化水平，发展规模产业。

1984至1988年，乡镇企业平均每年吸纳1260万人就业，1989至1992年平均每年仅吸纳260万人③。1993年以及往后几年，乡镇企业增速又迅速回归。从1997至1999年，乡镇企业进入一个低谷期，1999年乡镇企业亏

---

①《马克思恩格斯选集》第一卷，第185页。
②《毛泽东选集》第四卷，第1427页。
③《农业发展论》，第359页。

损达到 211 万家，亏损面 10.17％。[1] 中国进入 WTO 以后，乡镇企业发展环境面临新的改变，目标和定位有了新的调整，乡镇企业开始在产权制度上进行改革，实行股份合作制和公司合作制，内在治理结构不断完善，激励机制和约束机制也进一步完善。乡镇企业一般都是以非农企业为主，它的发展是产业链分化的结果，并且呈现明显的集群化特征。据统计，2012年，农村有限责任公司 92 万家，从业人数约 2426 万，总产值为 135237.26亿元，[2] 有限责任公司成为农村经济的重要组成部分，提高了经济活力。城乡融合的一个关键在于城乡之间的资源、要素、配套、服务进一步的均等化，农村的产业发展是一个重要部分，农村的人才流动也是一个重要的部分。党和政府不断加大对农业农村发展和农村劳动力流动就业的支持，特别是加强农业支持保护、加快农村基础设施建设、推动城乡基本公共服务均等化和农民工权益的保护。党的十九大提出"乡村振兴"战略，指出发展壮大乡村产业，形成根植于农业农村、由当地农民主办、彰显地域特色和乡村价值的产业体系，培训农业农村新产业新业态，利用城乡发展格局发生变化的重大机遇。

　　农业人口向城镇移动是社会发展的大趋势，世界各国经济发展表明，工业化必然伴随城市化，城市化的水平是衡量一个国家经济社会发展程度的一个重要指标。德国通过以工业产业的"逆城市化"增加乡村就业机会，实现农村现代化。第二次世界大战结束后，大规模重建使城市成为经济和生活的中心，加之农业机械化使大量劳动力从农业中解放出来，乡村人口大量减少，乡村发展缺乏生机活力。针对这种情况，德国出台法律，推动小规模农户退出后的土地流转集中、发展农业规模经营，推动完善乡村基础设施、提高乡村生活水平。通过完善产业基础设施和功能区布局规划，强化小城市和镇的产业配套与服务功能，增强其对大企业的吸引力，让"在小城市和镇工作、回乡村居住"成为理想的工作生活方式，形成了产业和人口的"逆城市化"发展趋势。德国排名前 100 名的大企业中，只有 3 个

①陈锡文、罗丹、张征：《中国农村改革 40 年》，人民出版社，2018 年，第 234—235 页。
②《中国农村改革 40 年》，第 246 页。

将总部放在首都柏林，很多大企业的总部设在小镇上。① 这在很大程度上带动了乡村的现代化，促进了城乡的均衡协调发展。均衡的城市化和生产力布局更有利于乡村地区发展。德国走出了一条以小城市和小城镇为主的城市化道路，通过空间规划和区域政策，引导工业向小城市和镇布局，为"在乡村生活、在城镇就业"的人口迁移模式的发展提供了机会，带动了乡村地区的发展。

然而，在我国农业人口如此庞大的背景下，城乡之间的融合是一个漫长而又缓慢的过程，这不是简单的农村和城市二元户籍制度的取消就可直接做到的。人口向城市集中，主要原因是城市化导致的聚集效应，高度的专业化和分工协作，资源和要素向城镇倾斜，向发达地区倾斜，农民只有向这些地区流动才能分享更多增收和发展的机会，享受到更多的公共服务，从欠发达地区向发达地区转移是城乡之间、区域发展之间的"断崖式落差"造成的结果，是农民不得已而为之的流动行为。当前，实现城乡融合，主要需要在生产生活方式，公共服务与相关权益，消除造成城乡居民社会分层的因素，坚持公共财政向城乡居民均等化覆盖等方面努力。国家应该在义务教育、劳动就业、基本养老、基本医疗卫生、保障性住房等公共服务和基础设施上承担责任，使乡村和城市达到一种在资源和人口协调性方面的均衡，乡村需要振兴，城乡也需要融合。

二、以意识改造塑造农民现代化

农业首先是指农业劳动者和他们的家庭，把两者分开来似乎是毫无意义的。土地、靠土地生活的人和这些人从土地上得到的产品构成了一个不可分割的整体。人们无法想象既没有土地又没有人的农业生产。所以整个农业农村的现代化就是围绕着农民的现代化展开，只要作为农业的生产者的农民实现了现代化，那么农村就能现代化。当然这里我们需要厘清的现代化是一个过程，一个不可逆的过程，或许现代化并不都是美酒和奶酪，它在某些范围内对农民也可能是一种灾难，如何让他们跨越这些苦难和挫折，唯有通过改造和引导的方式，实现乡村振兴，建设社会主义新农村。

①《德法英等国的乡村发展经验及对我国乡村振兴的启示》，中国政治经济学智库，2019 年 1 月 2 日，http://www.sohu.com/a/286113921_739032，2019 年 12 月 17 日查阅。

　　中国共产党领导中国革命、建设和改革已近百年，中国社会发展层层推进，其中最显著的可以说是领导着一个具有世界上最广的农村地区和最多的农民群众的国家。作为工人阶级最可靠的同盟军的农民是否积极响应、参与并支持社会主义革命、建设和改革成为共产党执政的重要前提。农民对社会主义国家政治参与意识的觉醒具有决定性作用，历史唯物主义认为"社会存在决定社会意识"，"以一定的方式进行生产活动的一定的个人，发生一定的社会关系和政治关系"①。农民自主意识的觉醒植根于一定的社会背景和历史发展中，从土地革命到土地改革，从家庭联产承包到基层民主自治，农民社会的土地经济、参与政治和文化习俗正在发生本质性的变化。马克思谈及法国农民时，将其比为"一袋马铃薯"，零散而盲目；斯科特认为东南亚的农民是"道义小农"，以生存权利为基本，保守而依附；舒尔茨认为农民是"追求利益最大化的经济人"，他们像最理性而精明的企业家一样，配置生产要素时是有效的；恰亚诺夫以对俄国农民调查为基础，将农民归为"生存边缘人"，他们"自我剥夺"与"自给自足"。那么中国农民的角色定位如何呢？中国农民是伟大的创造者，创造了中华文明上下五千多年的文化的物质基础，任何一方面的形容都是片面的，可以说他们是一个综合体，既是社区互助的道义小农，也是以生存为本的生存小农，有时候他们是理性追求利益最大化的经济人，有时候他们也罔顾经济法则重视社会文化资本积累。

　　改革开放以来，中国社会处于深刻的变革之中，所有人都能感觉到，但却没有人能全面、准确地理解变革的过程和方向。而伴随着社会的全面转型，农民的思想观念也发生很大的变动，但始终没有形成适应社会发展、为社会发展提供内生动力的意识形态，农民政治意识的现代化水平还未达到经济社会的发展要求。为了使先进的制度设计能按照其原有的精神和价值追求来实施，就必须对农民进行意识塑造。

　　改革开放后，我国农村体制结构的变化及伴随而生的农民结构、农村文化、农民生活方式的变化使农民利益结构发生巨变，乡村社会基础结构被重构。发生在农村的前所未有之变局使农民个体意识开始相应的嬗变过

---

　　①《马克思恩格斯选集》第一卷，第151页。

程。成为一个现代的农民，正如伯曼所言，进入现代是发现我们自己身处这样的境况中，它允诺我们自己和这个世界去经历冒险、强大、欢乐、成长和变化，但同时又可能摧毁我们所拥有、所知道的一切。它把我们卷入这样一个巨大的漩涡之中，那儿有永恒的分裂和革新，抗争和矛盾，含糊和痛楚。[①] 成为现代的农民是一个矛盾动荡的过程，农民的主体性、理性、主动性都有所增强，这些蕴含着现代性的特征是农民意识嬗变的主要特征。但是信任危机、功利化、原子化、个体公共观念弱化的问题仍然存在并阻碍农民个体实现现代化。因而应该形塑人民群体的公共意识与公共精神，弥补市场失灵，在政府失效的领域，利用乡土逻辑和乡村伦理与市场和资本逻辑抗衡。对农民当前意识进行塑造以使其符合社会主义经济社会发展要求、实现现代化就成为必然，为此应该通过意识形态的塑造与诠释，重新进行象征性定义，进行主体间的同理教育，通过扬弃资本系统构建新的道义合作系统等方式把农民群众组织起来。

首先，需要发挥农民的主体地位，充分尊重农民意愿，最大限度调动亿万农民的积极性、主动性、创造性，把维护农民群众根本利益，促进农民共同富裕，提升农民的幸福感、获得感、安全感作为目标。对传统乡村文化、道德、规则进行创造性转化和创新性发展，构建乡村新的道义合作系统，比如互惠合作、礼治秩序、公共观念等。其次，以社会主义核心价值观为引领，传承发展中华优秀传统文化，以乡村公共文化服务体系为载体，培育文明乡风、良好家风、淳朴民风，推动乡村文化振兴。采取符合农民特点的方式方法，深化中国特色社会主义和中国梦的宣传教育，大力弘扬民族精神和时代精神。最后，巩固乡村思想文化阵地，推动基层党组织、基层单位、农村社区有针对性地加强农民群众性思想政治工作，合理引导社会预期，培育理性、积极的农村社会心态，强化农民社会责任意识、规则意识、集体意识和主人翁意识。

三、以农业农村现代化实现乡村全面振兴

党的十九大报告提出决胜全面建成小康社会，分两个阶段实现第二个

---

①［美］戴维·哈维：《后现代的状况——对文化变迁之缘起的研究》，阎嘉译，商务印书馆出版，2003年，第4页。

百年奋斗目标。2018 年中央一号文件中指出乡村振兴战略的目标任务：到 2020 年，乡村振兴取得重要进展，制度框架和政策体系基本形成；到 2035 年，乡村振兴取得决定性进展，农业农村现代化基本实现；到 2050 年，乡村全面振兴，农业强、农村美、农民富全面实现。乡村振兴战略是新时代"三农"工作的总抓手，农村经济是现代化经济体系的重要组成部分，没有农业现代化，没有农村繁荣富强，没有农民安居乐业，国家现代化是不完整、不全面、不牢固的，工业化、信息化、城镇化、农业现代化应该同步发展。农业农村现代化是实现乡村全面振兴的关键性环节，是决胜全面建成小康社会、全面建设社会主义现代化国家的重要组成部分。

中国的农业现代化道路在当前意味着从传统农业向现代农业的改造过程，意味着一个农业社会的全面转型，涵盖了生产技术进步、社会制度变革和人们的生产方式的变化。社会化的生产意味着市场规则的普遍化，农村会获得一些普遍的东西，然后丧失独特的东西，这是一种必然的结果，现代化意味着农村不再孤立于世界中心存在，他将被自觉或者非自觉地卷入统一的商品市场，这是一种对时间与空间、自我与他者、生活的可能性与危难的体验。成为现代就是成为这个世界的一部分，如马克思所说，在那里"一切等级的和坚固的东西都烟消云散了"①。这些变革或许带来了许多问题，或许还有许多的难关许多艰险，但是农业只有成为现代农业才能创造出更多价值满足更多人的需要，才能为社会主义提供坚实的物质基础。

农业农村现代化道路其实是一条农村的市场化之路，通过市场化推动农业产业化，以产业化推进现代化。习近平总书记早年就提出，农业农村的现代化依赖于农村市场化推进，农村市场化建设是在社会主义市场经济条件下推进农村改革和发展的重要基础和关键环节，② 推进农村市场化建设是推进城乡融合的有效方式，也是塑造农民现代意识的重要基础。市场是联结城市与农村、生产与消费的桥梁和纽带，农村市场化建设是国家在整体上深化农村经济体制改革、建立和完善农村社会主义市场经济体制的一

---

①《马克思恩格斯选集》第一卷，第 403 页。

② 习近平：《论农村改革发展进程中的市场化建设》，《中共福建省委党校学报》，1999 年第 7 期，第 4—10 页。

个重要组成部分，在农业和农村经济发展中居于战略性的重要位置。农村市场化建设可以发展社会主义市场经济，帮助缩小和弥补当前农村市场发育滞后于城市市场建设的差距，帮助建立一个具有开放性、竞争性、完备性的城乡统一市场体系。在农村改革和发展中，农村市场还可以将农村的资源优势转化为现实经济优势性，农村剩余劳动力转化为现实生产要素并得到优化组合。农村向城市市场与国际市场输出更多的农副产品，直接推动农村第三产业发展和小城镇的建设，将城市的科技优势与信息资源及时传送到农村，进一步提高广大农民的科学文化素质，从而使农村产业结构趋向合理，生产要素得到合理配置，促进农村社会劳动生产率的提高和经济效益的实现。

乡村全面振兴通过产业化推动农业现代化，通过农业产业化经营组织带动农民发展、共同致富，促进现代农民的形成。以农业产业的多主体参与，用服务和收益联成一体的联合体形态，推进要素融通、产业增值和紧密联系的整体和完整的产业链条。以完善产业农民的利益联结机制、构建农民利益共同体，为乡村振兴开辟了一条新途径。同时利用市场中流动资本内在生成的力量，高效调动村庄中的一切有利资源为其资本积累服务，将农业产业链吸纳进入资本市场中，使其成为农业产业经济发展的基础和村庄社会关系再生产缓冲地带，通过生产力的现代化推动生产关系和社会关系的现代化，以现实的现代化融合带动整体的人的现代化。

没有农业现代化，就没有国家现代化。在中国共产党的领导下，加上社会主义制度的优越性，农业发展和农村建设取得了显著成就，我们坚信新时代中国政府和人民有能力、有条件处理好工农关系、城乡关系，顺利推进我国社会主义现代化进程。40 年前的农村改革拉开改革开放大幕，40 年后的今天，乡村振兴正开启城乡融合和农业农村现代化建设的新局面。

主要参考文献

一、著作

1. 马克思恩格斯全集（第三十卷）［M］．北京：人民出版社，1995．

2. 马克思恩格斯文集［M］．北京：人民出版社，2008．

3. 马克思恩格斯选集［M］．北京：人民出版社，2012．

4. 列宁选集（第四卷）［M］．北京：人民出版社，2012．

5. 毛泽东选集（第四卷）［M］．北京：人民出版社，1991．

6. 习近平．知之深　爱之切［M］．石家庄：河北人民出版社，2015．

7. 习近平．摆脱贫困［M］．福州：福建人民出版社，1992．

8. 习近平．习近平谈治国理政（第一卷）［M］．北京：外文出版社，2018．

9. 习近平．习近平谈治国理政（第二卷）［M］．北京：外文出版社，2017．

10. 中华人民共和国农业农村部．中国农业农村发展报告．2018［M］．北京：中国农业出版社，2019．

11. 中央农村工作领导小组办公室，中华人民共和国农业农村部．中国农业农村发展报告．2019［M］．北京：中国农业出版社，2020．

12. 国务院发展研究中心农村经济研究部课题组．中国特色农业现代化道路研究［M］．北京：中国发展出版社，2012．

13. 农业部软科学委员会办公室．农业发展战略与产业政策［M］．北京：中国农业出版社，2001．

14.《土地制度研究》课题组．土地制度研究［M］．武汉：武汉出版社，1993.

15. 费孝通．江村经济［M］．戴可景译．北京：北京大学出版社，2012.

16. 费孝通．乡土中国［M］．北京：北京大学出版社，2012.

17. 陈翰笙．解放前的地主与农民［M］．冯峰译．北京：中国社会科学出版社，1984.

18. 杜润生．中国农村制度变迁［M］．成都：四川人民出版社，2003.

19. 杜润生，陈锡文，等．筑牢大国根基［M］．北京：文史出版社，2018.

20. 蔡昉．穷人经济学：农业依然是基础［M］．北京：社会科学文献出版社，2007.

21. 贺雪峰．新乡土中国［M］．北京：北京大学出版社，2013.

22. 温铁军，杨帅．"三农"与"三治"［M］．北京：中国人民大学出版社，2016.

23. 朱冬亮．社会变迁中的村级土地制度［M］．厦门：厦门大学出版社，2003.

24. 朱冬亮．农业治理转型与土地流转模式绩效分析［M］．北京：中国社会科学出版社，2016.

25. 张静．现代公共规则与乡村社会［M］．上海：上海书店出版社，2006.

26. 郭熙保．农业发展论［M］．武汉：武汉大学出版社，1995.

27. 成汉昌．中国土地制度与土地改革：20 世纪前半期［M］．北京：中国档案出版社，1994.

28. 陈锡文，罗丹，张征．中国农村改革 40 年［M］．北京：人民出版社，2018.

29. 陈锡文．走中国特色社会主义乡村振兴道路［M］．北京：中国社会科学出版社，2019.

30. 林毅夫．再论制度、技术与中国农业发展［M］．北京：北京大学出版社，2000.

31. 邓万春．动员、市场风险与农民行为［M］．武汉：湖北人民出版社，2006.

32. 刘明宇. 贫困的制度成因：产业分工与交换的经济学分析［M］. 北京：经济管理出版社，2007.

33. 周志祥，曾寅初. 农村产业经济［M］. 北京：中国人民大学出版社，1995.

34. 张敏，秦富，等. 农业产业化发展：理论与实践［M］. 北京：中国农业出版社，2014.

35. 袁泽清. 农业产业化经营利益联结关系的法律规制——以贵州为例［M］. 北京：法律出版社，2013.

36. 肖小虹. 中国农业产业链培育论［M］. 北京：科学出版社，2012.

37. 宋建晓，郑晶. 闽台农业产业链整合研究［M］. 北京：中国林业出版社，2009.

38. 蒋建平，陈希煌. 中国现代农业之发展——海峡两岸现代农业发展学术讨论会论文集［M］. 北京：中国农业出版社，1996.

39. 张厚安，徐勇，等. 中国农村政治稳定与发展［M］. 武汉：武汉出版社，1995.

40. ［俄］A. 恰亚诺夫. 农民经济组织［M］. 萧正洪译. 北京：中央编译出版社，1996.

41. ［美］黄宗智. 华北的小农经济与社会变迁［M］. 北京：中华书局，2000.

42. ［英］理查德·H. 托尼. 中国的土地和劳动［M］. 安佳译. 北京：商务印书馆，2014.

43. ［美］杜赞奇. 文化、权力与国家：1900—1942 年的华北农村. 王福明译. 南京：江苏人民出版社，2008.

44. ［美］西奥多·W. 舒尔茨. 改造传统农业［M］. 梁小民译. 北京：商务印书馆，1987.

45. ［法］H. 孟德拉斯. 农民的终结［M］. 李培林译. 北京：社会科学出版社，2005.

46. ［美］詹姆斯·C. 斯科特（Scott，J. C.）. 农民的道义经济学：东南亚的反叛与生存［M］. 程立显，等译. 南京：译林出版社，2001.

47. ［美］詹姆斯·C. 斯科特（Scott，J. C.）. 国家的视角：那些试图改善人类状况的项目是如何失败的［M］. 王晓毅译. 北京：社会科学文献出版社，2011.

48. ［日］速水佑次郎，［美］弗农·拉坦. 农业发展的国际分析［M］. 郭熙保，张进铭，等译. 北京：中国社会科学出版社，2000.

49. ［美］李丹. 理解农民中国：社会科学哲学的案例研究［M］. 张天虹，张洪云，张胜波译. 南京：江苏人民出版社，2008.

50. ［美］沃尔夫. 乡民社会［M］. 张恭启译. 台北：巨流图书公司，1983.

51. ［美］道格拉斯·C. 诺思. 经济史中的结构与变迁［M］. 陈郁，罗华平，等译. 上海：上海人民出版社，1994.

52. ［美］迈克尔·波特. 竞争优势［M］. 陈小悦译. 北京：华夏出版社，1997.

53. ［美］富兰克林·H. 金（F. H. King）. 四千年农夫：中国、朝鲜和日本的永续农业［M］. 程存旺，石嫣译. 北京：东方出版社，2011.

54. ［美］玛莎·努斯鲍姆（Martha Nussbaum），［印］阿玛蒂亚·森（Amartya Sen）. 生活质量［M］. 北京：社会科学文献出版社，2008.

55. ［美］戴维·哈维. 后现代的状况——对文化变迁之缘起的研究［M］. 阎嘉译. 北京：商务印书馆，2003.

56. Talcott Parsons. The Social System［M］. New York：Free Press，1951.

57. S. Popkin. The Rational Peasant［M］. University of California Press，1979.

58. Mellor，Jhon W. The Economics of Agricultural Development［M］. Ithaca：Connell University Press，1966.

59. Peter Singer，Marx：A very Short Introduction［M］. New York：Oxford University Press，2000.

二、期刊

1. 周其仁. 中国农村改革：国家和所有权关系的变化——一个经济制

度变迁史的回顾（上）［J］．管理世界，1995（3）.

2. 朱冬亮．村庄社区产权实践与重构：关于集体林权纠纷的一个分析框架［J］．中国社会科学，2013（11）.

3. 柏先红，刘思扬．"乡村振兴之路"调研报告［J］．调研世界，2019（6）.

4. 习近平．论农村改革发展进程中的市场化建设［J］．中共福建省委党校学报，1999（7）.

5. 阿兰·德詹夫利．拉丁美洲农村发展的政治经济学：一种解释［J］．美国农业经济学杂志，1975（57）.

6. 彭海红．中国农村改革 40 年的基本经验［J］．中国农村经济，2018（10）.

7. 肖卫东，杜志雄．农村一二三产业融合：内涵要解、发展现状与未来思路［J］．西北农林科技大学学报（社会科学版），2019，19（06）.

8. 彭红军，史立刚，庞涛．基于 CVaR 的产出随机订单农业供应链最优策略［J］．统计与决策，2019，35（20）.

9. 许经勇．根本解决"三农"问题的制度安排：乡村振兴战略［J］．北方经济，2018（08）.

10. 谭明交，向从武，王凤羽．中国农业产业在乡村振兴中的转型升级路径［J］．区域经济评论，2018（04）.

11. 陈龙．新时代中国特色乡村振兴战略探究［J］．西北农林科技大学学报（社会科学版），2018，18（03）.

12. 刘晓雪．新时代乡村振兴战略的新要求——2018 年中央一号文件解读［J］．毛泽东邓小平理论研究，2018（03）.

13. 申曙光．生态文明及其理论与现实基础［J］．北京大学学报（哲学社会科学版），1994（03）.

14. 尹广文，崔月琴．社会治理的系统论研究［J］．社会建设，2015（02）.

15. 张玉良．系统论视域下的社会主义和谐社会构建［J］．系统科学学报，2010，18（03）.

16. Scott Rozelle，Li Guo，Minggao Shen，Amelia Hughart，John

Giles. Leaving China's Farms: Survey Results of New Paths and Remaining Hurdles to Rural Migration [J] . The China Quarterly , 1996 (6) .

17. Meemken Eva-Marie，Bellemare Marc F. Smallholder farmers and contract farming in developing countries [J] . Proceedings ofthe National Academy of Sciences of the United States of America，Nov. 2019 (11) .

后　记

　　基于我们研究团队多年的田野调查和资料收集积累，历经一年的撰著并多次修改、完善，本丛书终于付梓，令人欣慰。这套丛书是一项理论与实证相结合的研究成果。我们试图通过对田野调查中获取的一些典型案例的剖析，以描述、记录、阐释当下中国乡村振兴实践的"进行时"场景，解释其背后的理论和实践价值，增加"三农"研究知识库存。如果真能实现这个小小的目标，也算是得偿所愿了。

　　作为丛书各册的主要作者之一，借此机会，我首先要感谢丛书研究团队的成员们多年来的努力和坚持。这段历程也是满满的美好的集体记忆。一路走来，大家同甘共苦：一起到全国各地的乡村开展田野调查，一起整理分析调查资料，一起和出版社讨论丛书的编写方案、编写提纲和书稿的具体内容，由此才有今天的成果。借此机会，我还要感谢参与田野调查和资料分析的杜宝兰、傅佳薇、李倩、兰婷、张华芳、黄丹丹、潘思同等，他们是我的博士生、硕士生。在长期的田野调查和资料分析过程中，他们不仅通过学术实践增长了知识见识，提升了学习研究的自我能动性，实现了自我成长，同时也深刻领会到理论和实践研究相结合——"把论文写在祖国大地上"及团队合作研究的重要意义。

　　与此同时，我要感谢田野调查中为我们研究团队无私提供一手资料信息的各级党政干部，特别是参与田野调查的各村的村干部，以及广大农民和来自新型农业经营主体的人士，他们不仅是我们团队的调查研究对象，也在很大程度上直接参与了我们的研究过程。从人类学视角来看，所有接受田野调查的研究对象绝不仅仅是一个个被动的资料提供者，他们作为特定的"报道人"，事实上也是研究本身的重要的直接参与者。在每个田野调查对象向我们提供的资料信息中，尤其是在描述特定案例的访谈中，其实就包含了他们的主观态度，也包括了他们个人对资料信息的理解、价值判断乃至个人的情感，而这种"倾见"无疑会直接影响研究者对田野调查资料的理解和评价分析。被调查对象向研究者提供的资料是"半成品"，其本身就经过他们的"筛选"和"消化"。从这个角度来说，研究者在某种程度上只是扮演了一个学术"搬运工"和"加工者"的角色。不过，即便如此，研究者自身的专业研究能动性仍是至关重要的。我们必须对所获取的资料"去伪存真""去粗存细"，克服"盲人摸象"的偏差，在参考借鉴被调查对象的个人"倾见"的同时，又要保持研究者自身的客观严谨性，以尽可能了解和还原事情的真实景象，这点恰恰是研究者能动性的最重要体现。

借此机会，我还要特别感谢鹭江出版社的编辑们，尤其是余丽珍副总编辑从丛书的策划和设计、研究团队的组织乃至整体的篇章布局、内容修改完善等，都提出了很好的意见和建议。正是由于编辑们尽心尽力的无私付出，为丛书出版给予了不可或缺的热情支持，丛书才能够顺利地出版。

本丛书的出版还得益于厦门大学"双一流"学科建设项目"马克思主义理论学科"项目支持，并有幸获得 2020 年度国家出版基金项目资助。对此，我们深表谢意！

本书写作分工如下：朱冬亮负责全书统稿并撰写导论和第一章内容，王美英撰写第二、三章和第四章第一二节内容，谢莹撰写第四章第三节和第五章内容。

朱冬亮

2021 年 6 月 5 日于厦门大学囊萤楼

图书在版编目(CIP)数据

乡村产业振兴实践研究 / 朱冬亮，王美英，谢莹著.
—厦门：鹭江出版社，2021.6
（乡村振兴实践研究丛书）
ISBN 978-7-5459-1847-2

Ⅰ.①乡… Ⅱ.①朱… ②王… ③谢… Ⅲ.①乡村—
农业产业—产业发展—研究—中国Ⅳ.①F323

中国版本图书馆 CIP 数据核字(2021)第 000071 号

"乡村振兴实践研究"丛书
XIANGCUN CHANYE ZHENXING SHIJIAN YANJIU
乡村产业振兴实践研究
朱冬亮　王美英　谢莹　著

出版发行：鹭江出版社
地　　址：厦门市湖明路 22 号　　　　　　　邮政编码：361004
印　　刷：福州凯达印务有限公司
地　　址：福州市仓山区建新镇红江路 2 号　　联系电话：0591-63188556
　　　　　金山工业集中区浦上工业区 B 区 47 号楼
开　　本：700mm×1000mm　1/16
插　　页：4
印　　张：15.75
字　　数：242 千字
版　　次：2021 年 6 月第 1 版　　　2021 年 6 月第 1 次印刷
书　　号：ISBN 978-7-5459-1847-2
定　　价：65.00 元

如发现印装质量问题，请寄承印厂调换。